神交

纽约哥伦比亚大学 "中国纸神专藏" 研究

SACRED UNDERSTANDING:
The Research of the *Chinese Paper Gods Collection*
at the C.V. Starr East Asian Library of Columbia University

李明洁 著

商务印书馆
The Commercial Press

图书在版编目(CIP)数据

神交：纽约哥伦比亚大学"中国纸神专藏"研究 / 李明洁著. -- 北京：商务印书馆，2025. -- ISBN 978-7-100-24114-4

I. K874

中国国家版本馆CIP数据核字第202413ZV18号

权利保留，侵权必究。

神交：纽约哥伦比亚大学"中国纸神专藏"研究

李明洁 著

商 务 印 书 馆 出 版
(北京王府井大街36号　邮政编码100710)
商 务 印 书 馆 发 行
三河市尚艺印装有限公司印刷
ISBN 978 - 7 - 100 - 24114 - 4

| 2025年6月第1版 | 开本 880×1230　1/32 |
| 2025年6月第1次印刷 | 印张 9 1/2 |

定价：98.00元

护佑常在

献给我的父亲李光煜先生和母亲刘帼英女士

目录

序　言 /1

Preface 1　Anne Swann Goodrich, Memories of a Son / Hubbard C. Goodrich　I

序言一　怀念我的母亲富平安 / 富宝麟　V

Preface 2　The Return and Reinterpretation of Overseas Chinese Folklore Archives / Jim Cheng　IX

序言二　海外中国民俗档案的回流与重释 / 程健　XII

致　谢 / XIV

第一部　背景与聚焦：世界的中国纸神 /001

第一章　近现代汉学研究中的"中国纸神" /003
　　　　引言　来自哥伦比亚大学"中国纸神专藏"的启示 /003
　　　　一　宗教学：来华传教士与中国"纸神" /010
　　　　二　人类学：在远东借助"纸神"而"知人" /016

　　　　三　艺术史学：西方审美中的"中国民俗版画" /020
　　　　四　民俗学："纸神"作为中国民计与民艺之要素 /024
　　　　结语　世界的"中国纸神"与"中国纸神"的世界 /030
　　　　本章小结 /038
　第二章　哥伦比亚大学"中国纸神专藏"及其捐赠者富平安 /039
　　　　一　捐赠者富平安女士与她一生的中国 /041
　　　　二　"中国纸神专藏"原档概览 /045
　　　　三　潜在价值：图像文献与个体生命史 /057
　　　　本章小结 /068

第二部　多维重释：中国纸神的世界 /071

　第三章　从《神祠存废标准》看"中国纸神专藏"的历史物质性 /073
　　　　一　民俗版画的历史物质性与图像格套 /073
　　　　二　"中国纸神专藏"的共时性与现实性 /076
　　　　三　《神祠存废标准》以及"中国纸神专藏"的再分类 /081
　　　　四　民俗生态与历史的民间逻辑 /089
　　　　本章小结 /096
　第四章　灵感天仙圣母九位娘娘：常识教化与社会规则 /097
　　　　一　近现代北京生育风俗研究 /097
　　　　二　"中国纸神专藏"所见的娘娘崇拜 /100
　　　　三　20世纪初北京的娘娘纸马与生育习俗 /107

四　娘娘纸马之上：常识、教化与组织 /114

　　　本章小结 /118

第五章　广寒宫：年节仪式与具象的价值观 /120

　　　一　中秋节与月光马 /120

　　　二　"广寒宫"图案与拜月仪式中的自然崇拜 /124

　　　三　月光马上的其他图案与拜月仪式的世俗意涵 /137

　　　四　从月光马理解仪式中的纸马 /144

　　　五　作为价值观的图示与信物的民俗文物 /148

　　　本章小结 /154

第六章　药王之神：大众崇拜的层累与"以图固史" /156

　　　一　中法汉学所集藏的药王纸马 /158

　　　二　"中国纸神专藏"中的药王纸马 /164

　　　三　纸马所见1930年代北京之药王崇拜 /166

　　　四　"以图固史"与层累的文化记忆 /168

　　　本章小结 /176

第七章　诸神之冠：纸神的冠饰秩序与民间的神灵谱系 /178

　　　一　北京纸马上的主神及其组合 /179

　　　二　"单神纸马"上的神冠 /182

　　　三　诸神之冠：具有识别"意味"的"格套" /203

　　　四　纸神的冠饰秩序与民间的神灵谱系 /209

　　　本章小结：神灵世界的人间逻辑 /216

第三部　中国民间信仰的海外传播与文明互鉴 /219

第八章　富平安的神交：传教士与中国民间信仰 /221

　　　　一　传教士与中国关系研究的当代转向 /222

　　　　二　近现代传教士对中国民间信仰的研究 /224

　　　　三　成为来华传教士的时代 /229

　　　　四　神交：富平安的中国民间信仰情结 /236

　　　　本章小结 /253

尾声 /255

参考文献 /258

图表索引 /273

后　记 /278

序言

Preface 1

Anne Swann Goodrich, Memories of a Son

In the summer of 1987 at 91 years of age, Anne Goodrich rested on a folding chair under the shade of a tree while her family visited a nearby Chinese temple. Local children gathered around to stare at this old foreign woman who greeted them in Chinese and, as the crowd grew, regaled them with a story in Mandarin that she had learned in the 1920s. The children were captivated by the folktale and, when asked, remarked that her accent and story sounded like their grandmothers.

In 1986, after the recent death of her husband, L. Carrington Goodrich (Professor of Chinese at Columbia University), Anne had decided to take her family to China for a final visit to a land she loved, its history she had studied and written about, and to which she had always wanted to retire.

Anne was born in Florida in 1895. Five years later, her family moved to Maryland. Her parents died (1907&1910) and she moved to New Jersey to live with her aunt. She graduated from Vassar College with a major in history in 1917. She went on to obtain a Master's at Columbia University and also attended Union Theological Seminary for Religious Studies.

As a child, Anne had developed a fascination in China which was stimulated by a story of a Chinese family that lived on a "wise-eyed" boat on the Yangtze River. She dreamed of going to China. In 1920, she joined the American Missionary Board and set sail for The East. In Peking, she worked with poor Chinese women to help them earn a living by learning cross-stitching linens. These were sold locally and abroad.

To improve her understanding of China, Anne studied its language and history, and became fascinated with the local folklore and artifacts. With her tutor in tow, she toured Peking, its temples and outskirts and took voluminous notes of all she saw and heard. On one walk, she visited a store selling depictions of Paper Gods and started her collection by buying samples of all they had. She was less interested in the artistry or quality of the prints than in the stories they told.

Meanwhile, Anne married L. Carrington Goodrich in 1923. In the next nine years, she had five children, three born in Peking, which hampered, but did not diminish, her curiosities and studies for the rest of her life.

The Goodrich family left China for New York City in 1932 and settled down to raise the children. Their new house was filled with Chinese furniture, figures of Buddha and Guan Yin, and the walls covered with images such as *Menshen* (Door God), *Caishen* (God of Wealth), *Zaowang* (God of Kitchen) and *Fushen* (God of Happiness).

Anne did not know how to cook but she decided she should learn when she was married. She asked her own Chinese cook to teach her. (She later complained that he made her wash dishes for weeks as her introduction to the training.) She spent many days with cooking just rice but slowly developed the skills and recipes that later her family and friends were to enjoyed for many generations. When she returned to America, Anne insisted on taking all her favorite caste iron pots and pans and argued that the taste would change if she used American cookware. Even today, her children have been unable to find restaurants with *Jiaozi* (dumplings) and other dishes as tasty as hers. Her handwritten "cookbook" is cherished by her daughters, torn and stained as it is, who have offered the dishes to their children and neighbors in turn.

In addition to making a home for her family, Anne worked in the local church. She also had hobbies: she collected stones which she polished in a 'tumbler' with abrasive sand. With her husband, she traveled widely (some 30 countries) which helped fulfill her curiosity concerning folk beliefs and cultures. Wherever she visited that had a beach, whether Florida, Maine, California, or Hawaii; Australia, Guam, Taiwan or Japan, you could see her bending down to search for the next rare shell which she would identify, label, and place in a file.

Early in the 1960s, with her children out of the "nest", Anne returned to her old notes and decided to develop them into a series of books. With additional study and research, they resulted in *The Peking Temple of the Eastern Peak* (1964), *Chinese Hells: The Peking Temple of Eighteen Hells and Chinese Conceptions of Hell* (1981), and *Peking Paper Gods* (1991). In 1998, at the age of 103, she published a paper on *The Miao Feng Shan*, a temple that she and her husband had visited in 1931 (just before the birth of the twins!).

Throughout her life, she lectured on China to various academic, social and church groups. She was also quite willing to respond to individual reporters and students and of any age who wished to question her about China, her experiences, and her books. Most impressively, at age 103, she gave a talk without notes, on *China's Contributions to the West*.

Anne S. Goodrich died in 2005 at the age of 109. Her family and friends are sure that if she were alive today, she would be pleased that her works are being read and translated for all to appreciate and to demonstrate her abiding affection of China.

Hubbard Carrington Goodrich

March 14, 2022

Harpswell, Maine

At the age of 90

序言一（中文翻译）

怀念我的母亲富平安

1987年夏天，我的母亲富平安（Anne Goodrich）已经91岁高龄。她坐在树荫下的折叠椅上休息，家人们正在附近参观中国的寺庙。当地的孩子们聚拢过来，盯着这位外国老人。我的母亲用中文向他们问好，人越聚越多，她就开始给他们讲她在1920年代在北京听到的故事。孩子们被这些民间故事吸引住了，他们说，她的口音和她讲的故事就像他们自己的奶奶讲得一样。

1986年，母亲在丈夫富路特（L. Carrington Goodrich，哥伦比亚大学中国学教授）去世后，决定带着全家人最后一次造访中国。那是她热爱的土地，她研究过那里的历史并撰写过专著，那是她原本心心念念想要工作到退休的地方。

富平安1895年出生于佛罗里达。五年后，随家人搬到马里兰州。在父母相继于1910年和1907年去世后，她与姨妈一起生活，搬到新泽西去了。1917年富平安从瓦萨学院（Vassar College）毕业，主修的是历史；后来继续在哥伦比亚大学获得了硕士学位，还在联合神学院学习过神学。

富平安在孩童时期就对中国产生了浓厚的兴趣，这是由一个生活在长江上叫作"慧眼"船上的中国家庭的故事引起的,她梦想着要去那里。1920年,她加入美国海外传道部(American Board for Congregational Foreign Missions),启程前往东方。在北京,她与贫苦的中国妇女一起工作,帮助她们学习做十字绣来谋生,这些亚麻布产品在当地售卖,也销往国外。

为了增进对中国的了解,富平安钻研中国的语言和历史,还对当地的民俗和文物着了迷。在家教的引领下,她游览了北京城里城外的寺庙,所闻所见都做了大量的笔记。在一次游历中,她去了一家出售纸神的店铺,买下了所有的样品,这成了她收藏的开始。她对这些纸神的艺术性和品相不大感兴趣,却对纸神背后的故事情有独钟。

1923年,富平安与富路特结为夫妇。在接下来的九年里,她生了五个孩子,其中三个生在北京,这是她的牵绊,但并未阻碍她后半生对这些纸神的探索。

父母带着一家人于1932年离开中国,前往纽约定居下来抚养孩子。他们的新家摆满了中国家具,还有佛像和观音雕像,墙上挂着门神、财神、灶王爷和福神等纸神。

富平安不知道如何烹饪,但她认为结婚后应该学习。她请家里的中国厨子教她(她后来抱怨说,作为入门培训,厨子让她洗了几个星期的碗)。单单是学习做米饭,她就花了好多天的时间,她也慢慢提高了厨艺,有了自己的食谱,后来几代的亲朋好友都很喜欢。母亲要回美国的时候,坚持要带走她最喜欢的铸铁锅和平底锅,她认为如果改用美国炊具,饭菜就会变味。即使到了今天,她的孩子们也无法吃到有她专属味道的饺子,找到像她做的佳肴一样美味的餐馆。她手写的"菜谱"被女儿们珍藏着,有的已经被翻烂并染上了污渍,但她们还是将这些菜品传承了下来,晚辈和邻居们都得以享用。

除了要照顾家庭,母亲还为当地的教会工作。她也有自己的爱好,就是收集石头,然后用沙子在翻砂机里打磨。她与丈夫一起广为游历(大约去过30个国家),这满足了她对于民间信仰和民俗文化的好奇心。无论她走到哪里,无论是在佛罗里达、缅因、加利福尼亚、夏威夷,还是在澳大利亚、关岛、中国的台湾或者日本,只要有海滩,你都能看到她弯腰去寻觅下一个稀见的贝壳,她会给它们归好类、贴上标签然后放入她的档案里。

20世纪60年代初期,富平安的孩子们都离开了"老巢",她重拾旧笔记,决定将它们整理成一套系列书。经过深入研习之后,最终成型了三本著作,分别是1964年出版的《东岳庙》、1981年的《中国地狱:北京十八地狱庙与中国人的地狱观念》与1991年出版的《北京纸神:家庭祭拜一瞥》。1998年母亲103岁的时候,还发表了一篇关于妙峰山的论文,就在她的双胞胎(序言作者是双胞胎中的哥哥。——译者注)出生之前的1931年,她和丈夫一起去朝拜了这座山上的寺庙。

在母亲的一生中,她为各种学术、社会和教会团体讲授过一些她知道的中国问题,记者、学生以及任何年龄段的人士,只要就中国、她的个人经历以及她的著作向她提问,她都非常乐于作答。最令人印象深刻的是，在母亲103岁时，她在脱稿的情况下发表了有关"中国对西方的贡献"的演讲。

富平安于2005年与世长辞，享年109岁。她的家人和朋友们都相信，如果她今天还活着，一定会为她的作品还在被阅读和翻译，在供所有人品鉴，并展示着她对于中国的恒久的感念而感到高兴。

哈伯德·卡灵顿·古德里奇

（中文名：富宝麟）

2022年3月14日

九十岁时记于缅因州哈普斯韦尔

（李明洁 译）

Preface 2

The Return and Reinterpretation of Overseas Chinese Folklore Archives

I first met Professor Mingjie Li from the Folklore Institute at East China Normal University while visiting "The Shanghai Bookstore" publishing house in 2017. When she came to the United States for field research that summer, I introduced her to our *Chinese Paper Gods Collection*. The initial intention was for her to do some in-depth scholarly research on this special collection from a folklore perspective. From this starting point, I invited her back for two short visits on this collection in 2019 and 2022. I have been following her research on this archive and its donor, Mrs. Anne Swann Goodrich (1895-2005) ever since.

The C. V. Starr East Asian Library at Columbia University has a world-renowned East Asian collection, of which the *Chinese Paper Gods Collection* donated by Mrs. Goodrich in 1991 is a representative one. Professor Li is the first scholar to comprehensively excavate, organize, and discuss this rare archive. She has discovered many original materials relating to this archive from the Rockefeller Foundation, Vassar

College, and Mrs. Goodrich's children, all of which greatly enriched the provenance of the collection and provided depth to its social meanings as well as validating its historic identity. She has written several papers on the subject. They were published in academic Journals in Chinese and English. In addition, she has written articles and given interviews in Chinese and American mainstream media. Her work has revealed the scholarly value of this special collection to the academic community and affirmed the social significance of communication among religions and civilizations to the public.

The *Chinese Paper Gods Collection* was acquired by Mrs. Goodrich in 1931 in the store called Renhe Zhidian 人和纸店（Unity Among Men Paper Shop）in Dongsi Pailou, Beijing. There are many similar archives around the world. While, the complete archives associated with Chinese popular religion are rare in China for political and historical reasons. A century later, new cultural exchanges and civilizational dialogues have brought this kind of collection from abroad back to the public, especially to the Chinese academy. Modern overseas sinology has injected the cultural experiences and positions of different regions into the interpretation of Chinese paper gods, and these studies themselves constitute a new cultural heritage. Professor Li's research is an example of how overseas Chinese folklore archives can be brought back into the "Chinese context" and interpreted in a "global context" in today's era, which deserves attention and support.

I sincerely look forward to the publication of her work.

Jim Cheng, Director
C.V. Starr East Asian Library
Columbia University
May 26th, 2023

序言二（中文翻译）

海外中国民俗档案的回流与重释

2017年我到上海书店出版社访问时，认识了华东师范大学民俗学研究所的李明洁教授。当年夏天她来美调研，我向她介绍了我馆的"中国纸神专藏"，初衷是希望她能从民俗学的角度对这一专藏作一些深度学术研究。由此发端，在2019年和2022年两次邀约她再来纽约做专题短访，并一直关注着李教授有关"中国纸神专藏"及其捐赠者富路特夫人的研究进展。

哥伦比亚大学东亚图书馆拥有著称于世的东亚典藏，1991年富路特夫人捐赠的"中国纸神专藏"是其中的代表，由于这份图像档案具有较强的原真性和珍稀性，本世纪初即成为我馆最早完成数字化并公开资源的重要文献之一。李教授是首位对这份珍档进行全面挖掘、整理和讨论的学者，她从洛克菲勒基金会、瓦萨学院以及富路特夫人的子女处寻访到许多原始资料，极大地丰富了捐赠者的信息；她撰写了多篇中英文论文，还在中美主流媒体上撰文和接受访谈。她的这些工作，向学界揭示了这份特藏的学术价值，也向民众申明了不同宗教和文明间沟通交流的社会意义。

"中国纸神专藏"源于富路特夫人1931年在位于北京东四牌楼的人和纸店的采购，世界各地类似的档案还有一些。而由于历史的原因，与中国民间信仰相关的"中国纸神"的完整档案在中国本土却是稀见的。一个世纪之后，新的文化交流与文明对话将这批存之海外的"中国纸神"带回了公众尤其是中国学界的视野。近现代海外汉学，将不同地区的文化经验和立场注入了对中国纸神的解读之中，而这些研究本身又构成了新的文化遗产。李教授的研究成为海外中国民俗档案在新的历史当下重回"中国语境"并在"全球语境"中被全新阐释的示例，值得重视。

我很诚挚地期待着她的著作出版，是为序。

哥伦比亚大学东亚图书馆馆长　程健

2023年5月26日

（李明洁 译）

致 谢

这部书稿是在国家社会科学基金项目《美国哥伦比亚大学"纸神专藏"的整理与研究》(21BZJ050)结项成果的基础上修订完成的。

如果没有哥伦比亚大学东亚图书馆程健馆长和王成志研究馆员为我到纽约查阅"中国纸神专藏"(Chinese Paper Gods Collection)原档提供的极大便利，这项研究恐难以达成。如果没有富平安女士的哲嗣哈伯德·卡林顿·古德里奇先生(Mr. Hubbard Carrington Goodrich)和安·古德里奇·琼斯女士(Ms. Anne Goodrich Jones)的友善与慷慨，如果不是他们给了我大量的家族信件、照片和录像，并在六年多的时间里不厌其烦地回应我的诸多疑问和请求，本书不会面世。

哥伦比亚大学图书馆善本与特藏部，瓦萨学院图书馆特藏部，洛克菲勒基金会档案中心，纽约公共图书馆艺术、印刷与照片特藏部和纽约大都会艺术博物馆沃森图书馆为我查阅文献提供了高效的专业服务。哥伦比亚大学巴特勒图书馆、法兰西学院图书馆、杜克大学鲁宾斯坦善本手稿图书馆、耶鲁大学神学院图书馆特藏部和华裔学志研究

致 谢

所协助提供或慷慨赠予了相关图片的复制版权。汉语基督教文化研究所的资助，使我在香港道风山定心完成了书稿的前期编辑。

我必须表达我对学界师友的谢意。年画藏家李文墨教授和北京民俗博物馆李锦萍副研究馆员，慨然应允参与课题组，以各自领域的珍贵学识助力了我的思考。复旦大学李天纲教授，中山大学王霄冰教授，上海大学黄景春教授，华东师范大学田兆元教授、唐忠毛教授，中国美术馆刘莹研究馆员和天津美术学院姜彦文副教授等同辈学人，为我提供了严肃的学术交流机会。我还要感谢华东师范大学社会发展学院诸位同仁对我持续海外调研的理解和支持；感谢民俗学研究所允许我带领学生进行民俗文献文物的博物馆学实践，这激发了我将博物馆学的经验与民俗学田野结合起来，让我始终保持了对民俗物品及其背后问题的敏感。

这几年也得到年轻朋友的帮助，专治河南朱仙镇年画、苏州桃花坞年画的任涛先生、乔兰蓉女士，为我解读了不少传统木版水印技艺的实践细节；我的硕士生池文汇同学毕业后致力于"中国装束复原团队"的工作，她在这一领域的研究心得帮我解答了第七章中的诸多问题；本书的参考文献也是我的博士生刘倩同学协助编目的。

这项研究从2017年夏天开始，至今已六年有余，我为此乘过20次上海与纽约之间的国际航班。感谢崔璨小姐和斯蒂芬·加利拉先生（Mr. Stephen Gallira），在这长长的旅途中，他们一直都在我的身旁和前方。

我把此书献给先父李光煜先生和母亲刘帼英女士。

天上人间，护佑常在。

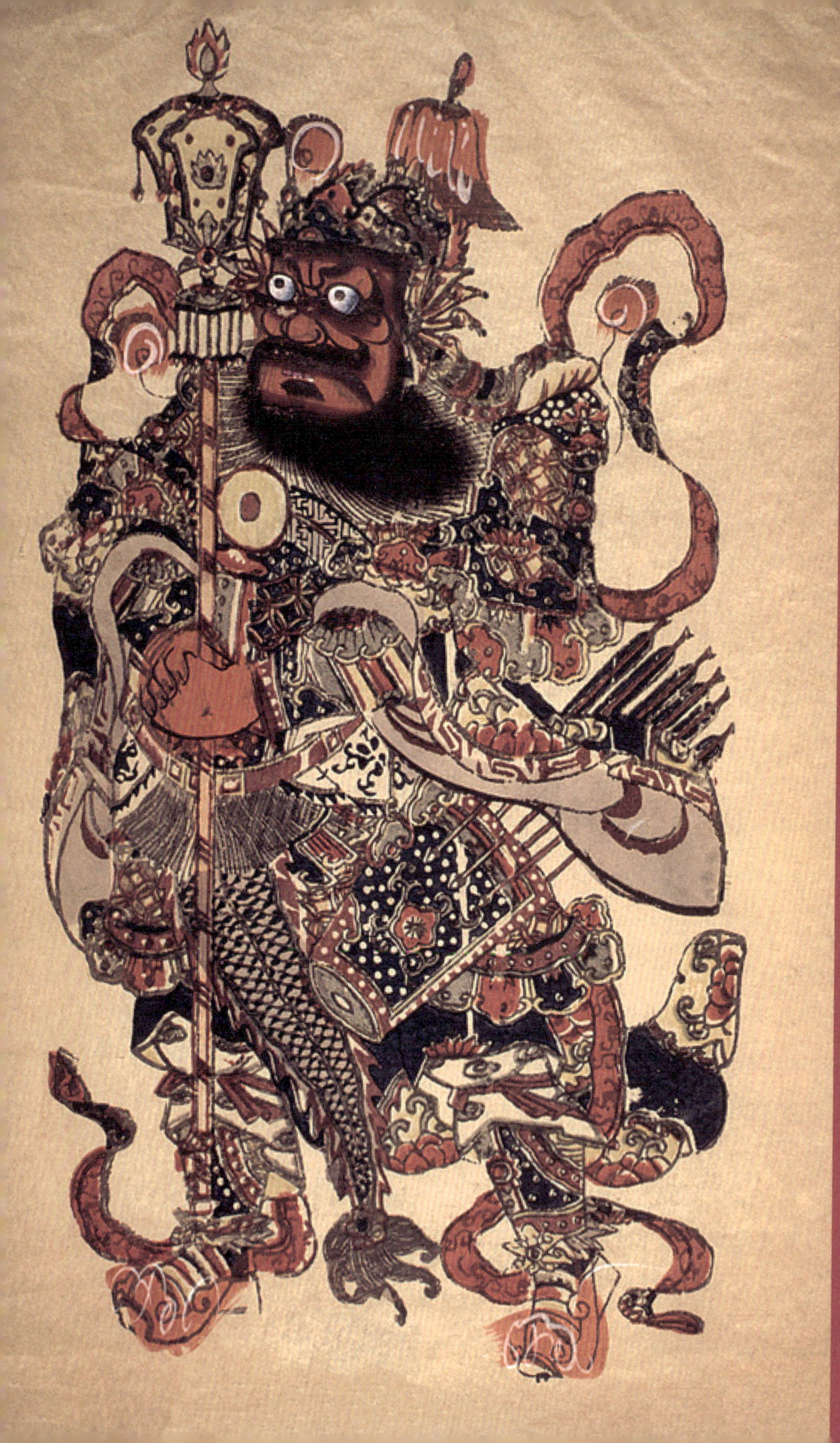

第一部
背景与聚焦：世界的中国纸神

  "中国纸神"不仅承载着中国人的思想史、生活史和艺术史，作为世界历史在中国地区所生成的文明成果，其负载的也是人类文化遗产的一部分。近现代海外汉学，将不同地区的文化经验和立场注入了对中国纸神的解读之中，而这些研究本身又构成了新的世界文化遗产。在本土的文化自觉日渐高涨的今天，域外"中国纸神"档案及其相关研究在多重往复的意义上，成为亟待被认真审视的镜像式的存在。

第一章
近现代汉学研究中的"中国纸神"

引言　来自哥伦比亚大学"中国纸神专藏"的启示

2017年夏天,我到纽约哥伦比亚大学东亚图书馆(C.V. Starr East Asian Library of Columbia University in the City of New York,以下简称"哥大东亚图书馆")查阅资料,程健馆长向我推荐一份少有人问津的特藏档案,名为"中国纸神专藏"(Chinese Paper Gods Collection)。浏览后发现,藏品主要是门神和纸马,为20世纪30年代北平地区所常见,倒是这个英文命名引发了我的好奇。这份特藏中所涉及的"门神"(图1-1)和"纸马"材料,在国内常散见于"年画"、"民俗版画"、"祭祀纸品"及"迷信用品"等议题和舆论中,而将这两类用一个上位概念"纸神"来统称的做法并不存在;换言之,不论是在中国百姓历来的民间信仰实践中,还是在国内宗教学、民俗学和民间美术等相关的学科研究中,"纸神"这一提法都相当罕见,也不存在一位所谓"纸张的神"。那么,这份特藏为何会以"纸神"来命名呢?

哥大东亚图书馆的专藏,由美国人富路特夫人(Mrs. Anne Swann Goodrich,1895—2005,中文名为"富平安",以下除特殊情况外,皆

图 1-1 《门神》(神荼)

  产地疑似天津杨柳青(或者东丰台仿制杨柳青版),收集地为北京,收集人是美国人富平安女士,收集时间应为 1931 年。
  原图属美国纽约哥伦比亚大学东亚图书馆"中国纸神专藏"。哥伦比亚大学东亚图书馆慨允本书使用该专藏所有藏品的电子版。电子档案见 http://www.columbia.edu/cu/lweb/digital/collections/eastasian/paper_gods/。图片亦可见美国哥伦比亚大学东亚图书馆:《美国哥伦比亚大学东亚图书馆藏门神纸马图录》,中华书局,2018 年。
  本书凡引用该专藏图片,皆在文中链接 URL,此图为 http://www.columbia.edu/cu/lweb/digital/collections/eastasian/paper_gods/collection/NYCP.GAC.0001.0169.html。如有必要,再加注馆藏档案编号,此图为 NYCP.GAC.0001.0169。

用"富平安")捐赠,购置于她在20世纪初旅居北京的几年间。"我看到人们在街沿儿的大门上贴着中国古代神将的大幅画像。我留意到妇人们坐在黄包车上,怀里抱着纸做的小小神龛。我问来的答案,都说这些个叫作'纸神'(Paper Gods)。于是,1931年我就到东四牌楼那儿的'人和纸店',买下了他们能有的每一张印品,大概能有一百多张吧。"① 然而,春节期间妇人们"请"回家的可能是"神将"模样的门神,更可能是"灶神"这类的纸马。那一时期国人是有把"纸马"称作"神纸"的,1924年北京大学风俗调查会曾发起征集新年民俗物品的倡议:"我们预计最重要的收集是各地的'神纸'。'神纸'就是'纸马'。这东西,我们全国各地都有。"② 那么,会不会是富平安用英文记下的"纸神"其实只是当时北京人说的"神纸"呢?

值得注意的是,海外对中国门神、纸马这类民俗版画的关注,并非个别人的爱好,而是群体性的兴趣。对于国人而言,及至20世纪初叶,过年贴门神、办事烧纸马,一直是深植于日常生活中的活态的信仰实践,门神和纸马属于习焉不察的"用品"而非供购藏鉴赏的"藏品"。尽管20世纪二三十年代,国内有识之士已经着手进行中国民俗版画的保护和抢救工作,像鲁迅、郑振铎、钟敬文、于鹤年、卫聚贤和孙家骥等,有策展著述,有奔走觅寻;但需要直面的事实是,最早有目的、大批量收藏主要还是来自欧美的商人、游客、探险家、传教士、外交官和汉学家。这些民俗文物经历百多年来的中外流转,现已

---

① Anne Swann Goodrich, *Peking Paper Gods: A Look at Home Worship*, Nettetal, Steyler Verlag: Monumenta Serica, 1991, p. 11.
② 《北大风俗调查会征集各地关于旧历新年风俗物品之说明》,《北京大学研究所国学门周刊》1925年第8期。

多从私人手中辗转流通至海外的博物馆和图书馆等公共机构，有的被藏于"中国民俗版画"（Chinese popular prints）名下，如纽约公共图书馆；有的被冠以"中国年画"（Chinese New Year Pictures）存档，如大都会艺术博物馆；另有一部分则以"中国纸神"来命名专档，哥大东亚图书馆就是其中的一个代表。

三种档案属名的差别，本质上是关于门神纸马类的中国民间印刷品该如何被认定并归类的认识分歧，"民俗版画"着眼于产销方式，"年画"侧重与节令相关的民俗现象，而"纸神"则是强调这类印刷品上的图像必须是神或者与神相关。坦率说，由于具体档案所含的品类往往杂乱随意，这些海外馆藏的命名在某种程度上是一种常识性的估计，而非严格意义上的学术鉴定。实际上，即便是最常见的"年画"之说，国内学界至今也尚未达成共识，各个说法几乎都有宽严之别，常被混用。早在1963年，藏家孙家骥（1919—1978）就曾撰文辨析："神马就是木版彩色套印的各种神像，内地称为神马、神码、神祃、码子、纸码、神纸等。……年画是一种地地道道的民间艺术品，是新年的点缀，纯为欣赏无他用，虽然神马也多半由年画作坊印制。至于纸神就不然了，大部分与祭祀有关，其中一部分作为新年张贴用，可是都有一定的款式、规定和意义，绝不能乱贴的。……所以表面上看来是一张画，实在是神。其他多种的吉祥画也都含有厌胜作用，所以不能与年画混为一类。再说祭祀用的神马更多也更不同，并不一定要在新年时才出售，一年中定期的各种祭祀很多，大都要用神马。……像这一类的神马说是民间的艺术品是不对的，我们上一代的人对他（神马）都有严肃的信仰和崇敬，视为神灵的寄托，对神马的拜祭更是精神生活中重要的一环,谁敢拿来欣赏亵玩呢?"[①] 这段话很清楚地交代了年画与纸马(也就是神马、神纸)在印制的场所、适用的时间地点和用法上的异同,将两者做了扼要的区分;也解释了中国百姓为何一般不会拿它们来赏玩的原因。孙家骥的看法,有据可依,像年画中常见的"神荼郁垒、五福临门"等文武门神的基本功能确实"含有厌胜作用",理应属于"纸神";而纸马属于"纸神"更是名正言顺,"俗于纸上画神像,涂以彩色,祭既毕则焚化,谓之甲马。以此纸为神所凭依,似乎马也。……然则昔时画神像于纸,皆有马,以为乘骑之用,故曰纸马也"[②]。

孙家骥明确道出了"表面上看来是一张画,实在是神"的"纸神"之名,这在中文语境中几乎是独一无二的;引用这个例子无非想说明"纸神"这样的说法和观念中国人也会有;但还是无法确证哥大东亚图书馆的"中国纸神"专藏所谓的 Paper Gods 是误译还是译自中文,不过至少可以证明,以"为神所依"来作为分类标准,是可以心同理通地从中国民俗版画中归纳出一批具有区别性特征的"纸神"来的;而且放眼海外广泛收藏的中国纸质民俗文物和民俗文献,哥大东亚图书馆的做法并非孤例,而是有着相当的典型性,尤其是在20世纪前后海外汉学对中国民间信仰的研究著作中,"纸神"之说频现,它们用 Paper Gods 或者类似的外文说法,来概称中国各类民间纸质神像,其出现的概率要远大于中文语境中之所见。

具体说来,海外的这些"纸神"大致相当于汉语中所谓的民俗版

[①] 孙家骥:《北平的谢娘娘与民间的神马》,《台湾风物》1963年4月第13卷第21期。
[②] (清)赵翼:《陔余丛考》,河北人民出版社,1990年,第524页。

画，或者广义的年画概念中与神灵崇拜、祭祀相关的民俗或者仪式用纸制品，以门神和纸马为代表，不包含广义年画中非神灵类的图像和纸制品，像戏出年画、仕女婴戏图以及窗花、桌围、纸牌、升官图和包装纸等，都不能叫作"纸神"。这些图像或画符多以传统木刻水印版画的形式手工印制于纸上，也有部分描画或印制于纸、丝和绢等材料。它们要么是供张贴悬挂类的神像，如门神、全神图、八仙图、观音像和钟馗像（图1-2）等；要么是拜祭神鬼时用来供奉或（并）焚化的专用纸质神像，最大宗的是纸马，如灶神（图1-3）、药王、送子娘娘、风伯雨师，等等，兼及纸钱和冥衣等样式。换句话说，海外各界之所以关注这些中国民俗版画，是因为纸上印制的全是神像；而将它们归入同一个档案作为专藏，则相当于把所有的纸神集合了起来，这样的话，中国民间的神灵系统也就一目了然了。

之所以要突出这一点，是因为在国内的研究传统中，自20世纪二三十年代掀起过一阵纸神研究的短暂热潮后，直到21世纪初，民俗版画作为一个相对独立整体的文化现象，才重回学者的视野。中间相当长的时间，所谓的研究往往只侧重民俗版画作为民间艺术的图像特点，或者讨论具体图像的象征意义，极少从民间信仰的特征及其仪式用品的角度出发，去统括这些纸品整体的特性和功能，甚至可以说是刻意回避"纸神"因为具有"神性"这一核心特征而作为整体的存在。因此，有必要正本清源，理解海外人士在域外语境中以"他者"视角，对中国民间信仰之"神灵系统"所做的这样一种直观的概括，重新思考"纸神"的"神性"的首要性，复活并深究"纸神"作为一个神系统及其载体的功能，重估"纸神"所承载的信仰仪式和社会习俗交互作用的综合价值。

第一章 近现代汉学研究中的"中国纸神" / 009 /

图1-2 《钟馗头》

产地为河南灵宝,收集人是美国博物学家卡尔·舒斯特(Carl Schuster, 1904—1969),收集时间应为1932年。

原图为美国哈佛艺术博物馆群赛克勒博物馆收藏,电子版可见链接:https://digitalcollections.library.harvard.edu/catalog/HUAM 206247_URN-3:HUAM:CARP 07474_DYNMC。依照"知识共享许可协议(CC BY)"使用。

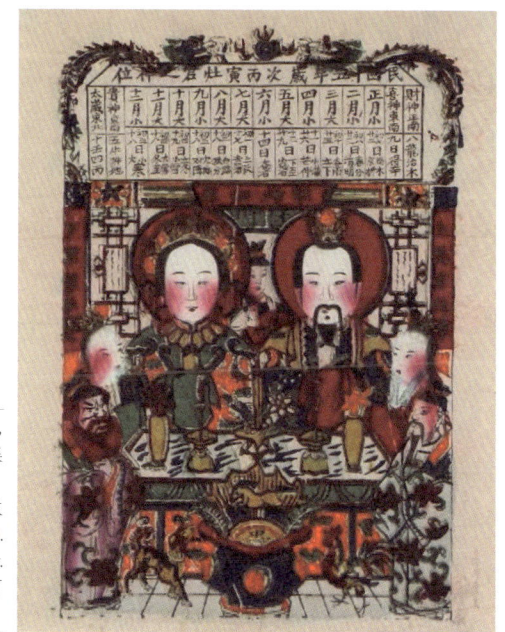

图1-3 《灶神》

产地疑为东丰台,采集地为北京,收集人为日本汉学家青木正儿,收集时间为1926年。

原图为日本名古屋大学图书馆收藏,电子版可见链接:https://www.nul.nagoya-u.ac.jp/wakan/slideshow/slideshow.html#10625255。依照"知识共享许可协议(CC BY)"使用。

需要一再强调的是,"纸神"这一命名方式明显区别于中国年画、民俗版画乃至纸扎等传统民俗纸质产品的内部分类,呈现出了别具一格的整体性观察视角、对照性的认知方式和特别突出的灵性关怀,是概览近现代汉学在相关领域的研究时无法回避的概念。如果暂时略去散见于日记、游记、照片和信函中的零星录述,专注于现代意义上的系统性研究的话,海外学术话语中出现的中国"纸神",就会呈现出相对清晰且较为整饬的学科性特质。这是在 20 世纪前后世界格局剧变的历史背景下,中外频繁的冲突与密切的交流所致,也是域外汉学研究自身的传统延续所及。尽管统括在"汉学"名下,但细查源流,还是旨趣各异,其中最显著的当推宗教学、人类学、艺术史学和民俗学。这些领域的诸多大家都有影响深远的成果存世,并在世界各地留下了一定数量的原始档案,可以作为一段相对独立且完足的学科历史来进行探究。梳理"中国纸神"研究在近现代汉学传统中的发展,评估海外有代表性的"纸神"原档,有利于借助"他者"视角,重新认识以"纸神"为直观载体的中国民间神灵系统的多学科价值,开启对于这一具有中国特色的民间文化遗产的全面理解和再研究。

一 宗教学:来华传教士与中国"纸神"

海外对中国"纸神"的研究,与来华传教士的历史并行。扎根于民间百姓心中的神灵信仰是其不得不直面的首要问题。从 19 世纪开始,"纸神"就大量散见于传教士的各类笔记和论述中,如美国公理会的卢公明(Justus Doolittle,1824—1880)在《中国人的社会生活》一书里,就谈到清末福州的"神农"和"灶神"信仰,并附有纸马图像①；何乐益（Lewis Hodous，1872—1949）的《中国民俗》是一本感性的个人游记，民国时期的春节习俗记录甚详，写到贴"神荼、郁垒"做门神，还附有张贴着灶神的柴灶照片②。但如果谈到系统的研究，较全较早的要属耶稣会的禄是遒（Henri Doré，1859—1931）和长老会的队克勋（Clarence Burton Day，1889—1987）。

禄是遒生于法国，1884年来华，在上海、江苏和安徽等地传教30余年，他在研读文献方志和田野调查的基础上，于1911年至1919年出版了14卷法文版的《中国民间崇拜》③，后于1914年至1933年由爱尔兰裔传教士甘沛澍（Martin Kennelly）和芬戴礼（Daniel Finn）等人编译为10卷本英文版传世。应该说，"禄是遒对中国社会生活中的信仰活动，做了迄今为止最为完整的收集和描述"④。这套鸿篇巨制对纸神研究的最大贡献在于，它以彩色图像的方式，描绘了19世纪前后中国民间的拜祭仪式并临摹了大量的纸马和符箓，"精灵神鬼、神化的观念和英雄的图像也被保存下来，徐家汇图书馆丰富的图片馆藏对此颇有助益。几乎每篇文章都有插图，这些图片补充了文字的信息，以图像的方式向读者展示了民众的信仰"⑤。例如卷一第一章"诞生幼时"⑥，就

---

① Justus Doolittle, *Social Life of the Chinese*, Harper & Brothers, 1865, pp. 53, 82.
② Lewis Hodous, *Folkways in China*, A. Probsthain, 1929, pp. 2, 215.
③ 法文和英文书名直译为《中国迷信研究》，中文版依据英文版译出，中文版书名2014年改定，由上海科学技术文献出版社归入"徐家汇藏书楼汉学经典译丛"出版。
④ 李天纲：《禄是遒和传教士对中国民间宗教的研究》，见〔法〕禄是遒著，高洪兴译：《中国民间崇拜》第一卷《婚丧习俗》，上海科学技术文献出版社，2014年，第2—10页。
⑤ M. Kennelly, *Research into Chinese Superstitions by Henry Doré*, Preface, Shanghai, T'usewei Printing Press, 1914, p. II.
⑥ M. Kennelly, translated from *Research into Chinese Superstitions by Henry Doré*, Shanghai, T'usewei Printing Press, 1914, pp. 1-27.

附有单页全彩的"白衣大士送子观音、麒麟送子、张仙送子"等纸神7张,"催生灵符"2张,"玉女常怀及第郎、五子日升、百子图状元及第"等吉祥画5张以及"长命锁、百家衣、留箍"等民俗事象的解释性图画7张。就早期中国民间信仰及其纸神研究而言,尽管这套丛书中的纸马符咒以及民俗风情类图片都是依据调研照片绘制的临摹图而非原物或原照,但写实性甚高,其丰富性也是难以超越的。禄是遒还撰有一本极为重要且实用的小册子,名为《中国迷信手册暨中国最常见迷信小指南》,分"诞生、红事、疾病、白事、屋神、占卜、淫祠、神诞"和"各省殊神一瞥"9章,扼要解释了民间信仰仪式及其必然伴随使用的"纸神",书中明确出现"tche-ma"(纸马)"men-chen"(门神)[1],并有完整的神灵名单索引列于书末。1926年11月1日,禄是遒在上海徐家汇写下序言,特别说明这本小册子意在"提醒"传教同道遇疑多问并以此为"研究"入门;对于中文学界而言,这本小册子恐怕也是"纸神"研究中不可绕过的索引和路标。

美国人队克勋是最早明确以"纸神"为教研焦点的传教士。队克勋1915年来华,1919年起任教于杭州之江大学,开设"宗教史"课程,他和学生们共同收集了两千多张纸马。队克勋详细考察了纸神在浙北农村的使用、其背后的民间信仰系统及民国初年"新生活运动"后的变化情况,于1940年出版了《中国农民信仰:中国纸神研究》,副标题中就用了"纸神"[2]。书中附有72张图版,除水陆画、刻

---

[1] Henry Doré, *Manuel des superstitions chinoises; ou, Petit indicateur des superstitions les plus communes en Chine*, Chang-hai, Imprimerie de la Mission Catholique, 1926, pp. 4, 89.

[2] Clarence Burton Day, *Chinese Peasant Cults: Being A Study of Chinese Paper Gods*, Shanghai: Kelly and Walsh Limited, 1940.

版等实景照片和石印的神像外，多数是彩色或黑白的纸马；书末列有425位神仙的名称，并注有汉字、威妥玛氏拼音和英文说明。1975年队克勋出版《社会主义时期之前的中国民间信仰》，有专章"请纸神"（Paper Gods for sale），并解释了"纸马"含义："春节之际，你会惊诧于种类繁多的纸马（chih-ma），城市乡村、家家户户的宗教活动中都会用到。这些印有各种神像的纸张，尽管叫'纸马'，但不常有马的样子。"① 2016年，浙江大学图书馆举办"馆藏民国门神画像联展"，展品一部分就是现藏于该馆、原民国时期之江大学宗教博物馆的队克勋收藏原件，另一部分则是哥大东亚图书馆的"中国纸神专藏"。

哥伦比亚大学专藏的独特之处在于，富平安的捐赠来源于她一次性的在北京纸店旺铺的集中性采购，时间、地点、售购双方的信息都明确清晰，档案的原真性极高。最初她是以公理会传教士的身份到的北京，并因此接触到普通百姓和他们的信仰生活。（图1-4）1991年她出版了与这份收藏直接相关的《北京纸神：家庭祭拜一瞥》（Peking Paper Gods: A Look at Home Worship）后，将原件捐赠给该校东亚图书馆，估计还包括其他来源，因为哥大东亚图书馆2007年整理、修复与电子化，公开了231幅，这是海外较早完成的电子专档。富平安还撰写了另两部实录考据性专著《中国地狱：北京十八地狱庙与中国的地狱观念》②和《东岳庙》③，三本书中记录了富平安当年采写的当地信众的说法和做法，使得这一以"北京纸马"为主体的专藏，成为拥有较充

---

① Clarence Burton Day, *Popular Religion in Pre-communist China*, San Francisco: Chinese Materials Center INC, 1975, p. 13.
② Anne Swann Goodrich, *Chinese Hell*, St. Augustin: Monumenta Serica, 1981.
③ Anne Swann Goodrich, *The Peking Temple of the Eastern Peak*, Nagoya Japan: Monumenta Serica, 1964.

图1-4　富平安在做传教士期间与京郊手工作坊全体人员合影

传教士安·帕金斯·斯旺（Anne Perkins Swann，富平安结婚前的原名）与教会组织属下妇女手工作坊的全体劳工合影。富平安在前排居中，中国老妇人左边第二名身穿白色长裙的外籍女士即是。约1921年摄于北京郊外。哈伯德·卡灵顿·古德里奇慨允使用。

足同时期背景资料的研究对象。富平安在美国做了长期大量的普及工作，她的解说深入浅出，促进了不同国别、不同信仰和不同文化程度的人群理解"纸神"及其所依托的中国民间信仰和民俗生活。

传教士收藏的纸神，还有一套值得注意。这套纸神现藏于皇家安大略博物馆，由加拿大人黄思礼（Lewis Calvin Walmsley，1897—1989）捐赠，约200幅，除《新年吉庆》和《同乐会》等少量吉祥画外，大部分都是门神和纸马类，产地涉及天津杨柳青、四川绵竹、上海小校场、四川夹江、河南朱仙镇等，而纸马类中最重要的是完整成套的北京纸马78张。2019年安大略博物馆举办"家神：中国的祖先画像与民俗版画"特展，以这批专藏来展示中国民间基于祖先拜祭的神圣观念和信仰实践,并出版了由郑文倩(Wen-Chien Cheng)和姜彦文编辑的同名图录①,用"鬼神像"(Images of Deities)来界说"纸神"。黄思礼1921年来华,1923年至1948年在成都任加拿大传教士子弟学校的校长,1949年至1963年任多伦多大学东亚系主任。从来华传教士到中国文物的收集者,再到中华文化的教育者,这样的人生履历在传教士中极为常见。黄思礼曾为他的前辈怀履光(William Charles White, 1873—1960)作传。怀履光是加拿大圣公会在中国河南教区的首任主教,其间挖掘收集过大量中国文物,现藏于皇家安大略博物馆。怀履光回国后成为多伦多大学中国研究系的主任。黄思礼这样评价怀履光:"一个人的伟大在于他为后世留下了什么。怀履光博士在中国的工作,其重要性无可比拟,他为皇家安大略博物馆收集的东方珍宝,为加拿大人理解中国这一世界上最为丰富和重要的文化之一,世世代代地保留下了最有价值的一个资源。"② 黄思礼和怀履光,在人生经历和文化趣味上都有很多相似之处,这段话看似评议故人,但多少有些夫子自道的况味。对于以"传教"为职业和志业的传教士的一生,这样的盖棺论定,个中三昧,值得再三品评。

"纸神"首先是民间信仰的产物。来华传教士的中国"纸神"收集及其研究,由于浸淫宗教学的理路,其覆盖率和细致度乃至其形而上的阐释性,都殊为卓著。尽管他们对以纸神为图像媒介的中国民间信仰的态度,或批判鄙视(如卢公明、禄是遒),或赞赏认同(如队

---

① Wen-Chien Cheng, Yanwen Jiang, *Gods in My Home: Chinese Ancestor Portraits and Popular Prints*, Royal Ontario Museum, 2019.
② Lewis C. Walmsley, *Bishop in Honan: Mission and Museum in the Life of William C. White*, Toronto: University of Toronto Press, 1974, p. vii.

克勋、富平安），但他们的早期收集都较为严谨地为清末民初中国百姓的民间信仰及其日常实践，建立了较为完整的图像档案。

另一个需要留意的现象是，教会组织所属的教研机构，常动员当时就读于教会学校的中国学生参与纸马收集，这非常有益于其藏品的广泛性和代表性，同时也培养了中国的年轻人从宗教学、民俗学和人类学的学科视角，来重新审视他们习焉不察的文化符号与文化现象。一个典型的例子就是辅仁大学东方人类学博物馆的年画收藏，馆长叶德礼（Matthias Eder，1902—1980）在创建之初的公开信中说："余希望各地在本校求学之同学，对此运动，加以协助与合作，将其家乡之风俗，当地之产物；凡力之所及，请代为搜集，捐助本馆。"[1] 队克勋在《中国农民信仰：中国纸神研究》的序言中也写道："为了解中国民众信仰的背景，也为激发中国学生欣赏其自身的文化遗产，我从十多年前开始收集中国范围内用于家庭拜祭用的'纸神'（Paper Gods，或称'马张'）。"[2] 来华传教士当初有心栽花，及后世无心插柳之效，尤其是这些原档的传续现状，都是很值得追索的。

二 人类学：在远东借助"纸神"而"知人"

18世纪末以来，文化社会人类学就和其他学科区分开来，在目的上强调对脉络的深度检视与跨文化比较，方法上提倡对研究区域长期、深入地参与式观察。对于欧美而言，处于所谓"远东"的中国自是绝

---

[1] 《一封公开的信》，《辅仁生活》1940年第4期；英文版为 The Director of FU JEN's Ethnological Museum Calling。

[2] Clarence Burton Day, Chinese Peasant Cults: Being A Study of Chinese Paper Gods, p. ix.

第一章 近现代汉学研究中的"中国纸神"

佳样板;而其殖民或探险的历史初衷,也是不应避谈的。

荷兰人高延(J. J. M. de Groot,1854—1921)恐怕是以非传教士背景来华进行田野调查的最早的西方学者,他先后在厦门长达 5 年(1877—1878,1886—1890),"纸神"显然引发了他的兴趣,高延 1880 年即在《中国评论》上发表论文《中国的门神和对联》[1];1886 年在巴黎出版了专著《厦门岁时记》,是较早出现中国祭祀用民俗纸品的西文民族志作品,记录了耳闻目睹的年节讲究,在记录正月迎神仪式时就专门解释了"烧云(魄)马"的习俗,要把"三牲"、"五牲"献祭给神灵,就必须准备好"魄马"(或称"云马"、"魄马纸"),高延用法语词组"chevaux-nuages"(云马)来对译;[2] 并用专门一节详细讲解了春节时所用"对联和门神及其起源和含义"[3]。值得注意的是,在华期间他采购的少量纸马、纸钱和神像画现藏于荷兰国立民族学博物馆;与之形成谱系关系的则是,该馆还藏有高延仿制于厦门城隍庙和东岳庙的三百多件神像雕塑,另有部分现存法国里昂历史博物馆[4]。随后在 1892 年至 1910 年间,他出版了《中国的宗教系统及其古代形式、变迁、历史及现状》[5],以古籍文献和田野资料论证了民间信仰与中国人的日常生命之互嵌统一。当然,他的研究有为荷兰殖民地服务的倾向,

---

[1] J. J. M. de Groot, Inscriptions on Red Paper, Pictures Etc. on Chinese Street-doors, *China Review* 9.1, 1880, p.9.

[2] Jan Jakob Maria Groot, *Les fêtes annuellement célébrées à Émoui*, Ernest Leroux, Éditeur, 1886, p.31.

[3] Jan Jakob Maria Groot, *Les fêtes annuellement célébrées à Émoui*, pp. 596-610.

[4] 王玉冰:《民俗文物的跨国流动史——以高延藏品为例》,《艺术与民俗》2020 年第 3 期。

[5] J. J. M. de Groot, *The Religion System of China: Its Ancient Forms Evolution, History and Present Aspect and Manners, Custom and Social Institutions Connected Therewith*, 6 vols., Leiden: E. J. Brill, 1892-1910.

1890年他回荷兰莱顿大学任人类学教授的就职演讲,就题为"了解中国政治学术方面对我们殖民地的重要意义"①,且对民间信仰的评价未必积极;但其智识上的宗旨恐怕还是他在《厦门岁时记》上的题签——引用的《论语》中的句子:"樊迟问知。子曰:知人。"

与带着老牌欧洲帝国殖民意识的高延之行不同,美籍德裔学者劳费尔(Berthold Laufer,1874—1934)远赴中国,则属于新兴美国资产阶级向"远东"的所谓"探险考察"。1901年至1904年的"席福考察"(Jacob H. Schiff Expedition)、1908年至1910年的"黑石考察"(Blackstone Expedition)和1923年的"菲尔德考察"(Marshall Field Expedition),都是受资方赞助来华的;但劳费尔对他们开拓未来市场的战略不感兴趣,他的初访使他对中国历史文化产生了敬仰乃至认同:"我开始热爱这片土地和这里的人民,而且非常'中国化'了,以至于我觉得如果我是个中国人会更好更健康。"②他认为对于发达文化地区的民众,对其精神思想的探索应优先于针对生产生活用品的普查。③因此,他对中国的精英文化,采用了文化考古的方法,其思路可参考他1917年的论文《中国古代的信仰与艺术观念》④,他谈自然崇拜和死亡观念,将中国古代文明归于世界文化交流之结晶的立论,其视野和胸襟之高蹈超迈可见一斑;对中国的民俗文化,他则采取了全方位的田野采集,如他收购的皮影、木偶、高跷等民俗民艺制品的质量和数量在北美都

---

① 〔荷〕包乐史(Leonard Blusse)著,庄国土、程绍刚译:《中荷交往史(1601—1999)》,荷兰路口店出版社,1999年,第135页。
② *Expedition to China Correspondence*, 1900-1904, AMNH Special Collections, Mss. E 973.
③ 牛海洋:《美国汉学家巴托尔德·劳费尔的首次中国考察》,《国际汉学》2020年第1期。
④ Berthold Laufer, Religion and Artistic Thought in Ancient China, *Art and Archaeology*, Vol. VI, 1917, pp.295-310.

拔得头筹。就"纸神"而言，他着重选择的是精细装裱的神灵画像卷轴，如"关帝、和合二仙、观音"等画像和"寿星"绣像等，现多藏于美国自然历史博物馆[①]；而"万佛像"等少量纸马则存于菲尔德博物馆[②]。在他巨量的中国收藏中，"纸神"占比不大，但由于劳费尔广博通透地阐释了中华文化背景并收集了雅俗兼及、互为映照的足量文物和文献，以致"他教会了观众用与制作者相同的眼光来看待一件文物"[③]，从而使得在西方世界，公允而非猎奇式地在中国历史传统的全景中理解包括"纸神"在内的中国文化遗产成为可能。

"欧美汉学常常受到考古和人类学等学科的影响，一个异民族的历史与传统，对于他们来说是反观自身的镜子，他们常常运用考古与人类学的方法来研究，与我们常常从文献出发并不一样"[④]，故此能不为典籍和成见所缠绕，直接发现并聚焦那些异于母国之现象。"纸神"在物质和精神层面的特异性都甚为显著，在 20 世纪前后成为海外人类学中国研究的重要支持性材料。尽管未列专档，但这些为各大博物馆人类学部所收藏的"纸神"，却是理解同时期中国文献文物的提纲挈领的密匙；也就是说，对人类学脉络中的"纸神"藏品的研究，宜重视收集者同批次的藏品并以全景互补的方式充分利用之。

---

① https://anthro.amnh.org/laufer_collection，2021 年 7 月 12 日。
② https://www.fieldmuseum.org/node/5066，2021 年 7 月 12 日。
③ Bennet Bronson, Berthold Laufer, in *Fieldiana*, Ch. 9, The Field Museum, 2003, p.126.
④ 葛兆光：《从丧葬制度中理解中国宗教与社会 —— 读〈中国宗教制度〉与〈中国的死亡仪礼〉》，见葛兆光：《域外中国学十论》，复旦大学出版社，2002 年，第 47 页。

三　艺术史学：西方审美中的"中国民俗版画"

艺术史学将视觉表达作为审美对象，研究美术作品的历史和风格，尤其擅长采用历史方法解析其创作过程、时代动因、艺术特色和风格变迁。中国"纸神"作为久远且重要的东方民间美术品类，是海外艺术史学近一个世纪以来的一个静水深流的议题，美学路径上聚集了较多专业美术博物馆，它们是公众、学者和藏家之间持续建构"中国民俗版画"概念的枢纽。

位于德国柏林的亚洲艺术博物馆拥有485张中国20世纪初的民俗版画，由"二战"时期流亡到天津的美籍德裔犹太人沃伦斯坦夫妇（Gerd and Lottie Wallenstein）捐赠，他们1940年至1947年在中国期间，自购或由友人代购了杨柳青、朱仙镇和北京三地的年画。该馆多次为这一专档举办特展，其中2010年的展览由美国学者梁庄爱伦（Ellen Johnston Laing，1934—　）编辑了同名图录《神性的规则与尘世的福祉：中国民间版画（沃伦斯坦夫妇专藏）》[①]，依据比较典型的西方艺术史的研究框架，按内容题材进行了分类；除了仕女图和戏出年画，单列"财神、屋神、子孙神"等纸神，便于针对特定题材的视觉形式进行内容阐释。

梁庄爱伦为中国年画在英文学界的普及贡献良多，她通过编辑展览图录和撰写多部专著，介绍了年画的主要产地和基本功能等，推

---

① Ellen Johnston Laing, *Divine Rule and Earthly Bliss: Popular Chinese Print, The Collection of Gerd and Lottie Wallenstein*, Berlin: Staatliche Museen zu Berlin, 2010.

介了王树村和薄松年等中国学者在民间美术领域的研究,也将中国民俗版画的美学议题带入了西语的艺术史领域,她认为"这些传统版画中的艺术成分被严重忽视了"①,她为瑞典藏家冯德保(Christer von der Burg,1943—)收购的美籍华裔画家王商一(1905—1972)旧藏,编辑了图录《中国流行版画的艺术及美学》,开始将论题引向商号和产地的艺术特色以及年画与其他民间艺术的关联,这既是对西方艺术史强调风格的由来与根源,注重形式和意义的图像学研究传统之延续,又是 21 世纪以来西方艺术史开始与文化社会学和历史人类学联姻所带来的视角转移所致。该套藏品共有三百多张,除《孟母择邻》、《省亲游园》、《百子图》等若干吉祥画外,其他都属于"纸神"范畴;1963 年在中国香港、1965 年在美国密歇根艺术博物馆和威斯康辛大学麦迪逊校区做过公开展览。值得注意的是,这套藏品实际上是华裔藏家基于母文化的美学标准和文化养成精选而成的,英文学界基于此关注到纸神的艺术特色,也属因缘际会之美事。

职业藏家在艺术史倾向的纸神研究领域占据着核心地位,他们激发着学者的研究热情,保障着博物馆策展之展品需求,也刺激着纸神的流通与买卖。以冯德保及其创办的位于伦敦的"木版教育信托"(Muban Educational Trust)为例,该机构目前藏有中国民俗版画约 8000 张。他本人收藏中国传统版画 40 年,过手无数,比如,20 世纪 80 年代他从法国藏家杜伯秋(Jean-Pierre Dubosc,1903—1988)手中收购了 350 张旧版年画,后转手卖给了大英博物馆。

---

① Ellen Johnston Laing, *Art and Aesthetics in Chinese Popular Prints: Selections from the Muban Foundation Collection*, Ann Arbor: The University of Michigan, 2002, p.4.

西方艺术史发展了一整套强调形式演变及其符号意义的研究传统。美国人卡尔·舒斯特是一位在西方民俗学、人类学和艺术史学界颇有声望而在中国知悉度极低的"民俗符号"研究的先驱，他对中国民间艺术之专精令人观止，他不仅实地走访了全球约 700 家博物馆和私人藏家手中的数万件中国文物，而且在 1931 年至 1933 年、1935 年至 1938 年两度来华，采集了巨量的民艺实物。舒斯特凭借惊人的语言天赋，四次从北京前往当时外国人极少涉足的四川等西南各省少数民族聚居区，采集了大量传统绣品，现存美国菲尔德博物馆；而与之相呼应，1935 年他捐赠并入藏哈佛艺术博物馆的纸神（128 张已电子化）以及 1954 年向纽约公共图书馆捐赠的 280 张纸神，都来自于他本人的在华调研[①]。舒斯特是在统览与熟悉中国民俗图案的情形下"有意而为"，他收藏同一主题的多地或多款纸神，比如，他收集的灶神涉及武强、朱仙镇、灵宝、凤翔和夹江等多地，山东潍县的"三节鹰"就收了不同搭配构图的 6 种，各地门神多选"加官晋爵、秦琼尉迟恭"等常见品类，这有利于他对版式、印制、刀法、线条和造型等方面的辨析。"他的兴趣确实在于符号背后的意义，但他更注重展示民俗符号的广泛分布与在各种艺术媒介中的相互关联，以及它们是如何从久远的年代开始就把民众和文化联系到了一起。"[②] 舒斯特的这种偏好多少与他的学术追求有关，他毕生致力于象征主义的艺术再现研究，相信通过足量的传统民间图样的比较，就可以找出人类迁徙及其文化交往的历史密码。

---

① 李明洁：《卡尔·舒斯特及其中国民俗版画捐藏》，《文化遗产》2021 年第 6 期。
② Schuyler Cammann, In Memorium: Carl Schuster, *Textile Museum Journal*, Dec. 1972, pp. 2-3.

第一章　近现代汉学研究中的"中国纸神"

毋庸讳言，尽管中国艺术在海外艺术史学界是不容忽视的存在，但是中国美术的概念至今还是多指以文人画为代表的精英美术，拥有强大的全球性研究阵容；而纸神这类中国民俗版画在很长时间里仅仅被视作风物土产或者民间杂技，将其纳入美术史来进行讨论的海外学者寥寥无几。梁庄爱伦是这一领域难能可贵的存在，做了相当全面的常识普及工作。当然，并非是西方中国艺术史学者没有意识到这一类别，比如早在 1935 年兰登·华尔纳（Langdon Warner，1881—1955）就向哈佛艺术博物馆捐赠了 126 件纸神原件，但可惜没有看到相关论述。这恐怕是由于纸神用之即弃的使用惯习、自发制印的生产模式以及民间信仰的多元芜杂等造成的所谓"淫祠迷信"的草根属性，使得研究者主观上的轻视与客观上的困难并存，对于外国学者而言，这样的困境更为凸显。21 世纪以来，开始有海外知名学者在艺术史领域初步涉猎中国的非精英艺术。如高居翰（James Cahill，1926—2014）的收官之作《致用与娱情：大清盛世的世俗绘画》，就试图发掘中国绘画史中"失落的一隅"，将研究对象聚焦于出自画坊画师之手的"世俗画"（vernacular painting）。不过，细读下来，所谓"世俗画"，其实仍然不是纸神这类真正民间的祭祀类日用品，而多是仕女、春宫、家庆、祝寿等"另类"的世俗题材。其中属于民间版画的，仅有勉强可以归入的若干张"姑苏版"这样高端定制的城市景观版画[①]。但高居翰以其举足轻重的学术地位，将中国民间用途多样的世俗画引入了全球艺术史的价值讨论，突破了文人山水画主导的中国绘画史叙事，丰富

---

① James Cahill, *Pictures for Use and Pleasure: Vernacular Painting in High Qing China*, Berkeley, University of California Press, 2010, pp. 70-71.

了中国绘画史的样貌，是有开拓性意义的尝试。

尽管海外对于中国纸神的艺术史研究还处于起步阶段，但针对具体藏品的鉴定却有相当不俗的表现。这是因为不论是博物馆、藏家还是学者，出于商业价值抑或文化价值的考量，以艺术史的思路来收藏纸神，对其品相（艺术水准、印刷质量、保存状况和代表性等）都有着更高的要求，这就使得相关收藏在单品中常有出类拔萃之作，在来源上多有当时当地的名店名款，也相对重视对纸神样本的具体信息的考证。这种精益求精的美学倾向，使得此类藏品成为研究纸神的创作工艺、美学价值乃至制售热门等议题最易发现代表性作品的藏龙卧虎之地。

四 民俗学："纸神"作为中国民计与民艺之要素

如上所述，在20世纪前后的海外学术脉络中，纸神在中国民间社会中的信仰功能、与日常年节及拜祭仪式的互渗互融以及在艺术史上的地位和视觉形式上的特征，分别为宗教学、人类学和艺术史学等学科分而治之。海外民俗学传统中的纸神收藏及其研究，仅余两个焦点，即传统手工艺和民间文艺学。

造纸和印刷是海外"纸神"相关手工艺研究的关注重点，美国学者贾德（Thomas Francis Carter，1882—1925，也译作"卡特"）1910年来华做传教士12年，他于1925年发表的《中国印刷术和它的西传》是海外中国印刷研究的奠基之作，论及手工木刻、印刷以及神像制作在印刷史上的作用，特别说明纸神在民间生产与使用的广泛性，详细说明了印工上墨刷版的过程并附有照片。①美国植物学家莫古礼（Floyd Alonzo McClure，1897—1970）1919年至1941年来华，在岭南大学任教，1986年出版了他的《中国手工纸》，书中有实物纸样，其中第16号样张即以棕竹为原料的"金银纸"，属于日常拜祭的"神仙纸"（spirit paper）②。达德·亨特（Dard Hunter，1883—1966）是美国传统印刷造纸工艺领域里，集研究与制作于一身的代表人物。他在自传《以纸为生》③中全程记录了20世纪初在广东见到的一次葬礼及其使用的大量拜祭纸品，其体会记录在《日本、朝鲜和中国的造纸朝圣之旅》一书中，"在中国大量的手工纸被制作，用于纸钱、烛芯、香烛包装、鞭炮和满足其他的礼仪所需"④。这次"造纸朝圣"也促成了他在1937年出版了《中国的拜祭用纸》，如该书副标题所言，这是"一本关于在中国纸与锡箔的制作以及礼仪和宗教专用纸品的专著"，分为"中国的纸箔业"、"拜祭用纸的早期历史"、"拜祭用纸现状"、"中国纸神"（Chinese Paper Gods）和"敬惜字纸"五章，书中夹有"烧包、福禄寿三星神像、禄神纸马和孝纸钱"等实样，特别是"中国纸神"一章中有杨柳青套版彩绘的"神荼郁垒、聚宝盆和灶神"等纸神

---

① Thomas Francis Carter, *The Invention of Printing in China and Its Spread Westward*, New York: Columbia University Press, 1925, p. 25.
② Floyd Alonzo McClure, *Chinese Handmade Paper*, Newtown, Pa.: Bird and Bull Press, 1986, Appendix, N. 16.
③ Dard Hunter, *My Life with Paper: An Autobiography*, New York: Knopf, 1958.
④ Dard Hunter, *A Papermaking Pilgrimage to Japan, Korea and China*, New York: Pynson Printers, 1936, p. 8.

原件6张①，这是早期海外工艺美学领域中涉及中国"纸神"制作的权威之作。

值得注意的是，上述从民间工艺的角度对纸神进行的调研，看似着眼于纸张的制作与印刷的工艺，着力于纯手工技艺的记述，但在字里行间所特别强调的，则是纸神对民众生产生活的密切渗透。从生产的角度讲，纸张的原材料取自当地，纸神的制作有当地的形制和规矩；从生活的层面而言，纸神与各地人生礼仪、日常祭拜存在广泛关联，纸神与其他祭祀用品共同构成了仪式的辅助系统，这些都证明纸神是当时当地的"地方性知识"的要素，是中国民间的生计、生意和生活。这种较为实在的记录，倒是为曾经的民俗生活提供了较为稳妥且可依凭的"民俗学的想象力"。

以民间文艺学为切入点来收藏中国纸神的近现代海外学者，以俄国汉学的开拓者阿理克（Vasily Mikhaylovich Alekseev，1881—1951）和日本汉学京都学派的领袖青木正儿（1887—1964）为代表。前者以研究《诗品》和翻译《聊斋志异》名世，后者著有《中国近世戏曲史》和《中国文学概说》，他们对中国民俗和年画的研究颇见功力，但直到近期才受到学界的注意。阿理克1906年至1909年、1912年和1926年三度来华，不仅收购了4000多张年画，还委托中国"先生"撰写年画说明笔记②，现有约1000张年画和部分手写笔记藏于圣彼得堡的俄罗

---

① Dard Hunter, *Chinese Ceremonial Paper: A Monograph Relating to The Fabrication of Paper and Tin Foil and The Use of Paper in Chinese Rites and Religious Ceremonies*, Chillicothe, Ohio: Mountain House Press, 1937, pp.65-72.
② 杨玉君:《俄罗斯汉学家阿理克的不愠斋笔记：年画研究的宝库》,《年画研究》2020年冬，第46页。

斯国立宗教历史博物馆①。他者视角的收集以及与"先生"们基于"地方性知识"的答问,为了解纸神在当时的用法以及中外看法之差异,留下了难得的历史记录;也部分解释了他 1966 年出版的论文集《中国民间画》,何以会将年画置于民间戏曲、传说、神话和宗教间来做综合性的文艺学考察。青木正儿的治学兴趣主要集中在三个方面:"一是关于俗文学方面的;二是关于绘画艺术方面的;三是关于风俗、名物学方面的。"② 1922 年至 1926 年,他三次到中国旅行、留学,其间策划编纂了《北京风俗图谱》,对清末民初的北京风俗进行了比较系统详细的记录。另一与之相关也体现这三重志趣的,是他的家人捐赠给名古屋大学现名"青木文库"的专档,其中包含他于 1926 年春节期间在中国收购的一批纸神实物,如"神码及娘娘码"23 张③、"祭礼纸样"21 张④等。青木正儿收集纸神,正是在他主编《北京风俗图谱》期间,其思路是"将中国的风俗,重点放在与文化和历史的关系中加以考察"⑤。这两位代表着不以"四书"、"五经"为核心而以民间文化为偏好的海外汉学家,他们的收藏与研究,强化了纸神与神话传说、民间文艺和流行文化之间互为参照的叙事。

法国汉学在第二次世界大战之前曾长期处于世界领先地位,重视民俗研究是其一大特色。真正将纸神作为整体性的民俗事象加以收藏

---

① http://Alekseev-collection.gmir.ru/en/,2021 年 8 月 1 日。
② 〔日〕中村乔:《中华名物考·序言》,载〔日〕青木正儿著,范建明译:《中华名物考》,中华书局,2005 年,第 8—9 页。
③ https://www.nul.nagoya-u.ac.jp/wakan/slideshow/slideshow.html#10625256,2021 年 7 月 25 日。
④ https://www.nul.nagoya-u.ac.jp/wakan/slideshow/slideshow.html#10625255,2021 年 7 月 25 日。
⑤ 〔日〕青木正儿编图,〔日〕内田道夫解说,张小钢译注:《北京风俗图谱》前言,东方出版社,2019 年。

研究的近现代先例，是1941年成立于北京的中法汉学研究所。该所1953年撤离中国时，在带出的大量文献资料中，就包含现藏于法国法兰西学院汉学研究所图书馆的门神和纸马专档，目前电子版公开的约有200张。中法汉学研究所刚成立时仅设民俗学组，由留法归国、时任燕京大学社会学教授的杨堃任负责人，该组从1941年至1944年对纸马进行了重点的搜集、整理与研究，中法汉学研究所出版的《汉学》杂志特别交代了这批藏品的概况："收藏总数已达三千九百余件，计共四千九百余张，其中颇多罕见之品，例如四川、湖南、湖北、江西、广东等地之神码，最称难得。"①"中法汉学所搜集各种民间新年神像图画，于三十一年七月十六日至八月十日公开展览"②，共展出纸马93份，陈列与纸马研究相关的中西文参考书籍56种。出版的展会说明《民间新年神像图画展览会》③，除惜无图谱为憾外，其图像描述之精准、历史背景说明之扼要、宗教来源交代之简明都可圈可点；其中法双语的解说，也为纸神研究的中外交流提供了一个早期的范例。

中法汉学研究所另有部分图书资料，在申请出关时，被中国政府征购或者没收，后辗转存放于中国国家图书馆，其中包括一批未刊稿及其纸马。"神祃研究资料现存19种473页。每种稿件对应一件神祃，涉及神祃类型为门神、灶神两大类。神祃研究大致分为两个层次：神祃画像内容，神祃相关的信仰、仪式。前者主要涉及民间美术，后者则与民俗相关。神祃研究资料内容也相应地分为两部分：第一部分是

---

① 中法汉学研究所：《汉学》第一辑，1944年，第262页。
② 《学术文化消息：民间新年神像图画展览》，《国立华北编译馆馆刊》1942年第1卷第1期，第1页。
③ 北京中法汉学研究所编：《民间新年神像图画展览会》，合兴印刷局，1942年。

描述性内容，具体记录登记号码、分类号码、名称、类别、来历、制造、图像等七个条目，对神祃作详细介绍。之后是研究性内容，对该神祃涉及的民间信仰和民俗意义作深入考索，主要包括信仰、流行区域、研究资料、附属人物考、祈福物品考等五个条目，最后还附有参考书目。"① 这套残档存录纸马的数量虽然不多，但却为后人了解中法汉学研究所的收藏与研究提供了明晰的示例。主管研究所事务的杜伯秋非常重视作为研究基础的民俗艺术品的收藏，他为《民间新年神像图画展览会》撰写绪言说："此类图像之本身价值乃在其为民俗学之材料，且经吾人以此种性质加以分析；然除此之外，其美术上之趣味尤为观众所不能忽略。"② 杨堃受法国涂尔干社会学流派的影响，注重社会调研和考古学发现，同时发扬了中国现代民俗学强调文献资料收集的研究路径，"民俗学组在其成立后的3年多里剪贴的日报论文通检计11000余件，从各省县志中辑录风土门并抄竣者记河北省123个县、山东省89个县、山西省80个县"③。中法汉学研究所这种将风俗文物与地方文献相结合的研究方法，中西合璧，既符合海外汉学强调原始档案收集的惯例，又落到了中国学术注重方志典籍的本土性传统。作为独具特色的个案，中法汉学研究所分身两地的档案，对于当下的纸神研究而言，依然是朴质的启示。

纸神在民间日常生活中的渗透，使其在地域的广泛性、年代的清晰性和文化的传承性上具有不可替代之优势，具有民俗研究迫切需要

---

① 程天舒：《国家图书馆中法汉学研究所神祃研究资料考释》，《中国典籍与文化论丛》2015年刊。
② 杜伯秋：《绪言》，载中法汉学研究所编：《民间新年神像图画展览会》，第11页。
③ 葛夫平：《北京中法汉学研究所的沿革及其学术活动》，《汉学研究通讯》第24卷第4期，2005年。

的"历史物质性"(historical materiality)。海外藏品提供的断代史式的保存,也亟待与国内尚存的诸多民间信仰和民俗生活中的节俗、仪式和场域相互对照,使其"接续"并"再语境化";抑或反过来,重新发现这些礼俗背后曾经作为媒介的纸神之所在,才能"复活性"地阐释纸神图样所负载的丰富意蕴。

结语　世界的"中国纸神"与"中国纸神"的世界

以上所述只是海外集藏"中国纸神"原档中非常有限的一部分,还有很多藏品无法完整地得见原始档案或仅见部分图录或限于文字文献的记录,未敢妄作评议,如波兰华沙国家博物馆、英国伦敦大学亚非学院、德国汉堡民俗博物馆和美国大都会艺术博物馆等处的收藏。但目前的发现已经足以说明,20世纪前后,海外汉学对中国纸神的收藏和研究达到过一个引人注目的高峰,宗教学、人类学、艺术史学和民俗学等领域的诸多大家都着力专精,在世界各地留下了珍贵档案,"中国纸神"由此成为一个相对完足、多元的世界性的文化现象。不过,大多海外馆藏目前尚属有藏品而无新研究的断层状态,与它们潜在的丰富的学术价值是不相吻合的,世界的"中国纸神"研究亟待赓续。一个世纪之后,新的文化交流与文明对话将这批存之四海的"中国纸神"带回了公众尤其是中国学界的视野,被历史时空再次赋值后的"中国纸神"的世界,需要继续被全世界识读并重新予以阐释。

首先,"中国纸神"的海外收藏,是不同文明间冲突与交往的真实叙事,激活这批珍档,将有助于在国际传播的视域下具体而微地讨论近现代海外各界对中国民间的历史认识。

第一章 近现代汉学研究中的"中国纸神"

对于中华文明的研究,尤其是在所谓古代晚期、现代民族国家的形成以及中国人的国民性和价值观等重大议题的讨论中,海外学界与国内学界一样,也是偏向于经史子集、文人字画和儒释道三教等雅正之学。但由于"中国纸神"具有极为鲜明的区别性视觉特征,又由于西方学界对历史图像的采集和利用有着深厚传统,从而使得这一代表着"巨大的古层"和"执拗的低音"的中国民间文物,在世界范围内得到过多个学科的重视。它们作为物证,是中国民间信仰的直观呈现,也是中国百姓文化认同和生活方式的标记物,世界经由这些直观的物证了解了日常生活中的中国,理解了落实在真实语境中的中国百姓的价值观。

这可以从这些珍档的收藏者的心得中一窥究竟。富平安为她收集的每一张纸神都撰写了详细的说明(图1-5),在《北京纸神》的开

图1-5 富平安留下的大量纸神研究笔记

2019年7月30日李明洁摄于哥伦比亚大学东亚图书馆特藏室

篇,她就指出纸神能证明中国人有精神信仰:"从远古时期起中国人就信奉超自然的力量,人不能胜天但天定人命;还有祖先,也是超自然的力量。"① 队克勋更是明白无误地指出纸神的日常性及所负载的价值观:"中国各地几乎普遍使用纸神,这一事实可以从杭州之江学院比较宗教博物馆过去十年中所收集总数达两千多张的马张实物收藏中得以验证。单从艺术的角度来研究中国各地种类如此丰富的民俗画,都将是一件非常有趣的事情。对于研究宗教的学生来说,更有意义的是他们能够从民间宗教画中揭示出极为丰富的蕴义。"② 不得不说,这样自下而上的观察和介绍是相当接地气的。这类民间视角的中国研究以及与之相关的海外集藏的中国民俗文物,百年来,经由文化、教育和商业机构的展陈、教研和买卖,参与了海外中国形象的历史形成,也影响着当代中国的意识形态想象。通过理解他者的立场、角度和价值观,转而理解自身,在中外之间,是一个转折循环的意义生成与升华的过程。

顺带说一句,对纸神这类图像资料之于中国风俗的标记性的重视,就近现代学科意义上的学术研究而言,外国学者的实践恐怕是先于本土学者的。这或许与本土学界重官方典籍而轻稗官野史,重文字而轻图像的治学传统有关。比如,与队克勋同时期在杭州的钟敬文,于1929年成立了"中国民俗学会",但早期的精力集中于收集民间文学作品,到1936年从日本留学回国后,才关注到纸马一类的民俗艺术品,并成功筹办了"民间图画展览会"。但队克勋在杭州周边的田野

---

① Anne Swann Goodrich, *Peking Paper Gods: A Look at Home Worship*, p. 15.
② Clarence Burton Day, *Chinese Peasant Cults: Being A Study of Chinese Paper Gods*, p.5.

调查、纸神收集和论著发表，显然都在钟敬文之前。海外学者对本土学者在民俗图像文物研究方面的激发、鼓动与呼应，也是值得另文细说的。

其次，幸存海外的大量的"中国纸神"既是民俗文物，也是记载民俗事象、承担民俗功能的民俗文献。它们是民间俗信仰和民间美术在中国绵延发展的遗存物，更是20世纪前后社会生活变迁及其相关社会记忆的历史物证。

例如，哥大东亚图书馆的"中国纸神专藏"，内有同一历史时段相对齐整的一整套"娘娘纸马"（详见第四章），包含《灵感天仙圣母九位娘娘之位》、《引蒙娘娘》、《天仙娘娘》、《眼光娘娘》、《催生娘娘》、《培姑娘娘》、《奶母娘娘》、《送生娘娘》和《斑疹娘娘》，另附《痘儿姐姐》、《痘儿哥哥》和《床公床母》。上述12款与存目的《子孙娘娘》，在生育相关祭祀仪式过程中都会被摆放和（或）烧化。从文物的角度讲，它们为研讨20世纪30年代北京地区的生育风俗，提供了完备可查的实物图像的佐证；从文献的角度讲，这些纸马是整个生育过程中民间"规矩"（仪式）和"讲究"（禁忌）的直接载体，与其说它们是"规矩"和"讲究"的伴随物，不如说它们就是以图示法的"规矩"和"讲究"本身。两相结合，这些纸马为检视民国初期民众的生育"常识"提供了可依凭的证据链。凭借阐释分工明确、等级井然的"娘娘纸马"系统，生育知识、家族观念、邻里社区等等旧有的地方性知识被揭示出来，有力地证明了在民国初年剧烈的社会变革中，即便是在北京这样的大城市，民间信仰与日常生活仍然维持着高强度的互嵌和同构关系。

再比如，从宏观上看，尽管中华民国内政部在1928年颁布了《神祠存废标准》，以废除"淫祠"的名义打压民间信仰，民间祭祀用品及相关产业受到冲击；但从舒斯特现存于纽约公共图书馆的中国民俗版画专藏来看，20世纪30年代上半叶，至少在中原至西南一线，张贴门神和祭灶烧纸等风习依旧绵延不绝；纸马店仍维持着相当规模的行帮，杨家埠、潍县、凤翔、夹江等地，生意兴隆，甚至小有竞争之势①。如果将舒斯特专藏与来源于同时期不同地区的纸马藏品连缀起来，或许能拼图般地从民俗图像的细微处，复原出民国早期民间信仰和社会生活的文化史之大关节。

再次，海外集藏"中国纸神"原档的收藏者几乎都是近现代的汉学大家或者与中国文化相知相惜者，而且他们之间还往往过从甚密。故此，对这些珍藏的研究，将有效地串联与激活在中国纸神领域亦有建树而被其他贡献遮蔽的学者档案，使相关历史人物及其社会交往的文化影响得以充分展现，并极大拓展民国时期相关的宗教史、思想史和中外文化交流史的研究。

哥大东亚图书馆"中国纸神专藏"的捐赠者富平安就是一个极佳的例子。她是20世纪20年代来到北京的美国传教士，是美国现代汉学家富路特（Luther Carrington Goodrich, 1894—1986，中文名也作"傅路德"、"傅路特"）教授②的夫人（图1-6），是《圣经》中文和合本翻译主持人善富（Chauncey Goodrich, 1836—1925）神父的儿媳。她对中国民间信仰的研究发生于中国，完成于美国，完善于与诸多世界知名汉学家和神学家的交往交流中，她的《中国地狱：北京十八

---

① 李明洁：《卡尔·舒斯特及其中国民俗版画捐藏》，《文化遗产》2021年第6期。
② Beal, Edwin G. Jr. (1987), L. Carrington Goodrich, *Journal of East Asian Libraries*, Vol. 1987: No. 82, Article 12.

第一章　近现代汉学研究中的"中国纸神"　　/035/

图 1-6　富平安与富路特合影

图 1-7　富路特与友人的合影

　　1954 年富平安（左）随富路特在美国夏威夷州首府火奴鲁鲁（檀香山市）参加学术活动。富路特 1926 年开始在哥伦比亚大学任教，1935 年起任该校中文与日语系（现东亚语言与文化系）系主任，直至 1961 年退休。他是现当代美国中国学研究领域相当重要的核心人物。哈伯德·卡灵顿·古德里奇慨允使用。

　　1925 年 4 月底，富平安的丈夫富路特（中）与甘博（右）、恒慕义（左）、李景汉一起，去北京郊外妙峰山进香。富平安在 1998 年她的回忆文章《妙峰山》中引用了这张照片，可见他们是志趣相投的密友。美国杜克大学图书馆西德尼·甘博照片专藏慨允使用。

地狱庙与中国的地狱观念》一书就是受戴何都（Robert des Rotours，1891—1980）的委托，为他在北京拍摄的十八地狱庙的系列照片所作的注解。在她的信件、手稿和照片（图 1-7）中可以看到相当广泛的人际关系网络，如恒慕义（Arthur William Hummel，1884—1975）、甘博（Sidney Gamble，1890—1968）、胡适（1891—1962）和李景汉（1894—1986）等，无一不是汉学和中国研究领域的卓越学者，同时也是对现代中国的政治文化走向以及中外文化交流产生过深远影响的大人物。特别是这些外籍人士当年在中国写下了海量的游记、笔记并拍摄了风俗照片，现存于杜克大学、哥伦比亚大学和洛克菲勒基金会等海外各大文化机构，出于文化的敏感，他们特别重视对中国民间信仰的调查，其"他者视角"的观察与理解事实上形成了一种特殊形式的近代中国社会民族志，他们的亲身经历更是近现代中国对外政经交往和文化交流的活生生的"史记"。

第四，对海外"中国纸神"研究的历史梳理告诉我们，人文社会科学的诸多学科在纸神的研讨中都具有方法论上的可行性，纸神研究完全可以在民间美术之余，激活更多的材料，打通更多的领域，并为更多学科贡献视角和证据、话语和方法。

在文化研究"眼光向下"的当代转向中，与民间信仰紧密关联的"中国纸神"，是"真正连续的底层制约着精英的表层"[1]的代表。21世纪以来，人类学、社会学和思想史研究的介入，使得以门神纸马为代表的此类研究超越了民间信仰的范畴，进入物质文化史、信仰知识的生产、民间与精英的互动以及中国现代性的达成等更为宏阔的视域中。例如，2004年出版的《焚化：台湾纸扎的短暂艺术》[2]和2007年出版的《献给鬼神和祖先：中国传统祭典用纸》[3]，都是通过对台湾和香港两地当代民众日常生活的调研，将这一话题重新带回了学术视野，并突出

---

[1] 葛兆光、白谦慎：《思想史视角下的图像研究与艺术史的独特经验》，《探索与争鸣》2020年第1期。

[2] Liang, Ellen Johnston and Liu, Helen Hui-Ling, *Up in Flames: The Ephemeral Art of Pasted-Paper Sculpture in Taiwan*, Stanford, CA: Stanford University Press, 2004.

[3] Scott, Janet Lee, *For Gods, Ghosts and Ancestors: The Chinese Tradition of Paper Offerings*, Hong Kong: Hong Kong University Press, 2007.

了物质性的一面在当代人的人生礼仪、时令年节和商业活动中的功用；与之对应，2011年柏桦（C. Fred Blake）出版了《烧钱：中国人生活世界中的物质精神》①，结合了马克思主义、后结构主义、现象学等理论工具，对"烧钱"传统的精神性层面做出了基于西方理论的独特分析。这些新的学术实践，仍然立足于宗教学的基础，但已经迈向了与社会、历史、艺术和意识形态复杂互动的文化深层。

对于中国学界而言，面对近现代汉学视域中的"中国纸神"研究，不仅要习惯借用"他者"的资料，习惯借用"他者"的角度，更要挖掘和利用本土的优势。借用陈寅恪所言，宜"取地下之实物与纸上之遗文相互释证"，"取异族之故书与吾国之旧籍相互补正"，"取外来之观念与固有之材料互相参证"②，后两点在深耕海外集藏"中国纸神"时尤为重要。仅举一例。20世纪三四十年代，以加藤新吉为代表的日本摄影师在中国北方拍摄了多达35000张纪实照片，现存于京都大学，其中就包括刊登在日本昭和十五年（1940年）9月出版的一本摄影杂志上的3张。这3张照片分别涉及月饼店、兔儿爷和月光马，配合一起发表的还有一篇介绍北京中秋节习俗的文章。特别是《中秋节儿童供月》一幅，（见图5-1）将拜月仪式的供品摆放、月光马的款式和悬挂方式、拜祭的人员和动作等，都非常具体、自然地展示了出来。这不仅为理解月光马的尺幅、用途等提供了非常难得的原境图片，而且还足以证明清末富察敦崇《燕京岁时记》中所录的中秋习俗，至

---

① Blake, C. Fred, *Burning Money: The Material Spirit of the Chinese Lifeworld*, Honolulu: University of Hawaii Press, 2011.
② 陈寅恪：《王静安先生遗书序》，《陈寅恪集·金明馆丛稿二编》，生活·读书·新知三联书店，2001年，第247页。

少齐齐整整地延续到了1939年，其中就包括中秋节悬挂月光马的习俗。照片中的月光马与哥大东亚图书馆藏五张月光马中的一件相当接近（参见第五章），也佐证了哥大"中国纸神专藏"来源地的原真性。

本章小结

"中国纸神"从某种意义上说并不仅仅承载着中国人的艺术史、信仰史和生活史，作为世界历史在中国地区所生成的文明成果，其负载的自然是人类文化遗产的一部分。近现代海外汉学，将不同地区的文化经验和立场注入了对中国纸神的解读之中，而这些研究本身又构成了新的文化遗产。从东西方不同材质不同时期但同样"高贵的单纯和静穆的伟大"中，可以比较和借鉴不同文化背景下的不同方式所产生的知识成果，理解经由图像达成的知识生成的合法性，乃至价值观形塑的途径、条件以及过程。

令人欣喜的是，海外对20世纪前后中国民间"纸神"的收集、馆藏和研究，近年开始进入国内学界的视野[①]。在本土的文化自觉日渐高涨的今天，域外"中国纸神"档案在多重往复的意义上，成为急需被认真审视的镜像式的存在。近现代汉学对"中国纸神"的研究，在新世纪全球化的浪潮中，温故知新地敞开着视域融合的学术新空间，跨越山海，无问西东。

[①] 耿涵：《中国纸马域外研究述评》，《民间文化论坛》2015年第5期。另可参见王霄冰总主编"海外藏中国民俗文化珍稀文献"（18种），陕西师范大学出版总社，2020—2023年。

第二章
哥伦比亚大学"中国纸神专藏"及其捐赠者富平安

2018年12月,《美国哥伦比亚大学东亚图书馆藏门神纸马图录》(下称《图录》)由北京中华书局出版。中华书局与哥大东亚图书馆合作,从该馆的"中国纸神专藏"中,选取了保存较为完好的231幅,以全彩方式影印。该收藏早于2007年,就由哥伦比亚大学整理、修复、电子化并在图书馆官网以在线档案的方式公开,该档显示,这项专藏全部由"富路特夫人"于1991年捐赠。

"富路特夫人"是美国汉学家富路特教授的妻子,这是她在日常生活中最常被使用到的称呼;但她很喜欢自己的中文名字"富平安",在自传中专门写到对自己中文名字的理解。她在与华人的交往中使用这一名字,也在与中国文化相关的活动中使用它。(图2-1)

富平安1920年来华,对中国民间信仰产生了浓厚的兴趣,收集了大量家庭祭祀用纸品;1932年返美定居后,长期致力于中国民间传统文化(尤其是中国民俗民艺)的普及宣讲,并撰写了三本相关著作。富平安对中美民间文化交流,做出了朴素而长情的贡献;其所捐赠的"中国纸神专藏",是一窥20世纪上半叶中国(尤其是北京地区)民间信仰与日常生活的珍贵档案;对于门神纸马类民俗版画的研究,更是可遇不可求之民俗文物。然而遗憾的是,有关富平安及其捐赠,英文学界除了数篇书评和馆藏原档外,尚未见相关文献;在中文学界,笔者从 2017 年开始查阅档案、走访知情人,至 2020 年才有尝试性研究论文发表,富平安的生平事迹和"中国纸神专藏"的跨学科价值逐渐浮出水面。

图 2-1 富路特、富平安夫妇收到的生日贺礼

1985 年,时任哥伦比亚大学东亚图书馆馆员的昆山人氏徐振玉女士为多年好友富平安女士 90 岁生日绘制的贺礼《黄山玉屏莲花天都三峰图》。上有富路特、富平安夫妇的中文名。富路特对该馆的中国馆藏贡献良多,与馆员交往密切。李明洁 2019 年 7 月 30 日摄于该馆特藏室。其他档案材料也佐证了富路特夫人的中文名字为"富平安"。

第二章　哥伦比亚大学"中国纸神专藏"及其捐赠者富平安

一　捐赠者富平安女士与她一生的中国

（一）青少年时代

富平安原名安·帕金斯·斯旺，1895 年出生于美国佛罗里达州[①]，其母亲和父亲于 1907 年和 1910 年相继去世。她对宗教的好感起源于就读的天主教修道院小学，成为孤儿后，她在姨母的安排下，到新泽西州的哈德里奇寄宿学校（The Hartridge School）读中学，再于 1913 年入读瓦萨学院的美国历史专业，这些学校在当时都与信奉新教的美国社会精英家庭关系紧密。1917 年富平安大学毕业后去纽约就读哥伦比亚大学教育学院，主修理疗和社会工作，1919 年获得硕士学位；在此期间，她还修读了联合神学院的部分课程。

（二）四次中国之行

1919 年夏天从哥大毕业后，富平安在纽约曼哈顿的第一长老会教堂（First Presbyterian Church）工作，与那里的牧师哈里·爱默生·弗斯迪克（Harry Emerson Fosdick，1878—1969）接触频繁。富平安在瓦萨期间就接触过他的著作，在攻读硕士学位期间曾修读过他在联合神学院开设的课程，其新自由主义神学思想对富平安的一生产生了深刻影响。1920 年富平安凭借弗斯迪克牧师的亲笔推荐信，被美国公理会海外传道部录用，成为派往中国的传教士，由此决定了富平安的人生

[①] 在《美国哥伦比亚大学东亚图书馆藏门神纸马图录》的序言和哥大东亚图书馆网页上都将富平安的出生地误写为"中国"。参照她本人的自传和瓦萨学院藏她本人手写的校友信息登记表等档案，富平安 1895 年 7 月 4 日生于美国佛罗里达州杰克逊维尔县的费尔南迪纳海滩（Fernandina Beach）。

轨迹。

1920年富平安乘坐名为"亚洲皇后"（Empress of Asia）的远洋轮前往中国，她先在北京的华北协和华语学校（The North China Union Language School）短暂学习中文，然后参与教会在京郊开办的妇女手工作坊的工作，主要是组织约五十名女工做工间操，也联络销售工坊制作的手工绣品，帮助这些贫苦妇女养家糊口。1923年2月2日，富平安与时在中华医学基金会（Medical Board of the Rockefeller Foundation）工作的富路特在北京结婚。结婚后，传教士的工作变成义工性质。1925年秋天因富路特需要回美攻读哥伦比亚大学东方语言学系硕士学位，富平安带着在北京出生的大儿子一同回美。在中国的这第一个五年中，富平安对北京地区的民俗生活尤其是民间信仰有了直观的感受，与富路特的婚姻也深化了她对中国文化传统的兴趣。（图2-2）

1930年秋，富平安带着三个孩子与富路特第二次来到北京。在富路特忙于写作有关清朝乾隆时期文字狱的博士论文时，富平安开始了北京民间信仰的调研。"1931年我就到东四牌楼那儿的'人和纸店'，买下了他们能有的每一张印品，得到超过一百张。"[①]近一个世纪前的这次非同寻常的采购，成就了如今哥伦比亚大学"中国纸神专藏"的特殊价值。她热衷于参访寺庙，"1930年到1932年我在北京时，对东岳庙特别着迷。我觉得比起其他寺庙，东岳庙在北京人心里地位特殊，他们更常来这儿。我来得勤，逢年过节来，平日里也来，在庙里逛来

[①] Anne Swann Goodrich, *Peking Paper Gods: A Look at Home Worship*, Nettetal, Steyler Verlag: Monumenta Serica, 1991, p.11.

第二章　哥伦比亚大学"中国纸神专藏"及其捐赠者富平安

图 2-2　富平安 1932 年在北京中华医学基金会留影

富平安站在中华医学基金会富路特办公室门上的名牌旁，1932 年摄于北京。哈伯德·卡灵顿·古德里奇慨允使用。

逛去"①。除了常去东岳庙等北京周边的宗教场所采风外，她还于 1931 年与丈夫和友人一起到京郊的妙峰山进香，在 103 岁时她撰文回忆了这次朝圣之旅②。至 1932 年举家返回美国时，富平安不仅带着可观的纸马门神以及口述笔记和风情照片，而且还带回了刚在北京诞下的龙凤胎，可谓收获满满。至此 7 年在北京的断续生活，成为之后富平安研

① Anne Swann Goodrich, *The Peking Temple of the Eastern Peak*, Nagoya Japan: Monumenta Serica, 1964, p.1.
② Anne Swann Goodrich, Miao Feng Shan, *Asian Folklore Studies*, Vol. 57, No. 1 1998, pp. 87-89.

究中国民间信仰的基石。

1981年10月，富平安和富路特以及约二十名热爱中国文化的友人一起经香港进入中国内地，用三周时间游览了杭州、苏州、北京、大同、西安、敦煌、兰州和广州，再经旧金山回到纽约。这是他们自1932年返美后再次回到阔别已久的中国，富路特夫妇在北京寻访了他们和父母生活过的地方，也是在这次旅行中他们发现富路特的父母和兄姊的墓地已被毁。1987年富平安在丈夫去世后，独自带领家族11人再访中国，参观了北京名胜，寻访了故居，还去了由她婆婆于1904年创立的"安士学道院"，即今天的"北京市通州区第二中学"前身。（参看图8-6）这是富平安第四次也是最后一次回望她一生挚爱的北京。她用最后的两次回访，表达了对北京经历的珍视，也用行走的方式宣示了与北京在家族身份、信仰经历和文化认同上的血肉关联。

（三）三本著作

1964年，富平安发表了第一部著作《东岳庙》，书中详细介绍了东岳庙各座神殿的布局、主要神像及其神祇传说、"献花会"、"净炉会"、"放生会"等香会组织及其活动等，并附有友人珍妮特·腾布洛克（Janet R. Ten Broeck, 1895—1992）撰写的东岳庙概览，以及多位友人拍摄的东岳庙内外景照片39张。"十八地狱庙"是东岳庙辅庙"敕赐慈尊护国庙"的俗称，法国汉学家戴何都在1930年代拍摄有整套照片共计32张，他在阅读了《东岳庙》后，希望她能配合这套照片介绍这座规模很小却相当特别的小庙。1981年，富平安完成了这一嘱托，出版了《中国地狱：北京十八地狱庙与中国的地狱观念》[1]。

---

[1] Anne Swann Goodrich, *Chinese Hell: The Peking Temple of Eighteen Hells and Chinese Conceptions of Hell*, St. Augustin: Monumenta Serica, 1981.

第二章 哥伦比亚大学"中国纸神专藏"及其捐赠者富平安

富平安晚年着力最多的，是为北京民众最常使用的家庭祭祀用纸马和春节时必备的门神撰写的详细解说。她为记忆中觉得重要的146个（类）样张逐一写下了说明，包含图像尺寸、画面内涵以及相关传说及其文献来源等，1991年结集成《北京纸神：家庭祭拜一瞥》出版，书中附有影印的"纸神"113张，其中81张来源于富平安个人的收藏，另有32张来源于那世宝（Albert Nachbaur，1880—1933）印字馆出版的《民间之图像》①等其他3份出版物。需要留意的是，上述32张中的多数神像富平安本人亦有类似藏品，例如，《四值功曹》，书中就既有她本人的藏品图，也有来自《民间之图像》的影印图②。《北京纸神》出版后，时年96岁的富平安将其研究所依的绝大部分藏品，捐赠给了哥大东亚图书馆，这就是目前公开的珍档"中国纸神专藏"。

上述三本与中国民间信仰紧密相关的著作，皆由擅长中西文化交流的《华裔学志》（Monumenta Serica）出版发行。此外，富平安还完成了《禄是遒中国迷信研究索引》（Index to Chinese Superstition by DORÉ）的草稿，未刊。

二 "中国纸神专藏"原档概览

中国的雕版印刷技术到宋代已臻成熟，至明清达至高峰，广泛用于印制经书、通俗小说和艺术图像等。然而，相较于上述精美文图流

---

① Albert Nachbaur, Wang Ngen Joung, Les Images Popularires Chinoises, Min Kien Tche T'ou Siang, Pekin: Atelier Na Che Pao, 1926.
② Anne Swann Goodrich, *Peking Paper Gods: A Look at Home Worship*, Nettetal, Steyler Verlag: Monumenta Serica, 1991, pp. 371, 372.

通的有限性，其最重要的应用也许倒是印制民间信仰中的神像，也就是"纸神"。

华北地区很有代表性，"木刻版画非中国特有，但作为经文插画印刷的衍生品，中世纪各种纸张的激增和印刷技术的发展还是鼓励了纸神的出现。就华北而言，纸神这一类别也并无特殊之处，但大量可用的廉价纸张和聚集的城市人口，可能还是助推了这一地区将印刷品作为神像载体的预期。当地资源的限制也意味着其他可能性，比如木头雕刻的小神像，就没有像在木材充裕的南方那样在华北地区发展起来"[①]。

正如在第一章开篇所讨论的，"纸神"是英语中用来指称中国各类民间纸质神像的一个概称，在汉语中没有完全对应的说法，大致相当于所谓民俗版画或者广义的年画概念中与神灵崇拜、祭祀相关的民俗或者仪式用纸制品，以门神和纸马为代表。相较于寺观和雕塑，纸神易于印制和携带，其可焚化的性质，满足了人神沟通的想象，使其成为民间信仰中不可或缺的重要载体。

直至民国初年，纸马仍是全国范围内百姓日常祭拜活动中的必需品，有着悠久广泛的群众基础。然而，在中国人的观念中，神像不可亵玩，民众祭后即焚；也因为常年都有供应，并非贵重之物，使得纸神少有保存；藏家视其为民间俗物，不登大雅之堂，有质量的成套藏品稀见；20世纪以来的各种社会运动，都视纸马门神等为迷信用品，屡在革禁之列。

与之相对应，20世纪前后，海外汉学界出于他者视角的旨趣，对

[①] Susan Naquin, *Gods of Mount Tai: Familiarity and the Material Culture of North China, 1000-2000*, Leiden- Boston: BRILL, 2022, p.391.

第二章 哥伦比亚大学"中国纸神专藏"及其捐赠者富平安

中国民间"纸神"的收藏和研究关注颇多,宗教学、人类学、艺术史学和民俗学等领域的诸多大家都有影响深远的成果问世,并在世界各地留下了一定数量的原始档案,哥伦比亚大学的"中国纸神专藏"就是其中相当典型的一个案例,值得细究。

(一)分类标准

参照《北京纸神》一书的目录,富平安认为纸神共有16类,分别是:年画、财神、子孙娘娘、药神、鬼魅神、自然神、天神、祖师、家神、道教神祇、佛教神祇、阴司诸神、时间神、关帝、杂神和全神图等。这是按照纸神的内容来做的分类,比较细致,每类中的纸神功能相对明确一致。《图录》也是类似的做法,但更为概括些,仅分为3大类,即佛教神祇、道教与民间信仰神祇、民俗年画。不足之处在于,这种分法从结果上讲,容易造成类型杂糅,特别是"年画"这一概念较为模糊,如"钟馗像"既可以归于道教神祇,又可以归为鬼魅神,还可以归于年画;而这套收藏中的佛教和道教神祇,本质上都已被民间信仰征用,与其在体制宗教中的意义并不完全相同。进一步,从分类原则来讲,并没能突出北京纸马铺的制售惯习,要知道,行规往往是商业传统和民间习俗的现实反映。

按照捐赠者富平安的说法,"我收藏的纸马全是1931年购于北京东四牌楼的人和纸店。但我在那里买的颜色最鲜艳的一部分可能出自天津的一家著名工坊,其他的都是当地工坊印制的,它们各自都有自己的印版,所以每一位神会有差别细微的多张纸马"[①]。富平安所谓的前者既有可能是天津杨柳青地区生产(或者东丰台仿造杨柳青版)的套版

---

① Anne Swann Goodrich, *Peking Paper Gods: A Look at Home Worship*, Nettetal, Steyler Verlag: Monumenta Serica, 1991, p.25.

彩印或套版彩绘类以门神为代表的藏品，也有可能是东丰台地区生产的以灶神和月光马为代表的藏品；而"其他的"应是北京印制的墨线版纸马。与哥大"专藏"的制作使用、历史背景最为贴近的文献是待徐生撰写、针对清末民初北京市井生活的评述集《燕市积弊》，在"纸马铺"一条中他写道："神纸向分三种，有大小五彩、黄纸的分别。五彩神纸出在本京，还算是独行的买卖（只有三两家），所用的颜色，染锅底子的居多。在乱先我有个下人，每逢十月以后他就去画神纸，听他说，画一千张才挣个吊数八百钱（乱后可不知道啦）。说到金皂、门神以及金字斗方儿、开市大吉等等，出在丰润县，那个地名儿也叫作丰台（可不是彰仪门外头那个）。唯独这百分可分两处做，皮儿是外来，瓤儿是本京的，这个百分之内最能作弊（应当全佛一百二十张），不必说短数儿，管保这一年所剩的黄神纸全都往里搀，甚么老寿星、娘娘马儿、床公床母全可充数儿，还有一样儿有良心，可是从不搀煞神。现在民国，这一行大受影响，若在十一月以前，谁还肯买他的呀？"①《燕市积弊》的作者据考是晚清至 1920 年代末的报纸撰稿人庄荫棠，与"中国纸神专藏"的采购几乎是同时代，这份记录就为藏品提供了两条佐证信息。其一，从最后一句感慨中可知，到民国初年，北京纸马已生意萧敝，流通的版本已然不多了，"中国纸神专藏"的代表性和稀缺性也就凸显了出来。其二，是指明了北京纸马铺惯常制售的两类产品，一种是"染锅底子"的墨线版"神纸"，上面要"敷色"即被"画过"，产自北京；另一种则是从外地进货，主要有"出在丰润县"的"金皂、门神及金字斗方儿、开市大吉等等"，两种货品主题有异，

---

① 待徐生：《燕市积弊》，北京古籍出版社，1995 年，第 27 页。

产地有别。

"年画只有在新年前的腊月在集市上出现,纸马则是一年四季都可买到。年画以新为群众所乐购,纸马则相反。版越古老,越使人们相信它'灵应'。"① 所以,纸马多半是当地生产,不需远求,常年制售;而年画则需要与时俱进,竞争激烈,需要从外地选购名店大牌的印品了。旧北京有"东富西贵"的说法,即在京的世商富豪多居住在东城,资金雄厚的店铺多集中在东四牌楼附近,"人和纸店"包装纸(图2-3)② 上就标明是在"北平东四牌楼",还率先装上了电话"东局二九一三",可见是实力雄厚且深谙经营之道之名店旺铺。"人和纸店"的货源或有不同,但将"中国纸神专藏"分为以纸马和门神为代表的两类,则有史可依了。

(二)纸马类

纸马的历史地位毋庸置疑,《东京梦华录》和《梦粱录》等古籍已录有"纸马铺皆于当街"③ 及"印钟馗、财马、回头马等馈于主顾"④ 的市井风俗,可见纸马在宋代已颇为普遍,雕版印刷的纸马在一定程度上可被视为中国民俗版画的行业成型及其相关习俗成风之标志。

在多种"纸马"定义的阐释中,王树村的说法较为通俗易懂:"'纸马'是因过去祭祀天地神灵、创业祖先时,必附一匹马的图样作

---

① 王树村:《民间纸马》,中国轻工业出版社,2009年,第9页。
② 《人和纸店》,访问日期:2023年4月13日,http://www.columbia.edu/cu/lweb/digital/collections/eastasian/paper_gods/collection/NYCP.GAC.0001.0171.html。
③ (宋)孟元老:《东京梦华录》卷七,学津讨原本,北京爱如生数字化技术研究中心电子影印本,第106页。
④ (宋)吴自牧:《梦粱录》卷六,清嘉庆十年虞山张氏照旷阁刻学津讨原本,北京爱如生数字化技术研究中心电子影印本,第150页。

图 2-3 《人和纸店》

哥伦比亚大学东亚图书馆慨允使用

为受祭者的坐骑以便升天而得名。后来人们便把祭毕焚化的各种神佛图像,统称作'纸马'。"① 纸马在民间的喜闻乐见,是由于"纸马以纸本为载体,以神像为表现中心,自唐代产生以来,虽曾与纸钱混用,却有超越楮币的特殊功能——往往以图像直观地表达延神送神、敬神如在的神秘观念"②。作为民间祭祀专用的纸品,纸马至民国终末期仍颇

---

① 王树村:《民间纸马》,中国轻工业出版社,2009年,第6页。
② 陶思炎:《纸马本体说》,《年画研究》2013年秋季号。

第二章 哥伦比亚大学"中国纸神专藏"及其捐赠者富平安

为盛行，是大众民俗活动中的日常用品。但在经历了数次政治运动和近现代生活方式的变迁之后，纸马逐渐淡出，目前仅在一些地区留有遗绪，或以非物质文化遗产的名义侧身于木版年画保护之列。

北京纸马风格独具，它形式简洁，基本款是墨线版，也可见在神像的名号、头冠、面部或帷幔等处"敷色"的做法，即刷涂颜料使其醒目，多数选用水红和紫色，少见绿色，涂色的位置和面积都较随意。除了上端从右到左（极少数是在左侧从上到下）刻印有名号外，少有其他汉字。以此为依据，很容易将"中国纸神专藏"中的北京产纸马与其他纸神分开。"敷色"是北京纸马的标记性工艺之一，《图录》中标注为"彩绘"，恐失之宽泛，也会引发误解。

从尺幅上看，"中国纸神专藏"收有全幅和半幅两种。全幅 138 张，除了有 1 张《用钱一万文》是 13.5 厘米见方的小尺寸以外，其他都在 25 厘米见方到 55 厘米见方之间。半幅为全幅神像的上半部分，有神像的头像和名号，如"五斗星君"[①]（图2-4），被略去的下半幅几乎是雷同的礼服下摆和供桌等程式，没有也并不妨碍神灵的识别。半幅共有 14 张，基本上是高 18 厘米、宽 35 厘米的规格。《图录》称半幅为"残片"，恐有不妥。台湾出版的《馆藏宗教版画》[②]中有大量半幅的北京纸马。加拿大出版的《家神：中国的祖先画像与民俗版画》[③]也收录有 16 张同时期的半幅藏品。这都提示我们这种现象恐怕是常见的习俗。称为"残片"有未完成的意味，但是它们已经是进入市场的

---

① 《五斗星君》，访问日期：2022 年 10 月 23 日，http://www.columbia.edu/cu/lweb/digital/collections/eastasian/paper_gods/collection/NYCP.GAC.0001.0065.html。
② 陈迪华编：《馆藏宗教版画》，台湾省立博物馆，1993 年。
③ Wen-Chien Cheng, Yanwen Jiang, *Gods in My Home: Chinese Ancestor Portraits and Popular Prints*, Royal Ontario Museum, 2019.

图 2-4　半幅纸马示例:《五斗星君》

哥伦比亚大学东亚图书馆慨允使用

成品了,这与节约纸张、降低成本与适应廉价市场的需求都应有关。

　　纸马的功能类型非常丰富,参照张道一的观点,纸马(或称甲马、禄马、神马、细马、马子等)下分供亡者在冥间使用的"纸钱"、在人神之间传递信息的"纸马"以及对应各种神祇的"纸神像"三类。"纸马神像的幅面一般不大,多数的制作也不精细,它与普通神像的区别不在艺术方面。主要的不是用来悬挂张贴,常年供奉,而是祭奠之后即行焚烧,作为具体所指的凭据。只有个别的(如灶王、行业祖师)多是先张贴,年终焚化。为什么讲'三纸'——纸钱、纸马、纸神像统称'纸马'呢?很明显,是纸马在此活动中所起的联络作用太大了。所谓约定俗成,便将纸钱和纸神像也称作'纸马'了。"[①]"中国纸神专藏"中,仅有纸钱和纸神像两小类。纸钱的数量仅有4张,其中有专

[①] 张道一:《纸马:心灵的慰藉》,山东教育出版社,2018年,第87页。

用冥钱2张、冥衣1张（图2-5）①、祭祖用楮镪纸袋1张，用于祭奠亡灵和祖先，也用于中元节等悼亡节令和仪式。

"中国纸神专藏"中数量最大的是纸神像，北京本地产的共143张，其中较特别的一张为《白衣大士圣像》，画面左下角标明"板存东四北同合斋印刷局"；另有3张与星君崇拜相关的《星科》。基本款的142张神像在构图上有共性，都以正面神像为主体，按占位大小和服饰差异来显示主从关系，主神旁边多有侍从与童子，前面有供桌，上有香炉和供品等。接受拜祭的神灵，在画面上有三种组合形式，按

图2-5 《男女冥衣》

哥伦比亚大学东亚图书馆惠允使用

---

① 《男女冥衣》，访问日期：2022年10月23日，http://www.columbia.edu/cu/lweb/digital/collections/eastasian/paper_gods/collection/NYCP.GAC.0001.0135.html。

照主神的数量多寡，可分为多神纸马、双神纸马（图 2-6）[①] 和单神纸马三类，分别有 19 张、14 张和 109 张。（参见第七章第一节）

"中国纸神专藏"中有一些特殊类型的纸马，不是在北京印制的，主要有 3 类，灶神、天地和月光马，对应春节和中秋节等重大节日的需求。从藏品可看出，人和纸店为适应不同层次客户的需要，提供了不同形制的纸马。如同样是灶神，《监斋使者》[②] 是墨线版半幅、《司命

图 2-6 双神纸马示例：《风伯雨师》

哥伦比亚大学东亚图书馆慨允使用

[①] 《风伯雨师》，访问日期：2022 年 10 月 23 日，http://www.columbia.edu/cu/lweb/digital/collections/eastasian/paper_gods/collection/NYCP.GAC.0001.0078.html。
[②] 《监斋使者》，访问日期：2022 年 10 月 23 日，http://www.columbia.edu/cu/lweb/digital/collections/eastasian/paper_gods/collection/NYCP.GAC.0001.0062.html。

之神》①是墨线版全幅、《东厨司命》②是套版彩绘、《定福宫》③则是套版彩印。前两者在北京当地工坊就可印制，而后两者色彩艳丽，工艺复杂，需要从外地的专业工坊进货。"中国纸神专藏"中的灶神、天地和月光马，产地都疑似地处京畿要道的东丰台，其中灶神12张，含《定福宫》《南天门东厨司命》《东厨司命》《大中华民国八年灶之神位》和《大中华民国二十年灶君之神位》。"天地"是春节家庭拜神所设"天地桌"上必需的全神像，年后焚化，上有"天地三界十方万灵真宰"字样，共有5张，分"众神"（图2-7）④与"碑亭"两款。月光马有4款5张，用于中秋拜月，构图包含丰富的信仰元素，雕版细密，制作精良，有一张套色彩印的《广寒宫》，玉兔则用金箔剪贴其上，颇费手工。（参见第五章）

（三）门神类

纸马主要用于民间祭祀，随后需要通过焚化来敬神、请神、求神或酬神。但纸神中以门神为代表的另一大类，其主要功能则是悬挂张贴，常年供奉，多数为尺幅较大的门神和中堂，这就对印制品相提出了较高的要求，工艺难度较高。"中国纸神专藏"中的这类藏品占比少于四分之一，全部来源于北京之外的三处知名年画产地：广东佛山、河南朱仙镇和天津杨柳青。产自广州佛山的是3张"寿字持刀门神"，

---

① 《司命之神》，访问日期：2022年10月23日，http://www.columbia.edu/cu/lweb/digital/collections/eastasian/paper_gods/collection/NYCP.GAC.0001.0111.html。
② 《东厨司命》，访问日期：2022年10月23日，http://www.columbia.edu/cu/lweb/digital/collections/eastasian/paper_gods/collection/NYCP.GAC.0001.0086.html。
③ 《定福宫》，访问日期：2022年10月23日，http://www.columbia.edu/cu/lweb/digital/collections/eastasian/paper_gods/collection/NYCP.GAC.0001.0047.html。
④ 《天地三界十方万灵真宰》，访问日期：2022年10月23日，http://www.columbia.edu/cu/lweb/digital/collections/eastasian/paper_gods/collection/NYCP.GAC.0001.0043.html。

图 2-7 《天地三界十方万灵真宰》

哥伦比亚大学东亚图书馆慨允使用

上有"志昌"字样，应为工坊名。朱仙镇的共有 8 张，其中大头"钟馗" 2 张；其他 6 张皆为门神，且全部标有"天义"字样。

清初以降，北京一直是杨柳青年画的重要销售地，从风格上判断，"中国纸神专藏"有 43 张应为产自天津卫杨柳青的"卫画"，且是最具代表性的作品。其中，辟邪类的有"神荼郁垒"门神 3 对 6 张，（参见图 1-1），另有各式"钟馗" 7 张。祈福类的有"增福财神" 11 张（含 2 对门神、4 张不配对单张门神、3 张独像），"聚宝盆" 3 张，"关圣大帝" 1 张，"福神" 2 张，"福禄寿" 1 张，"和合二仙" 10 张，"麒麟送子" 1 张和"八仙"门笺 1 张，涵盖了求财、求福和求子等人生诉求。

佛山和朱仙镇采用的是"套版彩印"的工艺，而杨柳青采用的则是"套版彩绘"。套版彩绘是在套版彩印的基础上，在神像的眉目、脸颊等处手绘点睛、加彩，令其顾盼生辉、生动活泼，是杨柳青的标志性工艺。《图录》将两者笼统称之为"彩绘"，稍嫌粗略了。

三 潜在价值：图像文献与个体生命史

与国内外博物馆和藏家收藏的海量民俗版画集藏相比照，"中国纸神专藏"的年代并不久远、类型未必齐全，品相也差强人意；然而，特殊历史机缘形成的以下 4 个特点，却使其成为海内外收藏中不可多得的一份珍档。

（一）民国时期民间信仰的真实样本

考虑到"中国纸神专藏"中纸马类与门神类的比例，结合富平安自述其购买行为发生在春节期间，可以推测"人和纸店"的主打产品应是纸马，只是为了适应春节需求，增设了采购于知名产地的最喜闻乐见的时令神像品类，而完全没有出现戏出年画和婴戏图等装饰性年画，这就说明店家是全年供应纸神，以适应民众日常信仰生活所需的。

富平安不同于一般藏家，她是亲手一次性买下了店里的全部纸神，并不是从艺术品收藏家或者经销商那里精挑细选来的，确确实实是当年当地百姓的日常生活用品。因此，它们集中反映了民国初年北京地区民间信仰的真实状态，是某种意义上的全景实录。

明确的采集时间、地点和人物，不挑选无遗漏地从日常交易场所买断的收集方式，使得"中国纸神专藏"成为背景资料真实确凿且相对完备的文物信息源，对民俗版画特定时段的共时研究以及那一时期民间俗信的相关研究而言，无疑都是可做参照系的标本性资料。这是这一珍档最为重要的价值所在，仅举两例。藏品中产自杨柳青、朱仙镇和佛山三地的门神纸马，为考察20世纪初民俗版画的销售传播提供了可靠的物证，例如，标有"天义（老店）"的藏品不仅证明了朱仙镇年画在民初销往北京的史实，而且为鉴定相关藏品提供了必要的佐证。例如，美国大都会艺术博物馆藏有一批朱仙镇年画，只知是1989年入藏，但版本待考。如果将大都会藏"小五子登科"与哥大的同款藏品（图2-8）[①]比对，可以发现在印刷细节（如支棚、脏点）上的高度一致性，几乎可以断定为同版印品，这就为判断大都会相关藏品的版本年代问题提供了实物线索。再如，这套藏品采购于1931年的北京，而1928年中华民国内政部发布了作为各地清理传统神坛神庙的法

---

① 《众神》，访问日期：2022年10月23日，http://www.columbia.edu/cu/lweb/digital/collections/eastasian/paper_gods/collection/NYCP.GAC.0001.0075.html。

第二章　哥伦比亚大学"中国纸神专藏"及其捐赠者富平安　　/ 059 /

图 2-8 《众神》

此《众神》实为朱仙镇产《小五子登科》,在"义"字左边黑衣童子衣角和右边朱衣童子肘下,各有一绿点,这应该是绿版上支棚的痕迹。大都会艺术博物馆有一款也在相同位置出现了这样的绿点,加上其他痕迹,几可断定为同版。此品种将二门神印制于一张纸上,这观神像仿佛手拉手,故以河南方言"扯手命名,以满足单扇门户的需求。世界各地的博物馆多有收藏"。哥伦比亚大学东亚图书馆慨允使用。

律依据《神祠存废标准》,如何看待这些貌似明显冲突的史实?"中国纸神专藏"为理解20世纪初中国在历史转型期所遭遇的国家意志与民间信仰之间的紧张与平衡,提供了基于民生的图像证据,提供了研讨的依据,也打开了讨论的空间(参见第三章)。

（二）纸神的相关田野资料充沛

目前国内外大量中国纸神原档基本保存完好，但大多除了捐赠者姓名和入藏日期之外，与藏品本身直接相关的资料却难以查证。相比之下，"中国纸神专藏"作为研究个案的优势非常明显，不仅捐赠者的生平事迹已被挖掘出来，而且富平安本人亲自撰写的三本著作也为这套藏品提供了丰沛的原始田野资料。

牛津大学东方学院罗伯特·查德（Robert L. Chard）为《北京纸神》撰写了非常中肯的书评，"在外国目击者撰写年画著作的长久传统中，《北京纸神》是 1949 年之前的最后一部。尽管她不是中国宗教研究的一线学者，也不是受过中文典籍训练过的汉学家，书中疏漏难免，但这是一本甚至对专家而言也有用的书"[1]。之所以有用，是因为她并非走马观花，而是努力使自己成为北京民俗生活的观察者、记录者乃至参与者。这些早年"亲历"也是当代的北京纸马研究者望尘莫及的。[2] 伦敦大学中国艺术与考古教授威廉·沃森（William Watson）评论说，"中文著作中（像这本这样）让人读起来手不释卷的并不多。纸神的功用很好地反映了进庙上香的人们的想法，能窥见当时俗信的概貌，可见人们是毫无芥蒂地消弭了宗教派别之间的限制的。富路特夫人很好地在她之前研究（《东岳庙》和《中国地狱》）的基础上，对民间宗教

---

[1] R. L. Chard, Reviewed Work: Peking paper Gods: A Look at Home Worship by Anne S. Goodrich, *Bulletin of School of Oriental and African Studies, University of London*, Vol. 58, No. 3, 1995, p.599.

[2] 近年来海外多有北京纸马的收藏公开并有新作面世，但大多限于旧有文献资料的整编。如 David Leffman, *Paper Horse: Traditional Woodblock Prints of Gods from Northern China*, Hong Kong: Blocksmith Books, 2022。

的功能做了彻底的人类学阐释"[1]。的确,富平安自觉或者不自觉地对中国的民间俗信及其相关物(如纸马、年画、寺庙、神像、庙会、地狱观念以及传说等)进行了全面的参与式观察、采访了可能的知情人并做了口述笔录,收集了相关物证,拍摄了相关照片,因此,她的纸神研究不是孤立的,而是在"活态"中的。哪怕以今天的学术标准来看,也不输任何成功的人类学"深描",这为今天重新审视这套珍藏提供了相当坚实的基础。

(三)北京纸马类全量大

"中国纸神专藏"的两类藏品中,门神类的藏品都是各地的代表作,因此也较为常见;相对而言,北京纸马的价值至为重要与珍稀。

首先,是因为这套纸马既有日常必备,也涵盖了节日所需,同时拥有这样两类藏品的档案并不多见。"它们被用于家庭、商店、工作场所,只有在极少数的情况下会出现在寺庙。这类印刷品很便宜,一张只要一两个铜板,任何人都买得起,并且每家至少有一张,哪怕只是在纸上写着神仙的名字。"[2] 当地产的墨线版纸马,与民众日常的生老病死密切关联,而外地产的彩色纸马则凸显了特定节日在北京人心目中的神圣地位,两相结合,年节往复与生命周期中的风俗与信仰活动以及个体、家庭和社会的文化实践可以较为全面地经由民间信仰得以揭示。

其次,仅就当地产的纸神像而言,在目前已知的北京纸马档案

---

[1] William Watson, Book Review: Peking paper Gods: A Look at Home Worship by Anne S. Goodrich, *Journal of the Royal Asiatic Society*, Volume.3, Issue 3, November 1993, p.492.

[2] Anne Swann Goodrich, *Peking Paper Gods: A Look at Home Worship*, Nettetal, Steyler Verlag: Monumenta Serica, 1991, pp.23-24.

中,"中国纸神专藏"是包含神像最多的,共有143张,因而是研究其造型、风格以及信仰系统较为全面的个案。相比之下,法国法兰西学院汉学研究所图书馆藏有的所有类型的北京纸马为128张,加拿大皇家安大略博物馆的一套仅有78张,名古屋大学青木文库所藏就只有23张了。

"中国纸神专藏"传递的主要是1930年代北京民间宗教的情况,然而,利用它们也可以去探索当时当地文化和社会的几乎一切领域。前提是,纸马必须是采集于真实的市场环境,种类务必完备,而配套信息也要充足,"中国纸神专藏"正是因为三者俱备,使其成为研究特定历史习俗与信仰相关问题的适切图像文献。以北京地区的"娘娘信仰"为例,"中国纸神专藏"内有相对齐整的"娘娘纸马"一整套,以这套纸质祭祀仪式用品为纲,参照该时期相关文献,可以复原1930年代北京地区生育风俗的概貌。(参见第四章)但是,这一研究很难凭借其他馆藏来完成,比如哈佛艺术博物馆藏有较多北京纸马,但娘娘纸马仅存"痘儿姐姐"和"床公床母"两款。日本名古屋大学图书馆青木文库和加拿大皇家安大略博物馆都收藏了齐整的北京娘娘纸马,但藏品信息简略,而富平安的写作为哥大专藏提供了丰富的参考资讯。

(四)捐赠者勾连强大学术共同体

富平安身份特殊,她勾连起一个非常强大的学术共同体。她的三本书的文献来源,几乎囊括了整个20世纪欧美汉学界的相关成果。某种程度上甚至可以说,她综述了当时海外中国民间信仰研究界的部分共识。

1923年她与富路特在北京结婚,她的公公是美国公理会传教士、《圣经》中文和合本翻译主持人善富神父,她的公婆是较早在华开展

第二章　哥伦比亚大学"中国纸神专藏"及其捐赠者富平安

女子教育的传教士柯慕慈(Sarah Boardman Goodrich,1855—1923年,当时亦被称为"富善夫人")。富路特在北京为洛克菲勒中华医学基金会筹办协和医学院工作多年,回美后在哥伦比亚大学中文和日文系(暨后来的东亚语言与文化系)工作了三十多年,担任中文系主任长达27年,1945年任丁龙讲席教授,直至1961年退休,在智识和人脉上都给予了富平安极大的支持。比如说1983年富路特致信《瓦萨旬刊》,从中国历史专家的视角指出:"这两部著作(指《东岳庙》和《中国地狱》)至少在历史记录方面有一定的重要性,因为这两座庙宇在毛时代都被毁了。"① 富平安把《东岳庙》题献给富路特,在《中国地狱》的致谢中,她"感谢富路特给我的鼓励、建议和难以言尽的帮助"②。(图2-9)

除了上文提及富平安的《中国地狱》是应戴何都之邀而作外,她的《北京纸神》其实也是在《北京的社会调查》③ 的作者、美国社会学家甘博的力促下完成的,"我原本没想过写这些,后来是写过很多本中国研究著作的西德尼·甘博坚持认为我应该与大家分享我对纸神的了解"④。再以《东岳庙》所附图片为例来看,照片的摄影者有戴何都、甘博,还有钱雅格(James R. Cash)和赫达·莫里逊(Hedda Morrison, 1908—1991)。钱雅格当时是协和医学院病理系主任,即孙中山尸检

---

① L. Carrington Goodrich, to editor *Vassar Quarterly* (email), December 21, 1983, Archives & Special Collections, Vassar College Libraries.
② Anne Swann Goodrich, *Chinese Hell: The Peking Temple of Eighteen Hells and Chinese Conceptions of Hell*, St. Augustin: Monumenta Serica, 1981, p.1.
③ Sidney Gamble, *Peking, A Social Survey,* New York, George H. Doran Company, 1921.
④ Anne Swann Goodrich, *Peking Paper Gods: A Look at Home Worship*, Nettetal, Steyler Verlag: Monumenta Serica, 1991, p.11.

图 2-9　1981 年富路特夫妇回访中国

安妮·古德里奇·琼斯和哈伯德·卡灵顿·古德里奇慨允使用

的主刀人，他应同事田百禄（Carl Ten Broeck，1885—1966）教授的夫人珍妮特之请，于 1927 年为她拍摄了 67 张东岳庙照片，现存于哥伦比亚大学东亚图书馆，照片后面有富平安的铅笔批注。（图 2-10）珍妮特对北京的寺庙尤其是其中的碑刻颇有研究，《东岳庙》后附有她详细记录的 1927 年寺院概貌。莫里逊是 1933 年至 1946 年在北京常驻的德裔职业摄影师，熟悉喜爱北京的风土人情，她当年拍摄的 10000 张底片和 6000 张照片现藏于哈佛大学燕京图书馆。

第二章 哥伦比亚大学"中国纸神专藏"及其捐赠者富平安

图 2-10 北京东岳庙存照

  左上与左下为哥大东亚图书馆"北京东岳庙存照"档案中一张照片的正面与反面。正面为北京东岳庙原有的正大门（现存的大门实为原二进院门），1988年修建朝外大街时已被拆除。反面有四行铅笔批注，第一、第三行和第四行经比对为富平安的笔迹，注明这张由钱雅格1927年拍摄的照片作为第3插图用于她的著作《东岳庙》中。第二行疑似珍妮特的笔迹，写明"东岳庙外门"。下方蓝色部分是哥大东亚图书馆1979年7月收档时的印戳。李明洁2023年1月经允许摄于该馆特藏室。
  右上与右下即为1964年由《华裔学志》出版的《东岳庙》的第3张插图，上图即为钱雅格拍摄的东岳庙外边的正大门，选用的就是左上的照片；下图是戴何都拍摄的内门，即原二进院门"瞻岱之门"（现存的大门）。该页图片版权由《华裔学志》慨允使用，并得到哈伯德·卡灵顿·古德里奇授权。

若以富平安为引线,将极大地激活主流汉学家在历史主线外被遮蔽的部分;更有意味的是,通过像她这样独自或作为配偶来到中国的西方女性的视角,可以探索中西文明的交汇是如何影响了女性的认知并受其影响的,例如富平安的干女儿莎莉·瑞金斯(Sally Hovey Wriggins,1922—2014)是美国学者、外交官威廉·瑞金斯(William Howard Wriggins,1918—2008)的妻子,由于丈夫任斯里兰卡大使且为斯里兰卡专家的缘故,莎莉对亚洲也产生了浓厚兴趣,她是第一位重走了丝绸之路的西方女性,她撰写的《玄奘:丝路上的佛学朝圣之旅》①在学界都甚有口碑。富平安身边这样似乎是"配角"但深刻介入了中西文化交流的例子举不胜举。借助"典范史学"和"边缘史学"的参照与对话,能为理解特定历史时期中美文化交流(特别是基督教在现代中国的命运、中美关系的当代变迁、美国汉学的崛起,等等)提供特殊的视角。

(五)文明互鉴的生命见证

富平安在她人生的多数时候都被看作是"著名汉学家的家属",也有因此认为她的著述不足为凭的声音,但或许正是非学院派的出身,让富平安总是能以常人的视角来观察中国人的观念习俗,以普通人的身份参与到老百姓的日常崇拜活动中去,这使得她对中国民间信仰能坦诚相待,并得出更符合实际的中肯认知。

富平安不回避问题,她在《中国地狱》的前言中介绍了她首要的报告人,并坦陈了她在田野调查时的困惑与思考:"给中国人的俗信

---

① Sally Hovey Wriggins, *Xuanzang: A Buddhist Pilgrim on the Silk Road*, Boulder, Colo.: Westview Press, 1996.

第二章　哥伦比亚大学"中国纸神专藏"及其捐赠者富平安

概念分类是不容易的。你在书里读到的未必总是能与你在街上听到的或者你在庙里看到的保持一致。对某人而言的这位'神',在另一个人看来则是另一回事。神像的叫法也因人而异,比如我发现我问在北京的朋友和问去庙里的人,就会得到不同的答案。对读书人而言的书本上的信仰与老百姓生活中的习俗也大相迥异。为了掌握普通人的想法,我请教了我的语言老师'石(音译)先生'。他告诉我他是怎么想的,他从父母和祖父母那里听到的,以及他在《封神演义》之类的书里面读到的。他所讲的都是真正的民间故事——就是说,全是口耳相传。实际上,他说他讲的有些故事并未被记下来过,是些'野史'。他并不总是同意书上写的,也不同意别人告诉我的,但是,他确实呈现了一个1932年生活在北京的普通人对于神和寺庙之类事物的看法。"①这种对报告人的地方性知识的尊重,体现了富平安高度谨慎的人类学态度和非常彻底的民俗学关怀。她并不是不明白她汉语老师的说法可能有误,"我留下了他的口述里所包含的很多时代的错误。毕竟,民俗是不能够依照历史学的精度去要求的"②。她当年的这些做法可谓十分的诚实和严肃,现在来看却能给我们带来别样的启迪:民间说法里的那些杂糅、冲突和疏漏往往也是与价值观博弈相关的值得玩味之处。这些建构社群文化记忆的另类细节,本该及时如实照录,然而往往是以"科学"的名义被刻意地涂抹掉了。

身为传教士,富平安对宗教生活在人类历史上的非凡意义有着充

---

① Anne Swann Goodrich, *Chinese Hell: The Peking Temple of Eighteen Hells and Chinese Conceptions of Hell*, St. Augustin: Monumenta Serica, 1981, p.3.

② Anne Swann Goodrich, *Chinese Hell: The Peking Temple of Eighteen Hells and Chinese Conceptions of Hell*, St. Augustin: Monumenta Serica, 1981, p.2.

分的体认,正是基于这样一种共情式的理解,作为外来者的富平安与身边的普通百姓长时间地深入交往,终于走进了他们的精神世界。"中国人认为精神的、超自然的力量存在于日常生活的各个方面,并且关乎自己的生活,每个人都崇拜他认为最能帮到自己的神。对超自然力量的崇拜是中国文化的根基之一,没有对死后灵魂不灭的坚信所带来的祖先崇拜,中国会发展成一个不同的社会。"① 在英文世界里,这般朴实妥帖、深入浅出地讲解中国民间信仰的并不多见;而能从中华文明的延续乃至人类发展的大义上,充分肯定中国俗信崇拜的价值而不是贬斥其愚昧落后,则显示出通达的属灵觉悟。她在《中国地狱》里说,"自然崇拜被糅进了传说,编进了历史故事,被人们的想象修饰,被外来的影响改写抑或结合。伴随着所有的变化,一些基本的信条还是被保存了下来;其中最为根本的一条,就是对生命的信念,所有的生命都在轮回变幻,却坚不可摧,哪怕是地狱之火也无法摧毁她"②。这种中允平和的比较视角和融会贯通的理解视域,甚至超越了她个人信仰和教义的规训而达到了追求人类普遍真理的高度,其中所充溢着的温情与敬意,感人至深。

本章小结

"中国纸神专藏"是一份与真实的个体生命史交织缠绕的图像文

---

① Anne Swann Goodrich, *Peking Paper Gods: A Look at Home Worship*, Nettetal, Steyler Verlag: Monumenta Serica, 1991, pp. 17-18.
② Anne Swann Goodrich, *Chinese Hell: The Peking Temple of Eighteen Hells and Chinese Conceptions of Hell*, St. Augustin: Monumenta Serica, 1981, pp. 4-5.

献,对民国时期宗教史、思想史和中外交流史的研究,对海外集藏的大量中国民间信仰类文物的重估无疑具有案例意义。学识所限,这份档案诸多潜在价值的讨论无法完整展开,本书只能挂一漏万,聚焦这份有生命温度和历史质感的档案,尝试从多个维度对文化传统中的民间信仰面向做一些清楚和实在的规整与阐释,力图在具体的历史时空里去理解曾经的(或许也是现在的甚至可能还是将来的)民间信仰——是如何与日常生活、风俗节庆相互交织相互赋权,如何由此塑形社会记忆从而层累成文化记忆的一部分,并最终汇成了中国百姓的心灵世界乃至身份认同的静水深流。

天地三界十方萬靈真宰

第二部

多维重释：中国纸神的世界

纽约哥伦比亚大学"中国纸神专藏"，因其共时且完足的原真性，在海内外中国民俗版画收藏领域独树一帜。对这一典型案例进行多维重释，能在具体的历史时空里理解曾经的（或许也是现在的甚至可能还是将来的）中国民间信仰是如何与日常生活、风俗节庆相互交织相互赋权，如何由此塑形社会记忆从而层累成文化记忆的一部分，并最终汇成了中国百姓的心灵世界乃至身份认同的静水深流。

第三章
从《神祠存废标准》看"中国纸神专藏"的历史物质性

尽管已知哥大东亚图书馆"中国纸神专藏"的主体藏品是富平安于1931年购置于北京的,但这一时空信息对大多今人而言却很抽象,不过是历史上的一个年份和地图上的一个点而已。1931年的北京,这些纸神曾经参与过哪些人的事实人生?又激发过怎样的欲望和意志?它们在北京的1931年,究竟意味着什么?

模糊的历史档案,呼唤适切的显影剂。

我们选择民国政府颁布的《神祠存废标准》为参照系,来解读"中国纸神专藏"所属的历史时空。在申明民俗版画区别于一般纸质文物的特殊性的基础上,借助图史互证,揭示20世纪初民间信仰与国家意志之间的张力与博弈,从而理解曾经活态的"中国纸神专藏"所属的那个特定"社会场域"及其时代转型与观念冲击。

一 民俗版画的历史物质性与图像格套

以年画为代表的民俗版画肇始于秦汉,勃兴于宋,盛行于明清,至民国初期趋于衰微。2006年，年画入选国家第一批非物质文化遗产代表性名录。在民间美术和民俗学界，年画一向是举足轻重的研究对象。21世纪初以来，以非物质文化遗产运动为标志的文化复兴思潮，更是引发了年画研究的一次井喷，以薄松年、王树村和冯骥才、王海霞等学者为代表，关注点大致可以分为两类：一类是将其作为民间美术的研究对象，讨论年画的历史脉络、流派风格与类型题材等，也会兼及代表性产地的年画特色以及具体年画的图像符号之意涵；另一类则是将其作为民俗活动的必要用品，讨论年画的适用情境、礼仪规矩及其风俗演变。年画的这两种研究传统，事实上都大量使用了基础的图史互证的方法。例如，薄松年就以典籍来证图，引用《山海经》中"门户画神荼、郁垒与虎，悬苇索，以御凶魅"的记载，来阐述最早的门神形象的由来。① 再如，冯骥才以"《东京梦华录》与《武林旧事》都记载了当时的开封已有了专事销售此类版画的纸马铺"，来论证"至迟在宋代，逢到岁时，以木版印刷的神灵乞求平安的风俗即已出现"。② 从艺术史学者到社会文化学者，这类把年画当作"全部事实"的研究惯习已经约定俗成，年画既是研究的起点，又同时是终点，在不自觉中带有某种先验性地形成了一个描述、考证和解释的封闭范畴。自证式的图史互证也就导致了存世数量庞大的年画图像资源，至今没能走出自身的传统范畴而成为更多领域中可能的研究对象。

然而不言自明的是，民俗活动从来都是能且只能与政治文化和生产生活相伴而生的。年画作为一种民俗文化产品，也不可能孤立地出

---

① 薄松年：《中国年画艺术史》，湖南美术出版社，2008年，第4—5页。
② 冯骥才：《年画笔记》，宁夏人民出版社，2007年，第160—161页。

第三章 从《神祠存废标准》看"中国纸神专藏"的历史物质性

现,而一定是在某一特定的"社会场域"被生产和使用。因而是否存在这样一种解读年画的新途径?即把年画作为整体性的民俗事项,回置于相应的社会场域中,既把它们作为观察的对象又把它们作为历史解说的框架,通过重构年画的"历史物质性(historical materiality)",去接近其被模糊了的历史性质。

巫鸿在提出"历史物质性"这一概念时强调,"一幅画的历史物质性不是仅仅使其成为物体的那种特性,而是使其具有历史功能与历史意义的那种特性","一幅历史中绘画的定义,或者说它的历史物质性,并不自动显现于该画的现存状态,而是需要通过历史研究来加以重构"。① 用这样的视角来重新审视,广义年画中最具代表性的门神纸马就不再是单纯的文物藏品,而是留存至今的过去的"遗迹";它们曾被当作膜拜的对象或者民间崇拜的手段,由此全面介入到特定年代的信仰、经济与生活交织而成的社会场域中。作为复原历史的视觉密码,它们是可以相互建构的。

年画的视觉密码往往以"格套"的方式呈现出来。葛兆光较早关注到民俗图像格套对于生活史和思想史研究的学术价值,他说:"在古代中国的祠堂祭祀或宗教仪式上经常使用一些悬挂的图像,这些图像的空间布局似乎始终很呆板、固定。如果说,绘画作为艺术,它在布局上追求的应当是变化与新奇,可是,这些仪式上使用的图像却始终好像可以遵循一种陈陈相因的、由四方向中心对称排列的格套,改变这种格套反而会使它的意义丧失。而这种反复呈现的'格套',却成

---

① 〔美〕巫鸿著,梅玫等译:《时空中的美术》,生活·读书·新知三联书店,2009年,第382页。

了一种象征，它来自对于某种观念不自觉的持久认同。"①

"中国纸神专藏"是可以较好地印证并阐释这一观点的一份图像原档，借助整理其中门神纸马的代表性门类，辨析其对应着的民间信仰仪式及其图像格套，从而复原其中的历史物质性，是可以重构这些民间祭祀用纸品的"历史功能和历史意义"，并找到那些隐于历史云烟的"持久认同"的。例如生育崇拜仪式与娘娘的形象格套（参见第四章）、中秋拜月仪式与月光马的图案格套（参见第五章）、药王崇拜习俗与药王纸马上的符号格套（参见第六章）以及纸神的冠饰格套所对应的民间神灵系统（参见第七章），等等。

二 "中国纸神专藏"的共时性与现实性

在对物的历史研究中，年画尤其是门神纸马本该是特别适宜的对象，因为它们是创作于历史的某些特定时刻与特定场所的一系列图像，可以在明确的时空关系上与某一社会场域做系统的比对。也就是说，年画这类图像，非常便于想象性或者解释性地放置到文化语境和历史关系的结构之中。然而，年画用后即弃的使用惯习，却使其难以自然地系统存世，藏家的收集也往往随机随缘，也就造成了适用于历史考证的年画实际上较为罕见。更深层的原因也许在于，图史互证，除了要求藏品的流转信息清晰明确外，藏品最好还能够达到一定程度的"纯化"，即在某一主题下的完备化和统一化，不能受太多庞杂因素的影响。因而，相对于随机收藏，有目的的藏品才会更具研究优势。

---

① 葛兆光：《思想史研究视野中的图像》，《中国社会科学》2002 年第 4 期。

第三章 从《神祠存废标准》看"中国纸神专藏"的历史物质性

"中国纸神专藏"中的门神和纸马来源于20世纪30年代,这一时期的民俗版画,是存世较多的有目的收藏的主要对象①,若论类型的齐全和技艺的精美,"中国纸神专藏"都差强人意,但却由于特殊的历史机缘而在"纯度"和"目的性"上胜出。故此,作为图史互证的材料,哥大纸神就具有了可遇不可求的特质。

(一)共时性

"中国纸神专藏"购置于富平安第二次旅居北京期间,"我们住在北京时,我看到人们在街沿儿的大门上贴着中国古代神将的大幅画像,夜里躺在床上听着不绝于耳的爆竹炸响。我留意到妇人们坐在黄包车上,怀里抱着纸做的小小神龛。我问来的答案,都说这些个叫作'纸神'。于是,1931年我就到东四牌楼那儿的'人和纸店',买下了他们能有的每一张印品,大概能有一百多张吧。我拿回家问我的老师,请他告诉我这些纸神的用处,也告诉我画上这些神儿仙儿的故事。他说的时候我就一边翻译一边记下来"②。这段话说明了哥大纸神的来源,也交代了富平安撰写与这份收藏直接相关的《北京纸神:家庭祭拜一瞥》一书时口述笔录的调研方法。

富平安收集这批门神纸马是在1931年,相关材料很多都出现在她1964年出版的《东岳庙》一书中。1931年至1932年她常去的这座寺

---

① 除北京国家图书馆的大部分年画藏品和现藏于上海图书馆的禄是道神父为撰写《中国民间崇拜》(*Recherches sur les Suprestition en Chine*)而收集的年画资料外,法国、德国、英国、日本和捷克等国都有数量不少的这一年代的有意识的收藏。参见徐艺乙:《西方国家对中国木版年画的收藏与研究》,《西北民族研究》2011年第1期;包捷:《年画的海外收藏与藏品研究》,《年画研究》2016年秋。

② Anne Swann Goodrich, *Peking Paper Gods: A Look at Home Worship*, Nettetal, Steyler Verlag: Monumenta Serica, 1991, p.11.

庙，目前是北京民俗博物馆的所在地。"20世纪30年代，东岳庙毫无疑问是面向大众的，它既不是国家的，也不是知识分子的。这里供奉的是北京民众喜闻乐见的众神，并不属于某个特定派别。在东岳庙，佛教、儒教和道教的教义，以及古代种族信仰的遗存都混同在一起，共同来满足人们的需要。这里展现的是中国人的宗教信仰，既不是书本上的宗教，也不是哲学宗教，而是大众宗教"①。如果拿《北京纸神》和《东岳庙》来对照，会发现两本书的目录极为近似（表3-1），也就是说，纸神作为民间宗教②必需的祭祀用品，是和寺庙、仪轨等日常拜祭行为相互依凭的，这无疑确证了这批专藏是服务于民众的基层信仰的。

表3-1 《北京纸神》与《东岳庙》目录对照

	《北京纸神》	《东岳庙》
引言类章节	中国的民间宗教、纸马、年画	东岳庙概况、东岳庙的建筑、东岳庙的善会、东岳大帝、东岳庙的守护神
对应的章节	财神、子孙娘娘、药神、鬼魅神、自然神、天神、祖师、家神、道教神祇、佛教神祇、阴司诸神、时间神、关帝、杂神、全神图	财神、子孙娘娘、药神、瘟疫神、官职神、祖师、鬼魅神、道德神、动物神、地方神、阴司诸神、杂神

从富平安的自述中可以断定两点：第一，这批印品是她当年一次性买下的一家纸店里的全部产品，不是从艺术品收藏家或者经销商那里获到的，是当年平民百姓的日常仪式用品；第二，除了购买印品，富平安也通过《北京纸神》、《东岳庙》和《中国地狱》三部相关专

---

① 〔美〕安·丝婉·富善著，李锦萍译：《东岳庙》，清华大学出版社，2018年，第4—5页。
② 本文所谓"民间宗教"（Folk Religion）借用李天纲在《中国民间宗教二百年》（《历史教学问题》2008年第5期）中的阐释，指明清以后，中外学者参照现代学术标准构建的学科。

第三章 从《神祠存废标准》看"中国纸神专藏"的历史物质性

著,记录了它们的使用状态,综述了使用者的想法。"1930 年到 1932 年住在北京时,不论年节还是平日,我都常去东岳庙,在庭院里四处游逛。那里有那么多的神像和数不清的纸马",她采访了各种可能的知情人,"保留了不同的说法,很多矛盾的观点都被我照录下来"。[①]

可见,"中国纸神专藏"作为"遗迹"是具有双重性的,它们是民间美术品的遗存,更是仪式纸品的遗迹。这批藏品的"共时性"非常明显:一方面,这批纸神被购买时,没有挑选和遗漏,作为统一且系统的研究对象,其"纯度"较高;另一方面,富平安尊重报告人的地方性知识,不妄议不偏倚,对门神纸马等俗信用品与民间崇拜的相关物如寺庙、神像、庙会、地狱观念以及传说等,做了相对详细的共时记录。由于民间崇拜活动的历史纪实,完整流传至今的已经较为鲜见,"中国纸神专藏"所具有的艺术人类学的断面价值也就凸显了出来。

(二)现实性

"中国纸神专藏"经过东亚图书馆的整理、修复与电子化,已公开的共有 231 幅,其中画面不重样的有 137 张(款)。按照富平安的说法,她撰写《北京纸神》一书,就是希望对这批收藏进行说明。两相对照,书中详细说明了用意和用法的有 154 种,"中国纸神专藏"中有 12 种在书中未见,书中有 60 种在哥大已公开的专藏中暂未找到对应的图像,找得到对应关系的现有 94 种。这为复原当地 20 世纪 30 年代的民间崇拜系统提供了一个标本。

参照《北京纸神》的章节,可以看出富平安认为这批纸品有 16 类,分别是:年画(如门神、福禄寿三星)、财神(如五路财神、财

[①] Anne Swann Goodrich, *The Peking Temple of the Eastern Peak*, Nagoya, Japan: Monumenta Serica, 1964, p.1.

公财母)、子孙娘娘(如送子娘娘、斑疹娘娘)、药神(如药王、华佗)、鬼魅神(如钟馗、张天师)、自然神(如龙王之神、风伯雨师)、天神(如太阳星君、白虎星君)、祖师(如鲁公输子仙师、造酒仙翁)、家神(如家宅六神、福禄神)、道教神祇(如玉皇大帝、太上老君)、佛教神祇(如释迦牟尼佛、白衣观音)、阴司诸神(如冥府十王)、时间神(如四值功曹)、关帝(也含周仓、关平)、杂神(如城隍、三界直符使者)和全神图等。

如果略作归并,可见三大类心理诉求,它们相互关涉但各有侧重——辟邪类,含药神、鬼魅神和阴司诸神3种;祈福类,含年画、财神、子孙娘娘、自然神、天神、祖师、家神、时间神、关帝、杂神和全神图等11种;宗教类,含道教神祇和佛教神祇2种。很明显,第二大类最为丰满。富平安的分类和个别例证可能还可商榷,但她归纳出的如此广泛的题材类型,着实印证了当年纸马的全民普及之态,也映射出民国初年北京地区的大众诉求。百姓通过请纸马拜仙神,无非是想借助民间的祭祀仪式来驱魔避害,祛病消灾;期盼风调雨顺、丰衣足食、子孙绵长;表达对信仰的虔诚,以求得神灵保佑和心灵慰藉。可见,这些纸马是按需设置的,所映射的是民众的切身需要,是现世的,更是现实的。

"我收藏的纸马全是1931年购于北京的人和纸店。但我在那里买的颜色最鲜艳的一部分可能出自天津的一家著名工坊,其他的都是当地工坊印制的。"[①] 富平安所谓的前者即是藏品中的门神,仅就神荼郁垒、大刀门神、钟馗等代表性的作品来观察,除了的确有来自天津杨

---

① Anne Swann Goodrich, *Peking Paper Gods: A Look at Home Worship*, Nettetal, Steyler Verlag: Monumenta Serica, 1991, p.25.

柳青的以外，也有一些明显来自广东佛山和开封朱仙镇等地。商贩愿意到京外去进货，说明当时这些尖货相当畅销。

富平安在《北京纸神》里说，纸马当时在北京俯拾皆是，"它们被用于家庭、商店、工作场所，只有在极少数的情况下会出现在寺庙。这类印刷品很便宜，一张只要一两个铜板，任何人都买得起，并且每家至少有一张，哪怕只是在纸上写着神仙的名字。不仅农民会用，皇宫、高官和商贩家中以及店铺里也用。它们的使用范围太广泛了，可能只有学者家里不用，但即便是他们也会随俗，春节时也会送灶神上天"[①]。"中国纸神专藏"就是当年这一民俗生态的物证。

三 《神祠存废标准》以及"中国纸神专藏"的再分类

"图像往往被用作教化的手段、崇拜的对象、唤起冥思的刺激物和争论的武器。因此，它们也可以成为历史学家的一种手段，用来还原过去的宗教经历。"[②] 哥大纸神以一份共时性的文献，证明了民国初年由基层民众维持的这套祭祀系统在民间社会的流行。然而，单在这份资料内部做观察，可能还无法触及其深埋的历史物质性。它们究竟具有怎样的历史功能和历史意义？恐怕还需要回顾其所在的历史场景。

哥大纸神所处的历史阶段很值得玩味，当年在杭州周边收集年画

---

① Anne Swann Goodrich, *Peking Paper Gods: A Look at Home Worship*, Nettetal, Steyler Verlag: Monumenta Serica, 1991, pp.23-24.
② 〔英〕彼得·伯克著，杨豫译：《图像证史》，北京大学出版社，2018年，第66页。

的队克勋说,"国民政府在南京成立并事实上完成了国家的统一后,立即采取行动以确保某些急需的改革得以展开,其中之一便是急于通过强制的宣传和立法,对民间崇拜进行革命","最显著的例子莫过于刊登于1928年12月19日《浙江省政府公报》第483期上的命令"。[①](图3-1)队克勋当时看到的政令由时任浙江省政府主席张人杰签署,但他只是"抄发"国民政府的《神祠存废标准》而已,实际上该标准在全国范围内被强制推行。

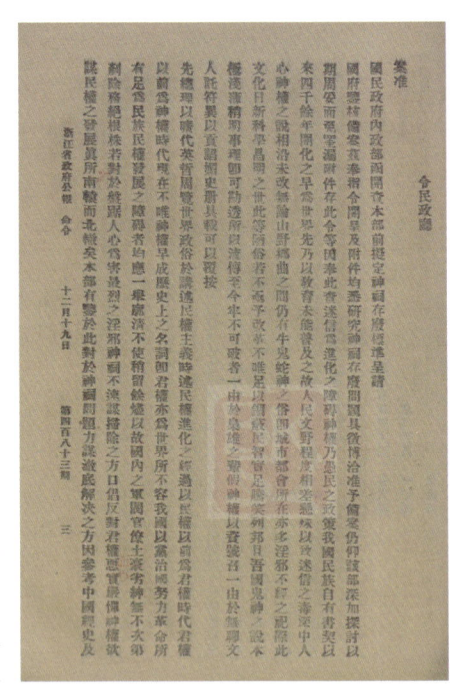

图3-1 见于《浙江省政府公报》第483期上刊载并发布《神祠存废标准》政令的首页

晚清期刊全文数据库

① Clarence Burton Day, Chinese Peasant Cults; Being A Study of Chinese paper gods, Shanghai, Kelly and Walsh, limited, 1940, p.190.

(一)《神祠存废标准》划定的四类神祇

《神祠存废标准》[1]（下称《标准》）作为各地清理传统神坛神庙的法律依据，由中华民国内政部于1928年发布。《标准》前有"神祠之起源"、"神祠之盛行"和"我国先贤破除迷信之事迹"三节，"可算是《标准》的序言。这个序言是对我国古代神祇信仰的扼要总结，也是一份无神论的宣言。它宣布新的共和国政府不再信仰任何神祇，而且要对以往的神祇，进行一次清理"[2]。其后，对古代的神祠进行了分类以作为存废之标准，这是产生了重大影响的实质部分。为简明计，现将《标准》所分四类总结如表3-2：

表3-2 《神祠存废标准》所示四类神祠

	先哲类	宗教类	古神类	淫祠类
评判依据	对民族发展确有功勋者；对于学术有所发明、利普人群者；对于国家社会人民有捍卫御侮、兴利除弊之事迹者；忠烈孝义，足为人类秩式者。	属于宗教性质之神祇一律应予保存，假宗教之名附会伪托之神与淫祠同在取缔之列。	在古代多认为可祀之神，明清以来载之祀典，然以现代之潮流考之，均无存在之价值矣。	附会宗教实无崇拜价值者，借神敛财或秘密供奉开堂惑众者，类似依草附木牛鬼蛇神者，根据齐东野语，稗官小说、世俗传说毫无事迹可考者。
示例	伏羲、神农、嫘祖、仓颉、后稷、大禹、孔子、孟子、公输般、岳飞、关羽	多神教（佛教：释迦牟尼、弥勒、文殊、观世音、达摩，道教：老子、元始天尊、三官、天师、王灵官、吕祖）、一神教（回教、耶教）	日神、月神、火神、魁星、文昌、五岳四渎、东岳大帝、中岳、海神、龙王、城隍、土地、八蜡、灶神、风神、雨神、雷祖、电母	张仙、送子娘娘、财神、二郎、齐天大圣、瘟神、痘神、玄坛、时迁、宋江、狐仙
令	保存	保存	废除	废除

---

[1] 《神祠存废标准》，《中华民国史档案资料汇编》第五辑第一编，江苏古籍出版社，1994年，第498页。
[2] 李申：《〈神祠存废标准〉与清末以来对儒教神祇的清理》，《宝鸡文理学院学报》2018年10月号。

(二)《标准》下的"中国纸神专藏"再分类

参照上述《标准》,对"中国纸神专藏"所含137个款式的图像再行分类,可以初步发现一些有意义的现象。需要说明的是,民间纸马的形式和功能并非一一对应,会出现一张纸马多种用途的情况,比如白衣观音是佛教的神祇,但也是琢玉业的祖师;关圣大帝是先哲,也被奉为香烛业的保护神。本文在分类时择其原初用途归之。另外,《标准》示例兼顾全国性,而"中国纸神专藏"具有地方性,反映的是当时北平的民间信仰,但其完整性和代表性还是相当突出的,够条件成为供分析的个案。

先看与《标准》认为尚可保存的神祇相关的哥大藏纸神,情况如表3-3。

表3-3 《标准》先哲类、宗教类与哥大纸神对照表

	哥大纸神明细(29款)	未见于哥大纸神的《标准》示例	未见于《标准》示例的哥大藏纸神
先哲类	鲁公输子先师、威显关圣大帝、关圣大帝	伏羲、神农、嫘祖、仓颉、后稷、大禹、孔子、孟子、岳飞	
宗教类	文殊菩萨、观音菩萨、白衣送子观音、白衣大士圣像、鱼蓝菩萨、神像(佛)、地藏王菩萨、护法韦陀真神、燃灯古佛、释迦、普贤菩萨;三官大帝、三官、太上老君、玉皇大帝、四大天王、王母娘娘、四值功曹、司命之神、天地三界十方万灵真宰(3款)、万神殿(2款)、天地三界十八佛诸神(2款)	弥勒、达摩;天师、王灵官、吕祖;回教、耶教之神	燃灯古佛、普贤菩萨、地藏王菩萨、王母娘娘、四值功曹、司命之神、四大天王

第三章 从《神祠存废标准》看"中国纸神专藏"的历史物质性　/ 085 /

从中可见,"先哲类"在哥大藏纸神中只出现了关羽（图 3-2）[①]和鲁班 2 例,其余 10 位先哲均未出现在百姓的日常祭拜中。"宗教类"中佛教和道教的相关神祇,《标准》与哥大藏纸神相较,大体相当;但是《标准》允许保存的回教和耶教完全没有相关神像出现在哥大藏品当中。哥大纸神中有多张集儒释道等众多神像于一体的纸马（图 3-3）[②],其中的佛道神像较多,也归入上表。

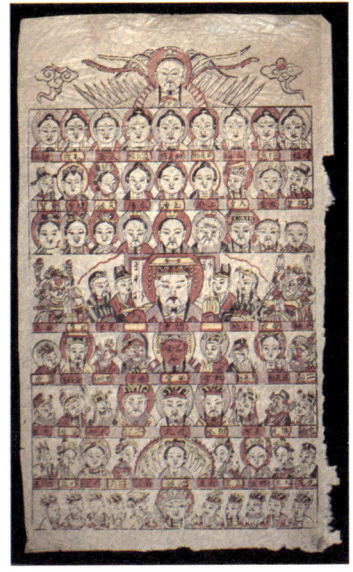

图 3-2 《威显关圣大帝》

哥伦比亚大学东亚图书馆慨允使用

图 3-3 《万神殿》

哥伦比亚大学东亚图书馆慨允使用

[①] 《威显关圣大帝》,访问日期：2020 年 5 月 6 日,http://www.columbia.edu/cu/lweb/digital/collections/eastasian/paper_gods/collection/NYCP.GAC.0001.0033.html。
[②] 《万神殿》,访问日期：2020 年 5 月 6 日,http://www.columbia.edu/cu/lweb/digital/collections/eastasian/paper_gods/collection/NYCP.GAC.0001.0183.html。

《标准》认为应予废除的两大类在哥大纸神中出现较多，下面分别进行比较。先看"古神类"，见表3-4。

表 3-4 《标准》古神类与哥大藏纸神对照表

	哥大纸神明细（37款）	哥大藏纸神未见而《标准》明令废除的神祇
古神类	太阳星君、太阴星君、广寒宫（4款）、火德星君、南方获得星君、五斗星君、东斗星君、天文魁星、星科、文昌帝君、文昌梓童帝君、城隍、城隍之位、白虎之神、青龙之神、管山之神、黄河金龙四大王、灵应河神、总管河神、龙王之神、土公、土母、后土皇帝、土地正神、众神（作者注：疑似八蜡）、班虎之神、圈、灶神（2款）、东厨司命、南天门东厨司命、定福宫、风伯雨师、冰雹之神、九天应元雷声普化天尊	五岳四渎（部分）、东岳大帝、中岳、海神、电母

对照发现，哥大纸神中共有 37 款属于《标准》指定的古神类，包括民国初年与日常生活关系极为密切的灶神、土地神（图 3-4）①和城隍等。《标准》明令废除的此类神祇在哥大藏纸神中有若干项未有发现或不全，比如，未见海神、电母，五岳四渎中仅有"黄河"有相关纸马。也就是说，《标准》禁止的古神类神祇要少于哥大藏纸神实际呈现的品类。

哥大纸神中最大宗的藏品属于《标准》中的淫祠类，详目如表 3-5。

---

① 《土地正神》，访问日期：2020 年 5 月 6 日，http://www.columbia.edu/cu/lweb/digital/collections/eastasian/paper_gods/collection/NYCP.GAC.0001.0100.html。

第三章 从《神祠存废标准》看"中国纸神专藏"的历史物质性

图 3-4 《土地正神》

哥伦比亚大学东亚图书馆慨允使用

表 3-5 《标准》淫祠类与哥大纸神对照表

	哥大纸神明细（73 款）	哥大纸神未见而《标准》令废的神祇
淫祠类	天仙娘娘、催生娘娘、送生娘娘、麒麟送子、引蒙娘娘、眼光娘娘、奶母娘娘、陪姑娘娘、灵感天仙九位娘娘之位、床公床母、财神、聚宝招财、增福财神、增福积宝财神、聚宝盆、五显财神、财公财母、二郎妙道真君、王二爷之神、斑疹娘娘、痘儿哥哥、痘儿姐姐、白马先逢、感应药王、药王之神、玄坛赵元帅、七十二煞神、本命星君、本命延寿星君、三界直符使者、监齐使者、周仓、钟馗（4 款）、福在眼前、斩魔除邪、福自天来、冥府十王、垛钱一万文、用钱一万文、男女冥衣、造酒仙翁、青苗之神、水夫之神、管油之神、羊王之神、水草马鸣王、三窑之神、含怒□神、园林树神、太仓之神、无敌大炮大将军、利市迎喜仙官、五路之神、给孤长者、三义之神、喜贵之神、镇宅福神、和合二仙、和合二圣、童子（2 款）、神像（福禄）、福禄寿、门神（5 款）、众神（应为门神。——作者注）、门神门尉	张仙、齐天大圣、瘟神、时迁、宋江、狐仙

图 3-5 《增福财神》

哥伦比亚大学东亚图书馆慨允使用

  从类型上看,"人和纸店"当年售卖的纸马中属于《标准》所谓的淫祠类多达73款,民众喜闻乐见的财神(图3-5)[①]赫然其中。如果

---

① 《增福财神》,访问日期:2020年5月6日,http://www.columbia.edu/cu/lweb/digital/collections/eastasian/paper_gods/collection/NYCP.GAC.0001.0174.html。

与富平安的《北京纸神》再去对照,会发现其中出现细目较多的集中在她归入的子孙娘娘和祖师两类,款式有多种选择的多为她所做分类之"年画、财神、鬼魅神(钟馗)和家神"四类。

四 民俗生态与历史的民间逻辑

尽管民国政府非常清楚,"乃以教育不能普及之故,人民文野程度相差悬殊,以致迷信之毒深入人心。神权之说相沿未改。无论山野乡曲之间仍有牛鬼蛇神之俗,即城市都会所在亦多淫邪不经之祠",故此,要"对于神祠问题力求彻底解决之方"①。但是,历史在民间却有着与官方意志未必一样的逻辑。甚至在《标准》颁布十多年后的1941年所拍摄的北京农历正月的家祭照片(图3-6)②上,还能清晰地看到供桌后墙上的全神图,几乎可以断定就是哥大所藏《天地三界十八佛诸神》(图3-7)③的同款。

当然,这里面也需留意诸神的身份在"民间"与"官方"之间的转化问题。从"中国纸神专藏"所示的民国1930年代的历史断面来看,民间信仰是一个众神林立的自在状态。但从诸神的来源来看,明清以来的官方"祀典"是扮演了非常重要的角色的,比如"东岳庙"就是明初"洪武礼制"中规定的官方神祇,而"关帝"则在清代被册

---

① 浙江省政府训令秘字第2184号"令民政厅准内政部函抄发神祠存废标准仰查照办理由",《浙江省政府公报》1928年12月19日第483期,第3页。
② 旧正月的祭坛,出典:「華北交通アーカイブ」(華北交通アーカイブ作成委員会),访问日期:2022年8月9日,http://codh.rois.ac.jp/north-china-railway/photograph/3804-036001-0.html。
③ 《天地三界十八佛诸神》,访问日期:2020年5月6日,http://www.columbia.edu/cu/lweb/digital/collections/eastasian/paper_gods/collection/NYCP.GAC.0001.0207.html。

图 3-6　旧正月的祭坛（1941 年）

京都大学华北交通数据库创建委员会提供

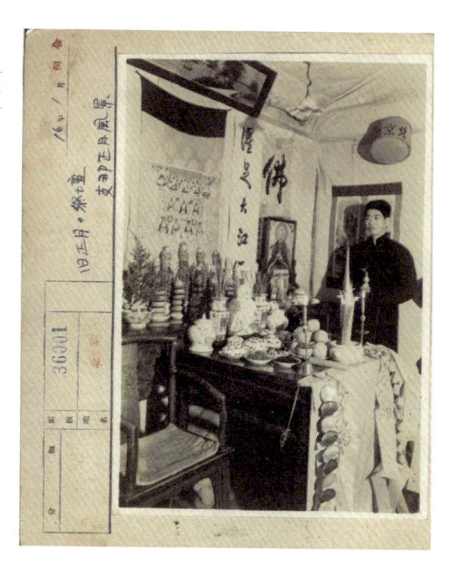

封；而前者为《标准》禁止，后者被允许保留。因此诸神的"身份"可能有着"动态"的变化，"官方"和"民间"之间常有消长，合法性也时有变更，并非一成不变①。另外，纸神与神祇反映在民间信仰上有共同性，在功能上还是略有差异。《标准》适用于神祠，但对应纸神的参考意义还是显著的。

（一）《标准》与民间崇拜实践之间的博弈

《标准》参照下，哥大纸神的再分类以较为清晰的对比显示出在民间崇拜领域政权意志与大众实践之间的疏离乃至博弈。

表 3-3 所见《标准》先哲类、宗教类与哥大专藏的对照情况，显示出政府对于允许保存的这两类的态度。宗教类中，民间佛道崇拜的

---

① 参见赵世瑜：《国家正祀与民间信仰的活动》，《北京师范大学学报》1998 年第 6 期。

第三章　从《神祠存废标准》看"中国纸神专藏"的历史物质性

图 3-7 《天地三界十八佛诸神》

哥伦比亚大学东亚图书馆慨允使用

神像略多于政权的描述，可见佛教和道教两个教派在底层传播的广度和被接受的深度。被政府承认的耶教和回教，在纸店里完全没有相关纸马，这与它们特定的教义和教规有关。先哲类中受百姓日常祭拜的只有关羽和鲁班，其他 10 位在辛亥革命之前，受皇家祭祖祭圣的正祠礼仪①，与一般民众的日常生活关系不大。可见，《标准》并不触犯所谓"正教"，对先哲类的相关规定也不会波及百姓的日常祭拜。

然而，《标准》规定废除的类型则几乎成了对民间崇拜的全盘否定。有意味的是，《标准》尽管也说，表 3-4 所示的古神类在古代也是"可祀之神"，"明清以来，载入史册"，但"以现代潮流考之，均无存在价值"。这其实暗示了政权完全了解这类曾经受到皇权"正祀"影响的民间崇拜是传承有序的，对其断然废止可能会遭遇麻烦。从哥大藏纸神看，古神类存 37 款，比先哲类和宗教类的总和 29 款还多；其中最多款式的是灶神和土地，也是遗脉至今的两款，其中民间的价值认同恐怕远超政府权力之想象。

表 3-5 彰显了政权的主流叙事与民间实践之间的尖锐冲突。"中国纸神专藏"中属于《标准》淫祠类的数量最多，子孙娘娘和祖师所属皆名目繁多，"年画、财神、鬼魅神（钟馗）和家神"四种款式更是多样，说明在当时受欢迎之热烈，但都一并遭遇禁绝。近一个世纪后再回头来看，前者随着医学发展和生产进步而逐渐消弭，但后者仍然是春节年俗中较为稳固的元素。

有学者认为，《标准》先哲类、古神类和淫祠类"都是儒教的神

---

① 21 世纪尤其是 2008 年以来，国家公祭圣祖先哲的祭拜活动在大陆重现，从一个侧面佐证并反思了先哲类祭拜在中国的公共性及其在现代民族国家建构过程中存在的有关社会认同方面的冲突。参见李向平：《中国信仰的现代性问题》，《河南社会科学》2009 年第 2 期。

祇","《神祠存废标准》的公布,标志着儒教神祇的彻底被废。如果说辛亥革命也是一次儒教神祇的集体葬礼,那么,这个《神祠存废标准》,就是一篇废弃一切神祇的祭文"。① 这一说法是否激越可再斟酌,但是从哥大纸神在《标准》下的再分类可以看出,表3-3和表3-4全部在禁绝之列,加上表3-1中有6款也不在《标准》的示例中,那么,哥大藏纸神中的84%都不符合《标准》的要求。这证明《标准》对当时民间流行的崇拜体系,是倾向于彻底否定的态度的。

观念层面的价值观疏离,导致了《标准》执行的困境。政府利用文人和媒体大力宣传,"各地都在轰轰烈烈地进行废除神祠、打倒偶像的运动。这种运动,确是训政开始时期的一部分工作。神权的社会,绝不能与现在三民主义的新社会同时并存的"②。《标准》明文规定,"凡从前之烧香拜跪、冥镪牲醴等旧礼节,均应废除,至各地方男女进香朝山,各寺庙抽签、礼忏、设道场、放焰口等陋俗,尤应特别禁止,以期改良风俗"③。

然而,"形迹虽毁,而信仰未衰。庙堂中之偶像可除,亦能强禁人民之不供诸方寸间耶?"④ 这句诘问出自1929年春节期间的上海《申报》,而哥大藏纸马购于1931年的北京闹市,距《标准》颁布已是3年,但仍然呈现出民间崇拜原真的完整形态。可见,不仅在"较偏僻落后且远离政治中心的地区,社会精英反迷信的政治诉求与民间

---

① 李申:《〈神祠存废标准〉与清末以来对儒教神祇的清理》,《宝鸡文理学院学报》2018年10月号。
② 丘达:《废除神祠运动谈》,《江苏》1928年12月11日第11期。
③ 《神祠存废标准》,《中华民国史档案资料汇编》第五辑第一编,江苏古籍出版社,1994年,第498页。
④ 君苏:《述一般人信仰城隍之热烈》,《申报》1929年2月25日。

信仰状态存在巨大反差"①，而且在北京和上海②这类文化经济地位重要的城市以及相邻的发达地区，亦是如此。作为民间崇拜在方寸之间的神圣载体，门神纸马成为抵挡《标准》的最后防线。直至1939年春节，由于处在抗日战争的非常时期，"哀鸿遍野"，政府为追悼阵亡将士制作"新纸马"，这已属旧瓶新酒的绥靖之举；而民间更是"阳奉阴违"，纸店畅销的还是"东厨司命、灶神、三清菩萨、五路财神"③。

（二）《标准》影射的地域经济与政治

"这一习俗不仅仅是具有'宗教意味'地使用纸钱的活动，也不仅仅是通过制造和销售纸钱来维持生计的手段；这两者共同缔结了一条从商品到圣礼的价值链，并构成了多重的话语实践。"④美国人类学者柏桦所谓的纸钱，是纸马中的一种。他很敏锐地意识到门神纸马不仅关乎信仰崇拜，也是民俗经济中的重要门类，更是观念纷陈博弈的恒久主题。

1930年民国政府内政部颁布《取缔经营迷信物品业办法》，"凡供鬼神所用锡箔、纸炮、冥镪、钱纸、黄表、符箓、文书、纸马、像生及一切冥器"⑤都要在一年内被取缔，纸马赫然在列。有意味的是，不到一个月，浙江省政府就上书国民政府，"缕陈民间恐慌及施行困难情

---

① 朱爱东：《民国时期的反迷信运动与民间信仰空间——以粤西地区为例》，《文化遗产》2013年第2期。
② 参见艾萍：《民国禁止迎神赛会论析——以上海为个案》，《江苏社会科学》2010年第5期。
③ 《追悼阵亡将士推行新"纸马"》，《力报》1939年2月15日。
④ 〔美〕柏桦著，袁剑等译：《烧钱：中国人生活世界中的物质精神》，江苏人民出版社，2019年，第11页。
⑤ 《取缔经营迷信物品业办法》，《内政公报》第三卷第三期，1930年4月，第82—83页。

形,请鉴核准予变通办理"①。仅杭州就"关系百万箔工生计"而"政府未有完善之救济方法"②。以至再一月,行政院长谭延闿又签署训令,暂缓执行,"令知各省市均得体察情形,酌情变通"③。但中央与地方之间的博弈仍旧非常激烈,6月14日代理内政部长钮永建呈公牍予行政院,"据苏州箔商同业公会主席委员周冶臣呈请将《取缔经营迷信物品业办法》内所列锡箔一项暂予摘取以维工业而安民心","惟锡箔系属于迷信之主要物品未便予以摘取"。④ 仅长三角地区以此类职业为生的以数百万计,各类报章的相关报道不计其数。相反,北方争议之声则相对平缓。

时任浙江之江大学教授的队克勋与富平安在北京购买门神纸马几乎是相同的时段,发动学生、校友和亲朋在杭州周边,为该校博物馆收集了两千多张家庭供奉的年画(含大量纸马)。南北两地的藏品在品类上的相似度极高,这不仅是上述政令反复及在地方上不得落实之图史实证;而且以南方为参照点再看哥大藏纸神,关于民国地域政治的问题也会浮出水面。《标准》作为民国政府"政权意志"的代表,从大口径来说,当然合理,但其中似也需要考虑到其背后的政治博弈和地域因素。该《标准》在1928年年末由浙江首推,当然反映了1928年正式建政南京的国民政府的意志,尤其反映了国民党"党治"和

---

① 国民政府指令第841号,《国民政府公报》1930年5月7日第462号,第12页。
② 《内政部批:具呈人杭州箔业公会》,《内政公报》第三卷第四期,1930年4月26日,第65页。
③ 《关于取缔经营迷信物品办法奉令准予变通办理仰遵办并转行各省市由》,《内政公报》第三卷第五期,1930年5月15日,第18—19页。
④ 《呈复核议苏州箔商公会请将取缔经营迷信物品业办法内所列锡箔一项暂予摘除一案意见请鉴核由》,《内政公报》第三卷第六期,1930年6月14日,第72页。

"训政"的背景下对意识形态（包括"民间信仰"）进行规管的意图，也反映了江浙是南京政权实际上的畿辅地区的事实。实际上，名义上相同的民国政府，不仅前后期（以1928年为界）政策特点不同，而且南北（南京、北京）之间也差异明显。如果从这些角度去理解哥大纸马，或许就不是单一维度上的"官"（国家/现代）"民"（民间/传统）关系，而是复数形态下的"官"（不同政府）"民"（不同地域）关系，情况可能会更复杂。篇幅所限，只能留待以后再做讨论。

本章小结

引入《神祠存废标准》来看哥大东亚图书馆的"中国纸神专藏"，会发现它们在被视作1930年代的民俗版画之外，作为一个整体可以与一段历史相互激活，能为历史的阐释提供更多的细节。在《标准》的透视下，哥大纸神的历史功能和历史意义显现了出来，正是这一特质使其区别于以艺术流派风格和木版水印技术为遴选标准的常见的年画收藏。

一纸门神、一张纸马，是民间俗信、民间美术和民间传说绵延发展的现实佐证，更是历史进程和集体记忆的沉淀。经由走进由"中国纸神专藏"的历史物质性所关照的历史现场，政权与民间、现代与传统、传承与革命，也就不再是非黑即白的答案，而是在历史的真实里纠缠往复、不断解释的命题。

第四章
灵感天仙圣母九位娘娘：常识教化与社会规则

哥大东亚图书馆"中国纸神专藏"，具有共时、断面的高保真性质，这在海内外中国民俗版画收藏领域可谓独一无二。由于其中大部分是服务于普通百姓日常祭祀的纸马，所以这份专藏为研究1930年代北京的民间信仰生活，提供了可能的人类学证据链。

结婚生育、传宗接代，是中国民间社会极其重要的纲常伦理，在民俗生活中为求神保佑妇婴的娘娘纸马也就多样而齐全。以常见而典型的娘娘纸马为突破口，窥斑见豹，可以发现纸马作为民俗文物与民俗文献所承载的丰富意涵。

一 近现代北京生育风俗研究

20世纪初的中国，在多种动因的综合作用下，民俗学研究异峰突起。1920年代后以顾颉刚的《妙峰山》为代表，本土民俗学者开始重视民间信仰的田野调查；同时以甘博1921年出版的《北京的社会调查》为代表，西方社会学者和人类学者也开展了针对中国底层的社会调研。

这两股学潮的历史交汇，使得 1930 年代中国北方民间社会的研究，成为文献汇集的蓝海。"天地之大德曰生"，生殖崇拜及其相关的礼俗信仰论题，自然占据着重要地位。前者如江绍原 1930 年代在北京大学讲授《礼俗迷信之研究》①，就设有"胎产"、"幼婴与儿童"专论，夹杂大量纸马使用的案例；魏建功 1929 年编辑的《妙峰山进香调查》和 1939 年叶郭立诚搜记的《北平东岳庙调查》等，对北京及其周边庙宇进行了调研，其中娘娘崇拜都占大量篇幅。郭立诚赴台之后，撰专著《中国生育礼俗考》存世。同时期西方学者的研究则相对更为聚焦，如队克勋 1940 年出版的《中国民间崇拜：对于中国纸神的研究》，直接以纸神为素材，研究江南乡村的民间信仰，娘娘信仰为首要研究对象；何乐益 1929 年出版的《中国民俗考》，对年节礼俗尤其是生育民俗有大量较为详细地描述。

通览当年中外学者的研究，1930 年代中国南北各地生育风俗的呈现已然较为饱满，涉及家庭和寺庙等场所以及平日和年节的民间信仰活动。然而，由于各调查者的生活经历所限，例举性的描述较多，全景扫描式的记录较少；概览式的说明较为普遍，完整档案式的保存却难得一见。比如，李景汉撰写的《定县社会概况调查》，记录了北京附近"奶奶庙多半就是天仙圣母庙。奶奶庙里供有三神，一是大奶奶，一是二奶奶，一是三奶奶；所以乡民普通都称奶奶庙。奶奶庙是属于祈佑子嗣的"②。至于三位奶奶姓甚名谁，她们的来头、神功以及祭祀的做法等细节，都语焉不详；而这些在当地百姓那里是有说法的。富平安通过纸马的收集和调研，在双重意义上存档了北京生育风俗的"民间话语"

---

① 该讲义后经王文宝整理，1989 年以《中国礼俗迷信》为名出版。
② 李景汉：《定县社会概况调查》，上海人民出版社，2005 年，第 419 页。

第四章　灵感天仙圣母九位娘娘：常识教化与社会规则

(vernacular)。一方面，她捐赠的"中国纸神专藏"，不仅以确凿的物证，弥补了学者对祭祀仪式中纸质用品的描述难以直观细致的遗憾；而且由于是旺铺买断式的收集，有效防止了藏品辑录可能出现的非民间、非典型、挂一漏万的可能。另一方面，富平安采访了各种可能的知情人，"保留了不同的说法，很多矛盾的观点都被我照录下来"[①]。这无疑为学者骨架化的风俗描述和民俗讨论补充了必要的血肉，鲜活呈现了民间话语的地方性和复杂性。正因为上述的各种机缘，以1930年代北京的生育风俗为个案，民间信仰与日常生活关系的研究也就具有了可行性。

激活以纸马为代表的中国传统民俗版画的人类学价值，至少要有两个条件：其一，某类纸马要完整、成系列，且本身的信息（如被采集的时间地点等）要清晰；其二，与它们相关的祭祀仪式要存有历史断层扫描性质的田野调查资料。

哥大专藏中的娘娘纸马系列，是符合条件的例子。就第一点而言，与国内外现有材料对比，"中国纸神专藏"的优势突出。王树村编辑的《迎春福祉》中收录的北京纸马都附有简短说明，但娘娘类仅存"引蒙娘娘"、"奶母娘娘"、"陪姑娘娘"和"痘疹娘娘"四款；哈佛艺术博物馆藏有较多北京纸马，但其中只有"痘儿姐姐"和"床公床母"两款属于娘娘纸马。日本名古屋大学图书馆青木文库和加拿大皇家安大略博物馆都收藏了齐整的北京娘娘纸马，但仅有藏品的收集时间地点等简单信息，田野材料阙如。

至于第二点，恐怕"中国纸神专藏"的适切性是难以取代的。这

---

① Anne Swann Goodrich, *The Peking Temple of the Eastern Peak*, Nagoya, Japan: Monumenta Serica, 1964, p.1.

套档案之所以可能激活旧有的风俗想象，紧要的原因是由于捐赠者富平安深入寺庙、街区，采取口述笔录的方法，把从民间百姓间采集来的与民间信仰相关的见闻写成了三本书，其中有两本对生育风俗着墨颇多。她的《东岳庙》是对北京城郊当年最为重要的国家祀典之所和民间香火最盛的庙宇的深描，她一一叙述了东岳大帝掌管的几百尊神像的传说以及民间相关的祭祀活动，并将第七章专列为《子孙娘娘》，细数广嗣殿中各位娘娘的神迹，其中就有大量拜祭娘娘时纸马使用仪轨的记录。在她的《北京纸神》的第五章《生育与儿童》中，对《天仙娘娘》等15款纸神广采众说，逐一进行了说明。这些当年当地的采风记录，如历史纪录片，为复原北京1930年代的生育习俗奠定了基础。

二 "中国纸神专藏"所见的娘娘崇拜

（一）生育纸马及其类型

检索"中国纸神专藏"，以生育类神祇为画面主体的有14款（共22张纸神，主体版式相同但着色有差异的记为同款异张，本章例举详述的是其中品相较好的样张），是占比较高且样式较全的一大类，可再细分为两小类，即装饰类和祭祀类。

装饰类，有《麒麟送子》1款1张（图4-1）①、《白衣送子观音》1款1张和《白衣大士圣像》1款1张。其中，《麒麟送子》，是杨柳青常见的祈子门画；《白衣送子观音》从刀法特征分析，应属东昌府版画；而《白衣大士圣像》明确标明"版存东四北同合斋印刷局"。它

---

① 《麒麟送子》，访问日期：2022年11月1日，http://www.columbia.edu/cu/lweb/digital/collections/eastasian/paper_gods/collection/NYCP.GAC.0001.0142.html。

图 4-1 《麒麟送子》

哥伦比亚大学东亚图书馆慨允使用

们虽与生育活动相关,但一般不会被焚化,而是会张贴于门上或者墙上,做装饰用。故不列入本章将要讨论的范围。

祭祀类中最多的是娘娘纸马,包含《灵感天仙圣母九位娘娘之位》1 款 1 张、《引蒙娘娘》1 款 2 张、《天仙娘娘》1 款 1 张、《眼光娘娘》1 款 2 张、《催生娘娘》1 款 2 张、《培姑娘娘》1 款 2 张、《奶母娘娘》1 款 3 张、《送生娘娘》1 款 1 张和《斑疹娘娘》1 款 2 张(另附《痘儿姐姐》1款1张、《痘儿哥哥》1款1张）。另有《床公床母》1款1张，单列一小类。祭祀类的上述12款，在生育相关祭祀仪式过程中会被摆放和（或）烧化。从画面风格分析，都属北京纸马老版。它们为研讨特定历史时期北京的生育风俗，提供了完备可查的图像佐证，从中可窥见一个等级井然、分工明确的神灵崇拜系统。

（二）九位娘娘的崇拜系统

《灵感天仙圣母九位娘娘之位》[①]（图4-2）是哥大娘娘纸马中独有的一张群像，直观呈现了等级清晰的北京娘娘崇拜系统。画面上排正中主体部分是天仙娘娘，画面的右边是眼光娘娘，左边是子孙娘娘；中间一排，在画面的左边，从左到右，分别是奶母娘娘、引蒙娘娘和送生娘娘；画面的右边从左到右，则是催生娘娘、斑疹娘娘和陪姑娘娘。自上而下，尊卑显然，梯队明晰。除主体部分外，背景人物也颇有意味，将在下文详谈。

郭立诚1939年去北京东岳庙调研，发现娘娘殿正面五间里面祭祀的正是上述九位娘娘，名号与这张纸马上的完全对应，位序基本一致。她又去崇文门外的南药王庙调研，"南药王庙九位娘娘牌位上写的是全衔，颇有参考价值，而且她们的职能借此已经可以看清。分别是天仙圣母永佑碧霞元君、眼光圣母惠照明目元君、子孙圣母育德广嗣元君、斑疹圣母保佑和慈元君、乳母圣母哺婴养幼元君、催生圣母顺度保幼元君、痘疹圣母立毓隐形元君、送生圣母锡庆保产元君、引蒙圣母通颖导幼元君"[②]。后者与哥大藏纸马对照，"痘疹娘娘"取代了"陪姑娘娘"，

[①] 《灵感天仙圣母九位娘娘之位》，访问日期：2022年11月1日，http://www.columbia.edu/cu/lweb/digital/collections/eastasian/paper_gods/collection/NYCP.GAC.0001.0196.html。

[②] 郭立诚：《中国生育礼俗考》，台湾文史哲出版社，1979年，第32页。

第四章　灵感天仙圣母九位娘娘：常识教化与社会规则

图 4-2 《灵感天仙圣母九位娘娘之位》

哥伦比亚大学东亚图书馆慨允使用

其他都吻合。这说明《灵感天仙圣母九位娘娘之位》所见的娘娘崇拜盛极一时，是民众信仰实践的日用祭祀用品。她们是一个系统，是一个团队，一位娘娘也少不得，各位娘娘在百姓心中的地位也一目了然。

（三）娘娘纸马细目

除《灵感天仙圣母九位娘娘之位》这张群像纸马之外，"中国纸神专藏"另有单个娘娘的纸马实物8款，缺"子孙娘娘"1款。富平安在她的《北京纸神》一书中，有"子孙娘娘"的半张黑白影印图[1]，在图片说明中她标注了这张纸马来源于当时在京的知名出版商那世宝和王恩宝编写的法文版中国民俗版画散页图册《民间之图像》[2]。也就是说，富平安未能从人和纸店采购到这一款，但这张纸马在当时应该还是常见的。作为1930年代北京生活的亲历者，她把耳闻目睹的九大娘娘纸马的使用情况写入了《北京纸神》和《东岳庙》。下面将两本书中涉及娘娘名号（附哥大东亚馆文献登录号）、娘娘职能以及祭祀习俗的相关主要信息加以概括；为直观见，附上纸马的图像描述。

1.《天仙娘娘》[3]（图4-3）全知全能。头戴凤冠和玉步摇首饰，捧圭端坐香案前。左为眼光娘娘，右为子孙娘娘。左下侍者捧眼睛，右下侍者抱婴儿。案上设"佛前五供"。洗三礼时与其他神像同挂，女孩8岁打耳洞时需拜祭。

---

[1] Anne Swann Goodrich, *Peking Paper Gods: A Look at Home Worship*, Nettetal, Steyler Verlag: Monumenta Serica, 1991, p.116.

[2] A. Nachbaur, Wang Ngen Joung, *Les Images Popularires Chinoises*, Min Kien Tche T'ou Siang, Pekin: Atelier Na Che Pao, 1926.

[3] 《天仙娘娘》，访问日期：2022年11月1日，http://www.columbia.edu/cu/lweb/digital/collections/eastasian/paper_gods/collection/NYCP.GAC.0001.0005.html，http://www.columbia.edu/cu/lweb/digital/collections/eastasian/paper_gods/collection/NYCP.GAC.0001.0006.html。

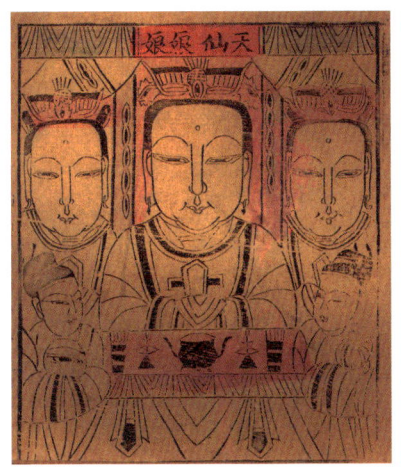

第四章　灵感天仙圣母九位娘娘：常识教化与社会规则　　/ 105 /

图 4-3 《天仙娘娘》(左：NYCP.GAC.0001.0005，右：NYCP.GAC.0001.0006)

哥伦比亚大学东亚图书馆慨允使用

2.《子孙娘娘保孕》。头戴凤冠，耳穿玉步摇首饰，身披日月天衣，双手捧圭。上二侍者，左抱幼婴，右持捧印。下半页未见。决定注生贵贱，派给送子郎君，由五云真人降云送子到各家。

3.《送生娘娘》（NYCP.GAC.0001.0009）保产。头戴凤冠和玉步摇首饰，捧圭端坐香案前。左右各有侍臣各抱簿箓一卷，后立两侍者右捧印，左捧婴。前有香炉、烛台。临产前去祠堂请像回家，挂像上供。

4.《催生娘娘》（NYCP.GAC.0001.0008）加速生产。头戴凤冠和玉步摇首饰，捧圭端坐香案前。左右各有侍臣各抱簿箓一卷，后立两侍者右捧印，左捧婴。前有香炉、烛台。需用煮饽饽上供。

5.《眼光娘娘》（NYCP.GAC.0001.0110）保佑明目。头戴凤冠和玉步摇首饰，捧圭端坐香案前。左右各有侍臣各抱簿箓一卷，后立两侍者一捧印，一捧婴。前有香炉、烛台。产前必祀并献一盏海灯。洗三礼焚像留灰，眼疾备用。

6.《奶母娘娘》（NYCP.GAC.0001.0013）哺婴养幼。头戴凤冠，耳穿金环，身披日月天衣，双手捧圭。案上设"佛前五供"。前后陪祀四侍从，上二侍者，左抱幼婴，右持捧印。下二侍者拱手侍立。洗三礼祭祀。若奶水不足，需带大米、红糖、枣、花生等供品，到东岳庙请像回家，挂像上供。

7.《引蒙娘娘》（NYCP.GAC.0001.0011）护佑引导。头戴凤冠，耳穿金环，双手捧圭。前后陪祀四侍从，上二侍者，左抱幼婴，右持捧印。下二侍者拱手侍立。案上设香炉、烛台。盲人拐杖中需置神像。鸽子精化身，喜食高粱。孩子首次扎辫时需用鞭尾扎穗。

8.《斑疹娘娘》（NYCP.GAC.0001.0070）净祛斑疹。头戴凤冠和玉步摇首饰，捧圭端坐香案前，左右各有侍臣各抱薄篆一卷，后立两侍者一捧印，一捧豆类满碗。前有香炉、烛台。小儿出花，净室内设神位、挂神像、虔诚供奉，十三天毒尽结痂，焚化纸马送神。

9.《陪姑娘娘》（NYCP.GAC.0001.0191）护佑女婴成人。头戴凤冠和玉步摇首饰，捧圭端坐香案前。左右各有侍臣各抱薄篆一卷，后立两侍者一捧印，一捧婴。前有香炉、烛台。准新娘必祀。置于新娘头饰中。婚礼揭盖头后焚化，留灰压婚床褥下。4岁以上的女孩需拜祭，需供核桃、丸子、花瓶。

除九位娘娘有单张的纸马外，斑疹娘娘的两名属神也有单独的纸马。三张纸马都和痘疹有关，说明了斑疹娘娘之分量非同一般。

8-1.《痘儿姐姐》（NYCP.GAC.0001.0071）。痘儿姐姐居中，面上有痘，上书名号，一手持小斗，一手持天花。两边对联上书"虔诚供豆姐，儿女保安康"。上二童子，下二侍者抱婴儿。前有香炉、烛台、签筒。

8-2.《痘儿哥哥》(NYCP.GAC.0001.0072)。痘儿哥哥居中，面上亦有痘，上书名号，手持豆钵，三男一女侍者。前有香炉、烛台、签筒、豆钵。

三 20 世纪初北京的娘娘纸马与生育习俗

纸马与民俗生活的关系，本是纸马研究的核心议题。北京纸马是北京民俗的形象载体[①]，早已是业界的共识；而通览这一命题的相关文献，往往多例举而不能全景呈现，图像多来源于文献而非文物，尤其突出的是缺乏论证——某个时候会用到某个纸马，是举例了的；但是以纸马作为载体的那个仪式却被抽空了。民众为什么要举行那样的仪式，仪式的过程如何，盛行那个仪式的社会背景又如何？诸如此类的关键问题，是非常需要回置于纸马曾被使用的日常生活情景中去描述去论说、去钩沉去显影的；也就是说，只有复原纸马的"历史物质性"，讨论它们的历史功能，才有可能理解纸马在民俗生活中的真义。

如前所述，"中国纸神专藏"中齐整的娘娘纸马系列以及充足的生育仪式的历史田野文献，为北京 1930 年代的生育风俗的历史性"深描"提供了可能。这种倒溯的思路，以纸马为纲，借由回填以往研究中被抽空的仪式细节，可以揭示出富有历史性情理的三组关系，呈现出具有地方性色彩的生育风俗，从中可挖掘出关涉生育知识、家庭观念和社群动员等等相互依存的地方性知识。

---

① 宋红雨：《北京纸马的民俗应用》，《中国艺术时空》2019 年第 1 期。

(一)个人与家族

生育,在中国民间的观念中从来就不是母亲一个人或者一对夫妻间的私事。所谓"传宗接代"的说法,已经蕴含了这件事情的家族性。

《灵感天仙圣母九位娘娘之位》的背景人物可以帮助我们一窥生育之家族性的堂奥。在这张纸马上"天仙娘娘"左面"眼光娘娘"的旁边,是主管如厕的"三姑夫人"、监管一日三餐的"灶王"爷和家宅所在地的"土地"公的神像;右手边子孙娘娘的身边则是"门神"、"户尉"和"井泉童子"。这些神像与一家人的吃喝拉撒、门户安康紧密关联,生儿育女的大事也务必拜托他们关照求安。这张纸马的下面一排,居中的木盆中有五个麟儿在嬉戏,画面靠左是"痘儿姐姐"和"王妈妈",靠右是"痘儿哥哥"。李文海编辑的《民国时期社会调查丛编》收录了1939年发表的周振鹤所撰《王三奶奶》,"王三奶奶的势力,只在京畿一代的匹妇心中;而她被立庙崇拜,却在民国四年已有相当的香火了"[1]。这位"用针灵和人治病的虔婆"[2] 与照应婴幼儿天花麻疹的痘儿哥哥和痘儿姐姐一道,都是疗愈小儿常见病的保护神。通观上下两列背景神祇,虽不是这张纸马上的主神,却分司祈福和祛病的两大职责。一个孩儿的生养要惊动如此之多的神灵,更何况家族宗亲了。

生育的家族性在《床公床母》纸马[3](图4-4)上别有一说,尽管它不属于娘娘纸马之列,但是它上面的娃娃却有六个,是生育类纸马

---

[1] 魏建功编:《妙峰山进香调查》,见李文海编:《民国时期社会调查丛编》,福建教育出版社,2014年,第292页。
[2] 魏建功编:《妙峰山进香调查》,见李文海编:《民国时期社会调查丛编》,福建教育出版社,2014年,第290页。
[3] 《床公床母》,访问日期:2022年11月1日,http://www.columbia.edu/cu/lweb/digital/collections/eastasian/paper_gods/collection/NYCP.GAC.0001.0016.html。

第四章　灵感天仙圣母九位娘娘：常识教化与社会规则

图 4-4 《床公床母》

哥伦比亚大学东亚图书馆慨允使用

中娃娃像最多的。"婚房中床前的小供桌上要摆上这张纸马和贡品，新人要对着他们拱手拜祭。床公床母不仅保佑他们生儿育女，而且还会护佑婴儿。"① 另外，按照富平安的记录，在 1930 年代的北京，婴儿洗三礼和起名字的时候还要拜祭，除夕也要拜祭，甚至有的家庭每月初一都要拜祭。可见床公床母在家庭生活中的地位之重。"婚礼拜床公床母，是希望保佑新婚夫妻从此鱼水和谐，婚姻美满，续娶填房更要拜床公床母，希望默祐死去的前妻鬼魂不要再来干扰新夫妇。等到婚后生了小孩，聚在产房里设床母的神位来拜祭，是感谢她保佑母子平

---

① Anne Swann Goodrich, *Peking Paper Gods: A Look at Home Worship*, Nettetal, Steyler Verlag: Monumenta, Serica, 1991, pp.130-132.

安。"① 郭立诚的这个总结较为全面,其中关于再婚夫妇的一句尤其体现出家族性的强大传统。

(二)人道与天意

哪怕是举全家族之力,后代的繁衍却仍然是不以人的意志为转移的。这在生育的受孕环节表现得尤为凸显。除了天仙娘娘是总管外,在这一阶段,子孙娘娘与送生娘娘举足轻重,观察她们在民间话语中的表现,对于讨论1930年代北京人对生育活动中天人关系的理解颇有助益。

"子孙娘娘负责决定把孩子送到贫富贵贱不同的家庭","在庙里,子孙娘娘的旁边坐着她的夫君送子郎君,他的膝下有很多陶或瓷的小娃娃",② 他的职责就是把妻子决定送出去的孩子落实到某个指定的家庭。"他把娃娃交给有五根竹管的五云真人,每根里有不同颜色的云彩,预示着未来的特殊命运:生而贫穷、生而富贵、生就高官,等等。他把即将出生的婴儿的灵魂包裹好,再交给送生娘娘","然后,送生娘娘把娃娃护送到指定的家庭里去"。③ 可见,从分配名额、预判命运到落实到户,受孕真是个"人命天定"的复杂过程。

对怀孕现象的这套民间信仰的说法,当然受前科学时期受孕知识不普及的影响,但也包含着普通民众对人道和天意关系的微妙说道。生不生得出孩子,以及能生出什么样的孩子,并不是新妇一人或者夫妇俩可以决定的,而是与前世今生的大家族的功德和轮回紧密相连的。"子孙

---

① 郭立诚:《中国生育礼俗考》,台湾文史哲出版社,2008年,第23页。
② Anne Swann Goodrich, *Peking Paper Gods: A Look at Home Worship*, Nettetal, Steyler Verlag: Monumenta Serica, 1991, p.111.
③ Anne Swann Goodrich, *Peking Paper Gods: A Look at Home Worship*, Nettetal, Steyler Verlag: Monumenta Serica, 1991, p.113.

娘娘对母亲的品行有所要求。如果孩子好，有教养，那是因为娘娘知道孩子的母亲很好。如果母亲为人不好，比如有偷窥癖，就给她个不怎么样的孩子。如果流产了，那准是母亲举止不当。如果媳妇不孝顺，她就会难产。如果母亲是个贼，子孙娘娘会给个好孩子，但不出数月就会夭折。"[1] 富平安记录下来的这些，并不是体制宗教的教义，而是百姓浸润其间的民间信仰实践。"孩子的出生体现了人间与天堂'超自然'世界的结合，于是孩子与家庭的关系被阐释为奖与惩和给与取的关系。"[2] 对难以预测的生育结果，这些"民间话语"所反映的，与其说是一套有关生育的民间信仰，不如说是民众对自我生活伦理的某种解释（解说乃至开脱）；甚至在很多意义上，就是以信仰为载体的道德教化。

（三）生产与养育

从时间的轴线来看，北京娘娘纸马上的神祇，管辖着生育的不同时段。除了天仙娘娘是总管外，怀孕阶段，子孙娘娘与送生娘娘扮演着重要的角色；眼光娘娘由于特别重要，也是孕期的被祈福对象。生产关口，则有催生娘娘。养育阶段，奶母娘娘、王妈妈和床公床母负责婴儿的日常照料，斑疹娘娘和痘儿哥哥、痘儿姐姐在小儿染病时要一起照拂病儿。引蒙娘娘和陪姑娘娘则要负责幼儿时期的监护。借助纸马上娘娘护佑职权的不同，百姓将混沌一体的生养过程划分为多个相互衔接且互渗的步骤；这种形象通俗的做法，对于民间社会来说，相当于生育知识的生动普及，它们清晰地告诉新妇：生孩子不是一次

---

[1] Anne Swann Goodrich, *Peking Paper Gods: A Look at Home Worship*, Nettetal, Steyler Verlag: Monumenta Serica, 1991, p.112.
[2] 〔德〕罗梅君（Mechthild Leutner）著，王燕生等译：《北京的生育婚姻和丧葬》，中华书局，2001年，第7页。

偶发的瞬间的行为，而是一个长久的辛劳的过程。

关键的生产关口，相关的纸马有二。生产或者难产时要拜"催生娘娘"在情理之中，而"送生娘娘"的祭拜仪式则隐含着不少"人之常情"。"临盆前数日，要请送生娘娘的纸马回家，还要请上一顶轿马、一把纸伞和一位佩弓带剑的纸人。纸轿和纸伞是为娘娘护送婴儿到新家的时候用的，纸人是防备恶魔的。娘娘纸马端放在案中，轿马和纸伞各放一旁，佩弓带剑的纸人挡在前面。子夜，一名干净聪慧的小童带着所有这些纸物件去到庙门前烧化后回家，一朵红花或者一张印花的红纸再张贴到房上，这样送子娘娘就知道是谁家奉献了轿马和纸伞。孩子安然降生后，再去送子娘娘的庙里烧香。"① 通过富平安的记录，可以看到在临盆前后，家庭通过筹划相关仪式，给产妇所做的心理准备和调试；也看到对街坊的公示告知，带有拜托关照和邻里协调之意。（图4-5）②

在养育的过程中，"陪姑娘娘"是专为女孩设置的。"陪姑娘娘是女孩的守护神，女孩为了长得漂亮，从四岁就开始拜她。陪姑娘娘还特别在意女孩的指甲。订婚的时候要拜她的纸马，否则，婚礼的轿子里就会遇到麻烦。敬拜的供品要有'核桃'，是说新娘会对公婆'和气'；要有'白玉'，是希望'白头'到老；要有'花瓶'，祈福'平

---

① Anne Swann Goodrich, *Peking Paper Gods: A Look at Home Worship*, Nettetal, Steyler Verlag: Monumenta Serica, 1991, pp. 113-114.
② 《送生娘娘》、《催生娘娘》、《眼光娘娘》，访问日期：2022年11月1日，http://www.columbia.edu/cu/lweb/digital/collections/eastasian/paper_gods/collection/NYCP.GAC.0001.0009.html，http://www.columbia.edu/cu/lweb/digital/collections/eastasian/paper_gods/collection/NYCP.GAC.0001.0008.html，http://www.columbia.edu/cu/lweb/digital/collections/eastasian/paper_gods/collection/NYCP.GAC.0001.0010.html。

第四章　灵感天仙圣母九位娘娘：常识教化与社会规则　　　/ 113 /

图 4-5 《送生娘娘》（左，NYCP.GAC.0001.0009）、《催生娘娘》（中，NYCP.GAC.0001.0008）、《眼光娘娘》（右，NYCP.GAC.0001.0010）

哥伦比亚大学东亚图书馆慨允使用

安'。陪姑娘娘纸马要放在新娘的头饰里，婚礼结束揭开盖头，要取出纸马焚化，小心保存，包好后压在婚床的褥子下面。陪姑也是鸳鸯的保护神，它们从不分离，是婚姻美好的象征。"[1] 这些女孩从四岁开始就要遵守的规矩，无疑是对女孩仪容品行的日常规范。婚礼时的祭拜，"做规矩"和"祈福"的意思也很明显。为女孩及其成长专设一位娘娘，意味着民间社会对于女性之于家庭的作用之认识不可谓不重视，而规矩做得如此之早如此之长，也颇可玩味。（图 4-6）[2]

---

[1] Anne Swann Goodrich, *Peking Paper Gods: A Look at Home Worship*, Nettetal, Steyler Verlag: Monumenta Serica, 1991, p. 119.
[2] 《奶母娘娘》、《引蒙娘娘》、《陪姑娘娘》，访问日期：2022 年 11 月 1 日，http://www.columbia.edu/cu/lweb/digital/collections/eastasian/paper_gods/collection/NYCP.GAC.0001.0013.html，http://www.columbia.edu/cu/lweb/digital/collections/eastasian/paper_gods/collection/NYCP.GAC.0001.0011.html，http://www.columbia.edu/cu/lweb/digital/collections/eastasian/paper_gods/collection/NYCP.GAC.0001.0191.html。

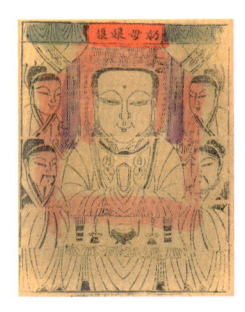

图 4-6 《奶母娘娘》(左，NYCP.GAC.0001.0013)、《引蒙娘娘》(中，NYCP.GAC.0001.0011)、《陪姑娘娘》(右，NYCP.GAC.0001.0191)

哥伦比亚大学东亚图书馆慨允使用

四　娘娘纸马之上：常识、教化与组织

民间信仰之重要，在于它看似崇拜天上的神灵，实则关注的是地上的日子。"普通民众采取超人间力量的形式来支配他们的日常生活，他们赋予那么多的神灵以多么强的意志和多么大的权能，他们遵照诸神众灵的旨意和天意注定的命运在安排自己的日常生活和采取他们的行动。"[①] 哥大东亚图书馆"中国纸神专藏"中相对齐整的北京生育类纸马所反映出的娘娘崇拜系统，就是一个颇具代表性的例子。这些纸马作为民国初期民众生育仪式的标记物，为检视当年日常生活中依然繁盛的民间信仰活动提供了可依凭的证据链。上文以这套纸质祭祀仪式用品为经纬，参照该时期相关文献，还原了部分纸马的相关崇拜仪式，从而约略窥视到了 1930 年代北京地区生育风俗的概貌。

---

① 乌丙安：《中国民间信仰》，长春出版社，2014 年，第 1 页。

第四章 灵感天仙圣母九位娘娘：常识教化与社会规则

北京娘娘崇拜系统，凭借分工明确、等级井然的各色娘娘纸马，形象生动地阐释了在1930年代北京盛行的所谓"生养规矩"，涉及"个人与家族、人道与天意、生产与养育"等多重社会认知和伦理关系。"妇女将妊娠、分娩、产褥期以及诸事顺心，但是也将与此相连的疾病、死亡以及其他的不幸，如孩子的死亡、畸形或者又生一个姑娘，视作命运的安排，幸与不幸或者奖与惩。然而她们不是屈服于这一命运，而是设法运用一切她们所了解的可供使用的手段对其施加影响，使之有利于自己。她们的行为方式，口头流传下来的习惯，以及恰当地利用这些妇女事务的知识就是对带来不幸的灾祸的抗争以及为争取自己的安全和孩子的生存而斗争的表现。"① 从人类学的角度来看，这套"人情世故"，本质上已经是"个人和团体凭借以活出他们生活方式的'意义结构'"，"凭借其能动性对意义结构加以形塑、沟通、灌输、分享、转变和复制的'象征与象征体系'"。② 这些由纸马为载体的"象征体系"构成了与生育知识、家族观念和社群动员等相关的某种历史性的地方性知识。

可见，民间信仰在特定历史情境下，确实具有知识传播、道德教化和社区组织的功能。杨念群曾以北京1920年代接生婆主持的"洗三礼"为例，论证过这一仪式的要义在于通过宗教仪式性的"专业认同"，来对传统社区进行社会控制。"接生婆并不仅仅是一个医生的形象，而且是使新生儿具备生存合法性的仪式的主持和实施者。"③ 这里不

---

① 〔德〕罗梅君（Mechthild Leutner）著，王燕生等译：《北京的生育婚姻和丧葬》，中华书局，2001年，第3页。
② 〔美〕克利福德·格尔兹著，杨德睿译：《地方知识》，商务印书馆，2014年，第210页。
③ 杨念群：《"安兰生模式"与民国初年北京生死控制空间的转换》，《社会学研究》1999年第4期。

妨再举一个突出的例子,即 1930 年代前后北京的"斑疹娘娘"纸马①(图 4-7)及其供奉仪轨。1927 年入春后,北京得天花病的约有五万人,以小孩子居多②。中央防疫处在北京城内各处设立施种牛痘处,不收费用,"以便贫民得些实惠"③。1929 年南京国民政府卫生部公布《种痘条例》。1932 年 3 月,北平市教育局卫生教育委员会决定,自当月 14 日起全市各小学校学生一律施行种痘④。在政府上述政策下,为何 1931 年北京"人和纸店"仍然热销斑疹娘娘的纸马呢?恐怕笼统地"用科学不昌明、民众迷信和政府不作为"来解释就有些过简了。1927 年江绍原探寻书本之外有关"痘疮之俗说俗行","写家信时向朱玉珂君道及我的研究,不久她便将京兆顺义县乡间的痘俗向女仆杨妈问明记下"。⑤另有叶氏记下的淮安天花风俗,尽管细节上有差异,也确有一些不明就里的俗信(如出痘人家不可起油锅炒炸),但都是关于出痘后小儿的照顾,依今天的理解,多少有些道理。比如,明确"自出花日起至第十二日止,为危险之期","由一朝起,在病人的房里供着痘神的牌位⋯⋯每天进香三次(早、中、晚)或两次(早、晚)","门上挂红布表示喜事之意;又凡生人来,见挂红即可止步","若小

---

① 《斑疹娘娘》、《痘儿姐姐》、《痘儿哥哥》,访问日期:2022 年 11 月 1 日,http://www.columbia.edu/cu/lweb/digital/collections/eastasian/paper_gods/collection/NYCP.GAC.0001.0070.html,http://www.columbia.edu/cu/lweb/digital/collections/eastasian/paper_gods/collection/NYCP.GAC.0001.0071.html,http://www.columbia.edu/cu/lweb/digital/collections/eastasian/paper_gods/collection/NYCP.GAC.0001.0072.html。
② 杜丽红:《制度与日常生活:近代北京的公共卫生》,中国社会科学出版社,2015 年,第 303 页。
③ 《在四城设立施种牛痘处》,《世界日报》1927 年 3 月 22 日,第 7 版。
④ 见《天花暴厉不减倭寇,卫生教委会拟定种痘条例》,《北平晨报》1932 年 3 月 9 日,第 7 版。
⑤ 江绍原:《中国礼俗迷信》,渤海湾出版公司,1989 年,第 190—191 页。

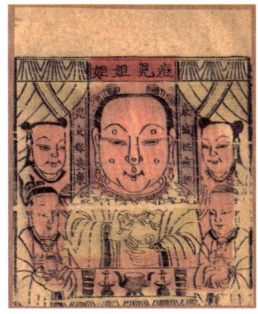

第四章　灵感天仙圣母九位娘娘：常识教化与社会规则　　　　/ 117 /

图 4-7 《斑疹娘娘》(上)、《痘儿姐姐》(下左)、《痘儿哥哥》(下右)

哥伦比亚大学东亚图书馆慨允使用

儿天花发痒，时以手抓，则家人应念曰：'花儿哥哥，花儿姐姐，照应着'，如是便可止痒"，"出花后第十二天为谢'花娘娘'之日，将纸马一付焚于十字路口"。① 要拜斑疹娘娘，日常的看护也就因此安排好了档期；祝祷痘儿哥哥和痘儿姐姐，多少有心理安慰和疏导之效；供奉痘神牌位、焚化斑疹娘娘纸马和挂红布等仪式，起到了提醒、知会、拜托亲友邻里的作用，也达到了警示和免疫的效果。种牛痘作为当时先进的技术，确实科学，缺憾的是只有预防之功，却无病中照拂之须知。在这样的意义上，拜祭斑疹娘娘也就有了特定历史时期的前提、秩序和内在根据。

本章小结

以"中国纸神专藏"相对整饬的全套"娘娘纸马"为纲，参照该时期相关文献，可以复原1930年代北京地区生育风俗的概貌。这些纸马作为民国初期民众生育仪式的标记物，为检视当年日常生活中依然繁盛的相关民间信仰活动提供了可依凭的证据链；凭借阐释分工明确、等级井然的娘娘纸马系统，生育知识、家族观念、邻里社区等旧有的地方性知识被揭示出来。

"正是大量的宗教象征，它们交织在某种有序的整体之中，形成了宗教体系。对于那些信仰某种宗教的人来说，一个宗教体系似乎是在传递着真正的知识，而这些知识是生活展开所必需的基本条件。"② 我

---

① 江绍原：《中国礼俗迷信》，渤海湾出版公司，1989年，第185—190页。
② 〔美〕克利福德·格尔兹著，韩莉译：《文化的解释》，译林出版社，2014年，第158页。

第四章 灵感天仙圣母九位娘娘：常识教化与社会规则

们进而可以推断，民间信仰与日常生活之间存在着互嵌甚至同构的关系。类似于"辅助记忆物"的纸马，为后人保存了"一个记忆遗迹的系统，一个使个体能够生活在这一传统中和被归属的标记系统"①，"记录下道教和中国传统民间文化的现有遗迹很有现实意义，且带有悲剧意义上的紧迫感"②。尽管北京民间娘娘信仰系统，作为交往记忆已经部分消亡了③，但是通过阐释保存下来的北京娘娘纸马，追溯这些文化"辅助记忆物"的"历史物质性"，可以"同情地理解"过往人们的生育风俗乃至日常生活。正是这类作为文化记忆之系统的存在，才能使人们对本民族的过往怀有"温情与敬意"，并以深层的文化自尊走向未来。

---

① 〔德〕扬·阿斯曼著，黄亚平译：《宗教与文化记忆》，商务印书馆，2018年，第10页。
② 〔法〕索安著，吕鹏志等译：《西方道教研究编年史》，中华书局，2002年，第125页。
③ 据笔者2018至2019年在北京北顶娘娘庙和北京东岳庙广嗣殿的观察，仍有各地民众专程前往，拜祭、还愿。

第五章
广寒宫：年节仪式与具象的价值观

在纸马中，有一大类属于自然神崇拜，其中就包括为中秋节祭祀月神特制的"月光马"。尽管现在中秋节继承了吃月饼和家人团聚的传统，但"拜祭月光马"这一民俗活动却销声匿迹了，连作为民俗文物的月光马也难见真迹。

因缘巧合，哥大东亚图书馆"中国纸神专藏"中，有多款1930年代北京地区颇为流行的月光马。以这套祭祀纸品为物证，结合相关文献，民国初年的北京中秋节俗或可复述；以月光马为依托，还原以纸马为标志物的节俗生活并重估其历史价值，有助于准确理解民间信仰与文化记忆之间的普遍联系，以及民间信仰在中国人的精神生活和身份认同中所扮演的角色；同时也将直面目前纸马研究中一直语焉不详的一个关键问题，即纸马作为民俗文献和民俗文物，其核心价值究竟是什么？

一　中秋节与月光马

"中秋节形成最晚，在汉魏民俗节日体系形成时期，中秋节日尚无踪迹。唐宋时期因时代的关系，以赏月为中心节俗的中秋节日出现，

第五章 广寒宫：年节仪式与具象的价值观

明清时中秋节已上升为民俗大节。"① 到近现代，北京地区中秋节的记录更可谓俯拾皆是，从清代富察敦崇的《燕京岁时记》到民国时期蔡省吾的《北京岁时记》② 等，都对当地中秋拜月的祭品、仪式等有详尽描述。对外国人而言，中秋节的全民欢庆和丰富多彩的拜月习俗，因其异域特色而格外引人注目。20 世纪上半叶，是中外文化交流不容忽视的高峰期，产生了大量以西文撰写的中国民俗文献，北京风俗无疑是焦点。比如，《中国年节》有专门一章"中秋节"③，民间传说和丰收庆典的记录尤其详细。《岁时》中的"八月"④ 一章，记录了中秋时节相关的神话和仪式，还附有北京及其京郊社戏、舞狮、售卖兔儿爷以及拜祭月光马等系列节俗活动的照片。日本汉学家青木正儿于 1925 年至 1926 年在北京访学，之后编撰的《北京风俗图谱》中就有中秋拜月仪式的纪实性画像，上有月光马的示意图⑤。1939 年到 1945 年战争期间，日本在华情报机关华北交通株式会社拍摄了三万多张纪实照片，现藏于京都大学，其中有 1939 年北京中秋节的几幅照片，包括记录儿童拜月祭祀的场景一张（图5-1）⑥，居中悬挂的月光马格外醒目。中外多样的文字和图像文献为复建民国初期北京的中秋风情，尤其是理解至少

---

① 萧放：《中秋节的历史流传、变化及当代意义》，《民间文化论坛》2004 年第 5 期。
② 王碧滢、张勃编：《燕京岁时记：外六种》，北京出版社，2018 年。
③ Wolfram Eberhard, *Chinese Festivals*, New York: Henry Schuman, Inc., 1952, pp. 97-112.
④ J. Bredon and I. Mitrophanow, The Moon Year, (Shanghai: Kelly & Walsh, Limited, 1927), pp. 391-424. 中文版可参见〔美〕何乐益、〔英〕裴丽珠、〔俄〕米托发诺著，杨沁、王玉冰译：《中国的风俗与岁时》，陕西师范大学出版总社，2023 年，第 455—478 页。
⑤ 〔日〕青木正儿：《北京风俗图谱》，东方出版社，2019 年，第 36 页。
⑥ 中秋节儿童供月，出典：「華北交通アーカイブ」（華北交通アーカイブ作成委員会），访问日期：2020 年 9 月 19 日，http://codh.rois.ac.jp/north-china-railway/photograph/3704-023977-0.html。

图 5-1　中秋节儿童供月

第五章　广寒宫：年节仪式与具象的价值观

延续到 20 世纪上半叶的月光马拜祭习俗提供了重要的参考。然而，除了大量民俗文献中的文字描述、极少数月光马的示意图和若干模糊的风俗照片外，作为拜月仪式主角的月光马原件却相当鲜见，不少相关研究[①]只能去检索并综述囿于概述性质的文字记录，对月光马本身的具体研究则长期语焉不详。

所幸明清以降北京地区为民众喜闻乐见的月光马，尚有少量传世。《中国古版年画珍本》"北京卷"，收有中国国家图书馆藏清代版的月光马 3 张和王树村收藏的清代版 1 张[②]，很能代表北京地区月光马精细庄重的印制风格和当时流行的构图格套；亦有学者有机缘得见真迹并做了初步介绍[③]。图像文献为与文本文献的对照研究提供了重要依据，两者的结合能为管窥当时的地方性知识和民间信仰的概貌提供帮助，有助于消解看图说话的任意与口说无凭的尴尬。但需要留意的是，如果要进行历史学的详论和人类学的深描，图录所含的信息要点恐仍失之大略；止步于图像志解释，让原本活态的仪式必需品沦为民间印刷品遗物，恐又架空并虚掷了纸马这类特殊图像的圣物功能；同时，文字文献的爬梳不可或缺，但还不能全面回应此类图像的历史价值及至当代价值。

"中国纸神专藏"中有月光马 4 款 5 张，与目力所及的图像文献相比较，此 4 款不论是在款式还是图案上，都涵盖了清末民初北京地区可见之品类，完全有资格成为典型性的独立个案，使得针对北京月光马的历史人类学研究成为可能，并由此将会改变仅有文字概述和零散

---

① 陈晨、邓环：《北京中秋祭月及月光码文化习俗研究》，《广西民族大学学报（自然科学版）》2020 年第 4 期。
② 刘莹：《中国古版年画珍本·北京卷》，湖北美术出版社、北京工艺美术出版社，2015 年，第 141—144 页。
③ 邰高娣：《北京民间年画中的"月光马"研究》，《民艺》2022 年第 6 期。

图像而难以展开确凿讨论的局面。比如对 1930 年代的北京人而言,中秋节拜月时多用什么样的月光马?这些格套的流行说明了什么?它们对今天的我们仍然有意义吗?换句话说,这些纸马用例仅仅只有艺术史上的价值吗?它们是否还具有历史学、民俗学乃至社会学和人类学上的意义?故此,从对月光马逐一进行图像学的阐释开始,本章将关注点扩大到它们更多面向上的综合性价值,去聚焦其图案内部的所指关联及其对应于仪式组成部分的功能逻辑,去厘清月光马如何承载并表达出祭祀者的愿望,去讨论拜月仪式在当初的社会规矩之意味以及作为文化传统对当下之中国的意义。

二 "广寒宫"图案与拜月仪式中的自然崇拜

文字文献中论及月光马概貌者以《燕京岁时记》较为完整:"京师谓神像为神马儿,不敢斥言神也。月光马者,以纸为之,上绘太阴星君,如菩萨像,下绘月宫及捣药之玉兔,人立而执杵。藻彩精致,金碧辉煌,市肆间多卖之者。长者七八尺,短者二三尺,顶有二棋,作红绿色,或黄色,向月而供。焚香行礼,祭毕与千张、元宝一并焚之。"[①] 这段文字描述了月光马的图案、尺幅和使用方式。与图5-2 比较,大略相类,可见民国初年的月光马确是沿袭前代刻版而来,结构要素较为稳定。然而,实际上的月光马却是一个符号极为繁复的综合图像,百姓对于日常祭祀用品的熟视无睹以及士人对于所谓民风俚俗的轻视,使得更翔实的文字文献难见踪迹。富平安的《北京纸神》里

---

① (清)潘荣陛、(清)富察敦崇:《帝京岁时记胜·燕京岁时记》,北京古籍出版社,1981年,第78页。

第五章　广寒宫：年节仪式与具象的价值观

有针对 1930 年代北京月光马的罕见细读，但需要辨析性地推敲她的断言，当代国人的图录阐释也应审慎地加以评判。

（一）神殿"广寒宫"

北京地区流行的月光马，形制非常特殊，为其他地区所未见，疑为京畿特制特供，带有蒙元时期大都的风俗遗绪。就种类而言，有少量为独体式，大多为分段式，最下面也是核心的部分，是"广寒宫"图案，即想象中的月宫形象。这一图案如此重要，以至于"月光马"也会被统称为"广寒宫"。本章为行文清楚可见，以"广寒宫"特指描述月宫的图案部分——它是月光马形制中的必选项，位于底端；为竖长方形，顶部中央由右及左一般刻有"广寒宫"三个汉字，以左右两条边线和底线为界，内切一个圆形，代表月亮。月中绘有程式性的三组画面，"花下月轮桂殿，有兔杵而人立，捣药臼中"[1]。玉兔执杵捣药、左向人立，身后以大朵祥云衬托，是月光马上不可或缺的核心标识。

在圆形图案所切出的长方形的四角，广寒宫以多种图像语言彰显了其作为"圣境"之性质：下方的角落是相对统一的图样，绘有彩云拱卫着的海涛山峦，象征月神升降之所；而上方双角的图案则相对多样化，但都是以神灵之像加持，以示神界。

"中国纸神专藏"中的月光马一[2]（图 5-2）左肩为北斗七星，右肩为南斗六星，所谓"南斗注生、北斗注死"，中间是太极图案，这是起于秦，兴于汉，延及魏晋隋唐之道教礼斗之风的映像。

---

[1] （明）刘侗、（明）于奕正：《帝京景物略》，上海古籍出版社，2001 年，第 104 页。
[2] 《广寒宫》，访问日期：2022 年 10 月 12 日，http://www.columbia.edu/cu/lweb/digital/collections/eastasian/paper_gods/collection/NYCP.GAC.0001.0138.html。

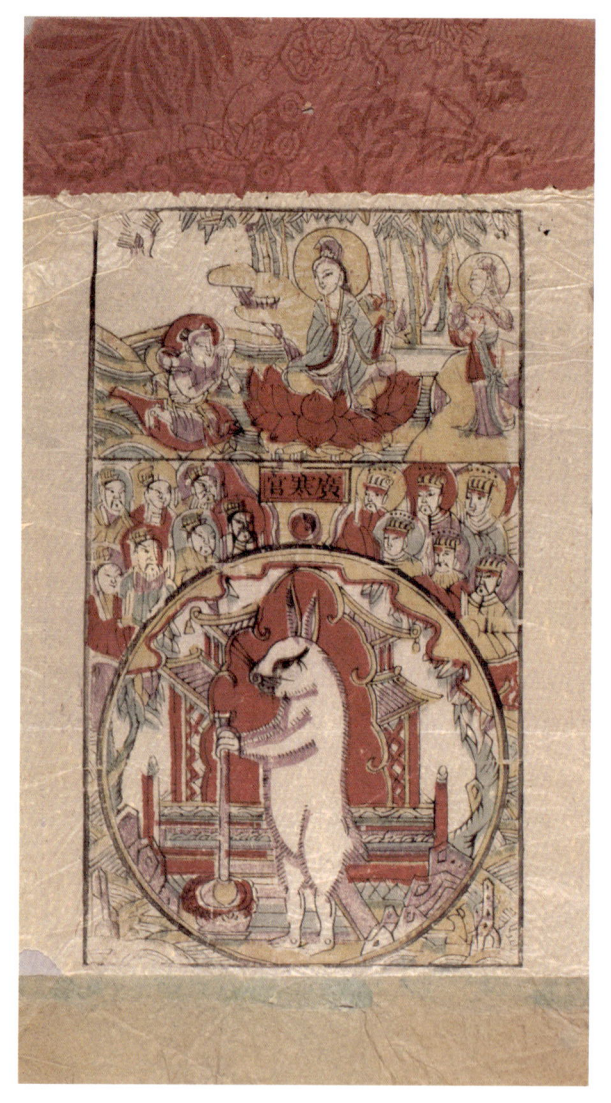

图 5-2 《广寒宫》

哥伦比亚大学东亚图书馆惠允使用

第五章 广寒宫：年节仪式与具象的价值观

哥大藏月光马二①（图5-3）的上方为四大天王，造型如佛教寺庙前四大金刚，《在阁知新录》中说，"凡寺门金刚，各执一物，俗谓风调雨顺。执剑者风也，执琵琶者调也，执伞者雨也，执蛇者顺也"②。星转斗移、风调雨顺，对上天的祭祀及祈福是自然崇拜的基本内容。

哥大藏月光马三③（图5-4）在哥伦比亚大学的藏品中有两张同款，有可能当时较为流行，其广寒宫是双层复合的版式：上层的三尊佛像应为"华严三圣"，释迦牟尼托钵端坐中心莲台，左边是手捧经卷的文殊菩萨，右边是手托如意的普贤菩萨。最右是韦驮护法，最左护法是托塔李天王的形象。下层在圆形月宫的两肩各有4位仙官，他们究竟是何来头，还颇费思量，泛指星君的可能性较大。在法兰西学院藏品中见到民国初年"中法汉学研究所"搜集的以"广寒宫"④独立成像的月光马，上端两肩各绘有六位男神，由此猜想月光马上陪侍星官的数量可能也有虚指的，"道教的星辰司命在实际的操作过程中，更加注重的是祈请的目的，因此可以依据不同的需求祈请不同的星神出场"⑤；富平安为此请教过中国古代建筑和工艺美术专家安妮莉丝·布林

---

① 《广寒宫》，访问日期：2022年10月12日，http://www.columbia.edu/cu/lweb/digital/collections/eastasian/paper_gods/collection/NYCP.GAC.0001.0185.html。
② 吕宗力、栾保群：《中国民间诸神》，河北教育出版社，2001年，第810—811页。
③ 《广寒宫》（1款2张），访问日期：2022年10月12日，http://www.columbia.edu/cu/lweb/digital/collections/eastasian/paper_gods/collection/NYCP.GAC.0001.0186.htm，http://www.columbia.edu/cu/lweb/digital/collections/eastasian/paper_gods/collection/NYCP.GAC.0001.0187.html。
④ 法兰西学院，访问时间：2023年6月6日，https://salamandre.college-de-france.fr/archives-en-ligne/ark:/72507/r3719z91ws040k/f101。
⑤ 孙伟杰：《"籍系星宿，命在天曹"：道教星辰司命信仰研究》，《湖南大学学报》2018年第1期。

图 5-3 《广寒宫》

哥伦比亚大学东亚图书馆慨允使用

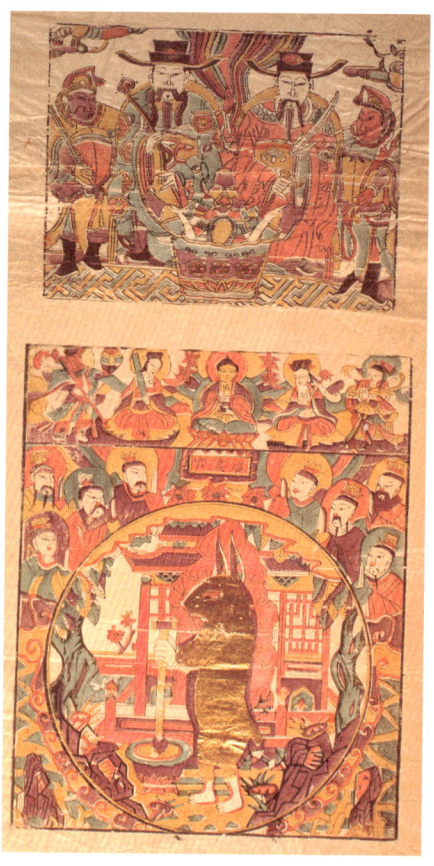

图 5-4 《广寒宫》

哥伦比亚大学东亚图书馆慨允使用

（Anneliese Bulling），她推测这4位仙官是支撑天庭的四根柱子[1]，但这极有可能是有关"四柱神煞"的误听和误解，反过来倒说明这些神像恐怕确与星命相关。一个佐证是哥大藏品中另有《本命星君》[2]和《本命延寿星君》[3]各一张，在星君的左上角上都绘有一个圆圈，其中就是玉兔"杵而人立，捣药臼中"的形象，后者在这一图像旁更标注了"延命"二字，确证乃神兔本尊。

哥大藏月光马四[4]（图5-5）是四款月光马中唯一没有"广寒宫"字样的一幅，但神像的类型最为多元，最中心是和图5-4一样的一铺三尊加两位护法式样的造像，只是在释迦牟尼身后添加了伽叶和阿难两位尊者，左右再环伺有四大金刚，属于神佛天团之加强版。

这些来源丰富的神像被组合刻印到"广寒宫"上，从符号学的意义上而言，这些背景图像都已经被简化为可识别的符号，不是借由象形去道明能指（即具体的神灵），而是示意性地去强调所指（即抽象的圣境），其用意是显明的：广寒宫是神灵之所，是庄严圣殿，是拜祭和寄托的人心之所向；当然也间接地反映出中秋节本就是围绕着月亮崇拜的多重叙事的合流[5]，证明在民间崇拜中道教、佛教和依托于神话传说的民间信仰实际上杂糅于一体的事实。

---

[1] Anne Swann Goodrich, *Peking Paper Gods: A Look at Home Worship*, Nettetal, Steyler Verlag: Monunmenta Serica, 1991, p.219.
[2] 《本命星君》，访问日期：2022年11月30日，http://www.columbia.edu/cu/lweb/digital/collections/eastasian/paper_gods/collection/NYCP.GAC.0001.0018.html。
[3] 《本命延寿星君》，访问日期：2022年11月30日，http://www.columbia.edu/cu/lweb/digital/collections/eastasian/paper_gods/collection/NYCP.GAC.0001.0114.html。
[4] 《广寒宫》，访问日期：2022年10月12日，http://www.columbia.edu/cu/lweb/digital/collections/eastasian/paper_gods/collection/NYCP.GAC.0001.0204.html。
[5] 袁咏心、向柏松：《中秋节的多重叙事与合流》，《文化遗产》2020年第5期。

图 5-5 《广寒宫》

哥伦比亚大学东亚图书馆慨允使用

第五章　广寒宫：年节仪式与具象的价值观　　　　　　　　　　　/ 131 /

值得留意的是，在存世的许多月光马中，捣药之兔不过是嫦娥的陪衬而已，如孙家骥捐藏的《太阴皇后星君》和《太阴月光》[1]、王树村藏山东聊城的《月光》[2]，主角都是宫娥执扇簇拥之嫦娥；而在北京地区，尽管也有以嫦娥为主神的月光马（图5-6）[3]，但更为常见的却是众神簇拥的固定格套"广寒宫"，兔子的图像是此类市面上流行的月光马上的焦点和重点。这个前景主体，是京派月光马的视觉符号；民间艺人制售的"兔儿爷"更是将北京月光马的这一标志性编码凸显到了极致。清代让廉在《京都风俗志》中说："有顶盔束甲如将军者，有短衫担物如小贩者，有坐立起舞如饮酒燕乐者。大至数尺，小不及寸。

图5-6 《中秋月光》

波兰华沙国家博物馆藏

---

[1] 何浩天：《中华民俗版画》，台湾历史博物馆，1977年，第20、21页。
[2] 王树村：《民间纸马》，中国轻工业出版社，2009年，第52页。
[3] 《中秋月光》，访问日期：2024年6月15日，https://cyfrowe.mnw.art.pl/en/catalog/508552。本书中所用波兰华沙国家博物馆藏中国纸马图像均已进入公有领域，依照CC0协议使用。图名译自该馆英文官网。下同。

名目形相，指不胜数。"① 在全国范围的中秋习俗中，玉兔如此这般的至尊地位，恐无出其右者，可视作清末民初的京派月光马之特色。

（二）月光菩萨抑或水月观音

明代《帝京景物略》记载，"纸肆市月光纸，缋满月像，趺坐莲花者，月光遍照菩萨也"②，清代富察敦崇说："上绘太阴星君，如菩萨像。"③ 这些文字文献说明，月光马上除了有玉兔的广寒宫外，上端应该还有"月神"作为核心意象。佛道两说，各有依凭。在佛教传说中，兔子以身祭获得了佛祖将其转世到月亮上永生的奖励，月光遍照菩萨是药师佛的右胁侍，自然掌管着捣练长生不老药的玉兔；而嫦娥奔月神话，早在汉代就定型了嫦娥作为月神即太阴星君的地位。"中国纸神专藏"中有两张构图近似的《太阴星君》④（图5-7乃其一）单幅纸马，就图像而言，它们几乎是"广寒宫"图案的互文变体：圆形代表皓月，灵芝、兰草、祥云和海涛隐喻月神之永生及其月宫之神圣；所不同的是，兔子不是人立而是趴下，太阴星君凸显而出成了画面的主角——她慈眉善目，面如满月，但并非"如菩萨像"，因为她头戴的"梁冠"是源自秦汉的古代汉族帝王大臣的礼帽，表示官品的梁的数量恐为写意，图5-7画了六梁（二品），另一张画了五梁（三品），此类冠饰仅为道教神像或者民间神灵所常见。（参见第七章）

---

① （清）潘荣陛、（清）富察敦崇：《帝京岁时记胜》，北京古籍出版社，2000年，第281页。
② （明）刘侗、（明）于奕正：《帝京景物略》，上海古籍出版社，2001年，第104页。
③ （清）潘荣陛、（清）富察敦崇：《帝京岁时记胜·燕京岁时记》，北京古籍出版社，1981年，第78页。
④ 《太阴星君》（2款2张），访问日期：2022年10月16日，http://www.columbia.edu/cu/lweb/digital/collections/eastasian/paper_gods/collection/NYCP.GAC.0001.0025.html，http://www.columbia.edu/cu/lweb/digital/collections/eastasian/paper_gods/collection/NYCP.GAC.0001.0125.html。

第五章　广寒宫：年节仪式与具象的价值观

图 5-7 《太阴星君》

哥伦比亚大学东亚图书馆慨允使用

《帝京景物略》和《燕京岁时记》所载明清月光马暂未发现完全吻合的图像文献佐证，但到民国这么短的时间就消弭于无形也不大可能。王树村藏清代开封纸马《月光菩萨》①是较为接近《帝京景物略》的版本，但为方形构图，宫娥、月光菩萨、捣药玉兔，由左及右横向排列，左右对联为"敬天地风调雨顺，贺日月国太（'泰'之别字）民安"。王树村另藏内蒙包头《广寒宫》②一张，疑似仿刻北京月光马而来，上下分段式，"广寒宫之上，画观音坐于莲座，前有善财童子，后有龙女合掌侍立"。自唐代吴道子、清代如山和丁延的绢本彩画，到清李丁氏的缎本丝绣以及王世英画刻石墨拓，善财拜观音，加上龙女或韦驮并以水色和池莲相衬的形象③，逐渐成为民间极为认同的观音视觉符号。哥大所藏图 5-2 中观音手持净瓶趺坐莲台，善财跪拜于左，龙女立礼于右；图 5-5 最上端的图像以怀抱婴儿的观音为中心，荷叶上立杨枝净瓶，左立龙女，右下跪善财，右上云端另有韦陀护法。两幅都是经典的观音构图。波兰华沙国家博物馆藏的北京月光马中有一幅（图 5-8）④与哥大所藏如图 5-2 为同版，在版心的右上角有收集者波兰汉学家夏白龙（Witold Jabłoński）钤印的中文姓名章（夏白龙章）；据俄罗斯汉学家李福清（Boris L. Riftin）考证，夏白龙 1930 年至 1932 年在清华大学工作期间于北京购买了这批北京纸马⑤，与哥大藏

---

① 王树村：《中国民间年画史图录（上）》，上海人民美术出版社，1991 年，第 130 页。
② 王树村：《中国民间年画史图录（下）》，上海人民美术出版社，1991 年，第 815 页。
③ 中国书店：《历代观音宝像》，中国书店，1998 年，第 2、96、108、125、136 页。
④ 《竹林观音与捣药玉兔》，访问日期：2024 年 6 月 15 日，https://cyfrowe.mnw.art.pl/en/catalog/ 509109。
⑤ 冯骥才、阎国栋编：《李福清中国民间年画论集》，北京：中国戏剧出版社，2012 年，第 175 页。

第五章 广寒宫：年节仪式与具象的价值观　　　　　　　　　/ 135 /

图 5-8 《竹林观音与捣药玉兔》

波兰华沙国家博物馆藏

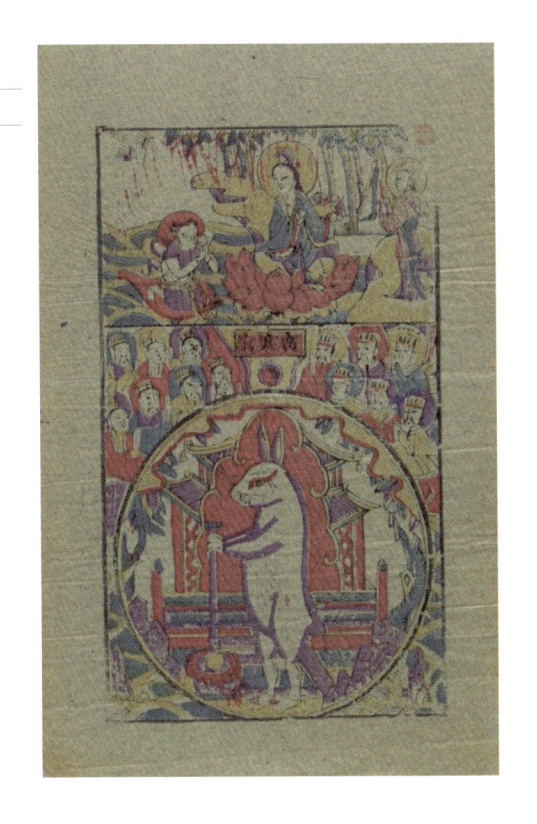

品在时间上正好同期，由此可佐证有观音像的这一版月光马在当年的流行之盛。那么，有意味的问题出现了：明清北京月光马上的月光菩萨为何到清末民初会被观音取代了呢？

　　民间信仰的特点在于为我所用，并不执念于教派之制式及区别，将月神太阴星君绘成概念化的菩萨像，甚至附会成当时百姓热衷的与月亮相关的水月观音像，这当然可以视作明清刻版之遗绪及其变形，但也需要格外留意清朝以佛教为国教、与汉文化相关的道教被抑制以及观音信仰彻底世俗化和程式化之大势。因而这样的变异发生在清末民初作为帝都的北京，是完全在情理之中的。"中国纸神专藏"中月光马上的观音像，应该就是这样的来由，玉兔的凸显和汉文化传说中的嫦娥的隐形以及观音菩萨的显身，是一体三面，恐怕是权力、信仰和习俗的博弈使然，文化传统或轻或重、或隐或显地经由符号委婉呈现了出来，连月神也是经由借喻（玉兔）和隐喻（观音）才被曲折指代，但用月光马来拜祭月神，这一自然崇拜的本质，连同借用图像表达念想的仪式做法，并未改变。

（三）丰收节、团圆节与自然崇拜

月神掌控潮汐、指导农事，是农历年的凭依，是民间信仰中无可争议的丰收守护神。中秋节适逢秋收，够多够好的农产品提供了表达虔诚的丰富祭品，用以酬谢大自然尤其是月神的眷顾。此习俗至民国不变，蔡省吾在《北京岁时记》中写道："临节，街市遍设果摊，雅尔梨、沙果梨、白梨、水梨、苹果、林擒、沙果、槟子、沙果海棠、欧李、青柿、鲜枣、葡萄、晚桃、桃奴，又有带枝毛豆、果藕、红黄鸡冠花、西瓜。九节藕、莲瓣瓜供月。西瓜参差切之，如莲瓣。"[1] 前列果品极言丰收之盛，"又有"二字之后则属供品之列，有兔子喜食之带枝毛豆、表示永生的鸡冠花，指向的是广寒宫中捣不老之药的玉兔；莲藕借喻月神之莲座（"九节藕，内廷供月例用"，乃帝都特有），西瓜更是切成形似莲座的莲瓣状，指向玉兔侍奉（从图像的角度讲是所标记）之月神。

"太阴星君的生日是农历八月十五日，是丰收节；收获时节人们感恩于她，所以也是感恩节。感恩节是家庭团聚的日子。祭品中最重

---

[1] 王碧滢、张勃：《燕京岁时记：外六种》，北京出版社，2018年，第233页。

要的是放在离月光马最近的月饼。"①富平安从美国人过感恩节的家人团聚习俗,来理解中国人过中秋节的团圆风俗,以他者视角准确识得了"庐山真面目"。"家设月光位,于月所出方,向月供而拜,则焚月光纸,彻所供,散家之人必遍。月饼月果,戚属馈相报,饼有径二尺者。女归宁,是日必返其夫家,曰团圆节也。"②以五仁月饼为代表,以分享丰收果实的形式,"天上月圆,人间团圆"的俗世幸福在拜祭月神的神圣仪式中被表达得淋漓尽致。

丰收,是大自然意义上的大团圆;团聚,是人伦社会的大圆满。北京纸马多为方形,以圆形来构图者稀少,仅有与天象相关的三种,即太阳星君、太阴星君(附月光马及其"广寒宫")和星科,这本身就显示出其以稀为贵之属性;而以人世团圆的盛大仪式来热烈烘托者,唯有月神崇拜而已——这是一个格外重要的图像化了的历史事实。大团圆,在中国人心目中之价值,由此可见一斑。以玉兔为核心意象,以秋收酬谢月神为主要环节,以哥大藏品为代表的民国月光马,以历史进程中变化了的图像语言辗转宣示并导引了在百姓心中带有神圣品质的丰收节兼团圆节的仪式。

三 月光马上的其他图案与拜月仪式的世俗意涵

除"广寒宫"的图案部分之外,哥大纸神专藏中的月光马的上部还有一到两段图案。与广寒宫的自然崇拜所表达的敬天畏神不同,这

---

① Anne Swann Goodrich, *Peking Paper Gods: A Look at Home Worship*, Nettetal, Steyler Verlag: Monunmenta Serica, 1991, p.215.
② (明)刘侗、(明)于奕正:《帝京景物略》,上海古籍出版社,2001年,第104页。

些图案表达的则是对俗世幸福的渴望。

值得关注的是，当月光菩萨被描绘成水月观音时，一个隐含但重要的转换就已悄然发生了——酬谢的对象（感谢神已给予）变成了祈福的对象（请求神再赐予），中秋节的神性祭拜仪式由此带上了浓重的人性欲望的意味。

（一）娘娘

实际上，兔子以及月宫蟾蜍的意象都与生殖有关，关涉妇女隐私，加上阴阳信仰，北京民间长期流传"男不拜月，女不祭灶"之说，这就使得原本就带有生产繁衍意味的丰收庆典仪式成了"女性专场"，被附丽了格外强烈的女性特质，"月亮是妇女的保护神，娘娘也是妇女的保护神，两者的结合使得这张月光马（指图 5-3。——作者注）对女性而言特别有神力"[1]。

就当时的民间信念而言，"多子多孙，是中国人的大愿，甚至是最大的心愿。因此，许多人向神灵祈子"[2]。子孙绵长，宗族繁盛，成为中国传统家庭观念中女性权利与义务的因果交集，1930 年代北京以纸马为信仰载体的娘娘崇拜系统[3]曾盛极一时，以天仙娘娘为至尊。图 5-3 的上方，正中持笏端坐的正是天仙娘娘，左右各有宫娥持羽扇侍立；两顶华盖之下，眼光娘娘手捧巨眼于左，子孙娘娘怀抱婴儿于右。专藏中另

---

[1] Anne Swann Goodrich, *Peking Paper Gods: A Look at Home Worship*, Nettetal, Steyler Verlag: Monunmenta Serica, 1991, p. 217.

[2] Henry Dore, *Researches into Chinese Superstitions*, Shanghai, China: T'usewei Printing Press, 1914, p. 1.

[3] 李明洁：《哥伦比亚大学"纸神专藏"中的娘娘纸马研究》，《华东师范大学学报》2021 年第 6 期。

有两张同款的"天仙娘娘"[1]的单张纸马,也是这样的三尊一组构图。

北京地区崇拜的天仙娘娘指的是传说中东岳大帝的女儿碧霞元君,"明清以来,碧霞元君在民间的影响已经大大超过了泰山主神东岳大帝"[2],护佑生育是这一信仰得以兴盛的根源,到康乾盛世的时候达到顶峰,康熙皇帝在为西顶泰山娘娘庙所撰御制碑文中写道:"元君之为神,有母道焉","母道主慈,其于生物为尤近焉"。1949 年前,北京的碧霞元君庙有近三百座,如今北京城里仅存一座娘娘庙即北顶娘娘庙,正殿中三位娘娘的大型塑像仿佛"天仙娘娘"纸马的立体版,碧霞元君位列中央,左右两尊分别为眼光娘娘和子孙娘娘。北京地区曾经香火鼎盛的东岳庙和娘娘庙以及丰富多样的娘娘纸马所勾连的日常崇拜活动,在对中秋节"太阴星君"的拜祭时达到了高潮,构成了月光马上娘娘图案的文化语境。

(二) 财神

财神形象出现在家族团聚的中秋节仪式中,明确表明了国人对尘世幸福的向往。纸神专藏中月光马上的财神共出现于 2 款 3 张。当然,图 5-3 天仙娘娘的脚下已经出现了盛满金元宝的"聚宝盆"图像。

图 5-4 的上段直接出现了两尊财神像:文财神比干左持如意,着青绿朝服;武财神赵公明右持利剑,着大红朝服;两侧分立胡人侍卫,卷须赤面;前设"聚宝盆",内有珊瑚象牙等奇珍异宝。

图 5-5 是三段式,中间是关公"夜读《春秋》"的场景:关羽披甲侧坐,凝读几上《春秋》,左立周仓持刀,右立关平奉印。民间尊

---

[1] 《天仙娘娘》,访问日期:2022 年 10 月 23 日,http://www.columbia.edu/cu/lweb/digital/collections/eastasian/paper_gods/collection/NYCP.GAC.0001.0005.html。
[2] 叶涛:《碧霞元君信仰与华北乡村社会》,《文史哲》2009 年第 2 期。

忠义仁勇的关羽为武圣人，是民间崇拜的财神，更是商贾之家的行业神；加上"关"、"官"谐音，亦含财禄双求之意。关公在月光马上的形象印证了《三国演义》在民间的流行，中国国家图书馆藏的月光马①上除了"夜读《春秋》"，另有"灞桥挑袍"的桥段。

（三）拜月仪式的世俗意涵

需要指出的是，与拜祭娘娘和观音的月光马相比，供奉财神的月光马上，兔神贴金箔以示神圣，图5-4和图5-5皆然，图5-5关圣的面部也被贴金，相对而言，无疑属工致之品种。

波兰华沙国家博物馆中有3幅三段式的北京月光马，不仅贴有金箔，还出现了贴银箔和描红的工艺，这都说明了中秋节在北京地区民众心目中的重要地位。华沙藏的这三幅都印在整幅的粉连纸上，底色分别被涂成橙、蓝和紫三色；前两者的墨线版为同款，自上而下分别是文武财神、关公夜读和广寒宫（图5-9）②，紫色的则为观音、关公夜读和广寒宫（图5-10）③。与哥大藏品如图5-2、图5-4和图5-5相比，异中有同——组合的方式当然不同，但财神、关圣的形象与哥大藏品几乎无异，怀抱婴儿的观音形象也大同小异；尤为一致的是，在玉兔代表的月神之上，是财神，是关圣，是送子的观音，而无其他。

"明清之后，因时代的关系，社会生活中现实的功利因素突出，岁时节日中世俗的情趣愈益浓厚，中秋节俗的变化更是明显。以'赏月'为中心的抒情性与神话性的文人传统减弱，功利性的祭拜、祈求

---

① 刘莹：《中国古版年画珍本·北京卷》，湖北美术出版社、北京工艺美术出版社，2015年，第142—143页。
② 《财神》，访问日期：2024年6月15日，https://cyfrowe.mnw.art.pl/en/catalog/509215。《玉兔》，访问日期：2024年6月15日，https://cyfrowe.mnw.art.pl/en/catalog/509211。
③ 《玉兔》，访问日期：2024年6月15日，https://cyfrowe.mnw.art.pl/en/catalog/509213。

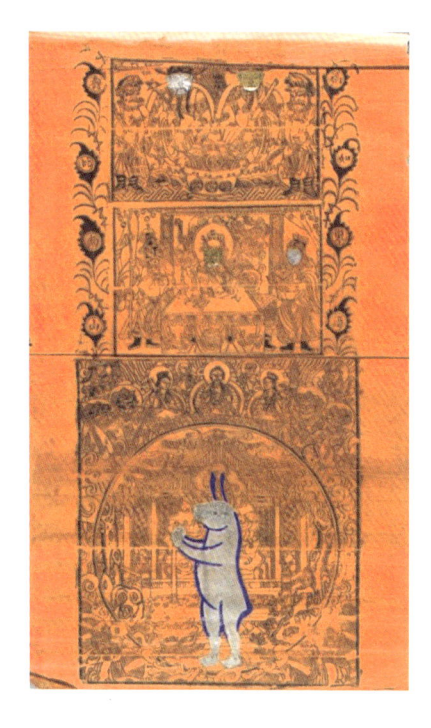

第五章 广寒宫：年节仪式与具象的价值观　　　　　　　　　　　　／141／

图 5-9 《财神》

波兰华沙国家博物馆藏

图 5-10 《玉兔》

波兰华沙国家博物馆藏

与世俗的情感、愿望构成普通民众中秋节俗的主要形态。"① 月光马是时事变迁敏感又直白的观念"试纸",巨细靡遗地展示着与它们共同生活着的人们的品位和价值观。中国艺术研究院藏有一张上端是"达摩渡江"图像的清代月光马②,类似的藏品在波兰还有一件（图5-11）③,达摩形象在民俗版画中极为罕见,恐为禅宗崇拜者所好。王树村收藏的明版北京月光马上端尚有"身着官服的文曲星坐于松下,前有魁星立于巨大的神龟头上,手执毛笔指向象征金榜题名的金斗"④图案,但科举制度在 1905 年被废除,民国初年的月光马就连这样看似形而上实则功利的格套都不再流行了,月光马上唯有"娘娘"和"财神"二尊,几无例外,这倒是与民国香火极盛的北京东岳庙在岱宗宝殿两侧设广嗣殿和阜财殿两大配殿的设置呼应,反映出当年民间信仰中最大公约数之共识,说到底,民众为之劳碌不息的人生观内涵基本定型,不外乎多子多福与富贵荣华而已。"中国纸神专藏"中有单张纸神,哥大东亚图书馆定名为《关圣大帝》（图5-12）⑤,实际上是集观音、娘娘与关圣财神于一体,明确图示了这种极有代表性的信仰诉求。

---

① 萧放:《中秋节的历史流传、变化及当代意义》,《民间文化论坛》2004 年第 5 期。
② 邰高娣:《北京民间年画中的"月光马"研究》,《民艺》2022 年第 6 期。
③ 《背经书的达摩和捣药的玉兔》,访问日期：2024 年 6 月 15 日, https://cyfrowe.mnw.art.pl/en/catalog/509108。
④ Shuncun Wang, *Paper Joss: Deity Worship Through Folk Prints*, Beijing, China: New World Press, 1992, p. 148.
⑤ 《关圣大帝》,访问日期：2022 年 10 月 23 日, http://www.columbia.edu/cu/lweb/digital/collections/eastasian/paper_gods/collection/NYCP.GAC.0001.0200.html。

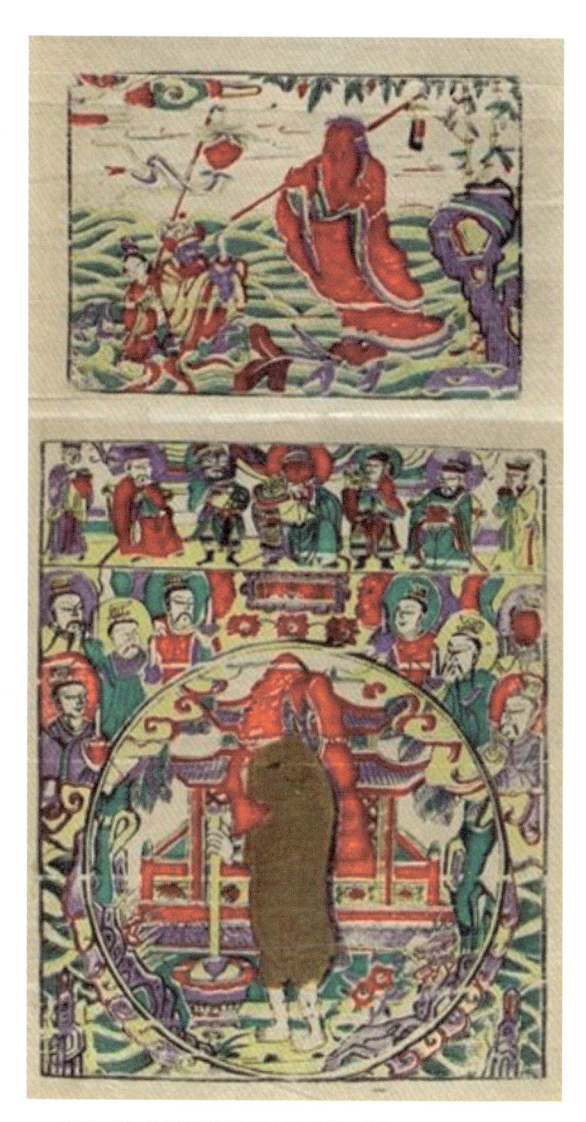

第五章　广寒宫：年节仪式与具象的价值观　　　　　　　　/ 143 /

图 5-11 《背经书的达摩和捣药的玉兔》

波兰华沙国家博物馆藏

图 5-12 《关圣大帝》

哥伦比亚大学东亚图书馆慨允使用

四 从月光马理解仪式中的纸马

纸马的研究若止步于图像学的描述,就可能导致将其混同于单纯装饰性的民间艺术品之虞。相对而言,月光马是纸马中较为精致繁复的一类,这与中秋节仪式及其诉求的丰富性相呼应;也使得对月光马整体图像包括广寒宫及其娘娘和财神等图案的识读,有助于较为直观地显示祭祀专用纸品与民间信仰仪式之间相互依存的证成关系，从而较为全面地揭示纸马于当时、于当下、于民艺、于民心之价值。

（一）纸马与民间信仰的仪式化

纸马大多是百姓在婚丧嫁娶、生老病死的人生关节，按需去"请"的，因此因人而异；而"请月光马"则是农历八月十五中秋节前的全民之举，它在 1930 年代北京中秋节庆活动中的不可或缺性，使月光马成为涂尔干意义上的历史性的"社会事实"。这种约定俗成的必需的"邀请"是拜月仪式化的第一步，意念中的月神通过月光马的"被请（'买'的敬说）"，真实地现身于人间。

仪式化意味着有规定的程式，如上文所述，广寒宫的图案规定了祭品中的必选和可选品种，规定了供品的摆放位置甚至切割与分享的方式；而月光马上的其他神像，实则在反复泛指或实指"神的存在"。拜月仪式中最重要的行为是跪拜并许愿，都必须"面对神"，实际上就是面对月光马。在这样的时刻，与信仰相关的"眼神交流"出现了：人们仰望神灵，而神灵回望着信众。仪式中的"眼神交流"本质上是对自我愿望的反省。既然神灵"看着"我们并准备倾听和帮助，我们就必须真切、诚实地面对自我的愿望。

"神灵的凝视"是中国祭祀艺术的传统构图，北京纸马作为古早的品类，基本上都是面向朝圣者的正面脸部特写。值得玩味的是，月兔只是月神的形象代言人，它只能侧身而立接受礼拜；而月光马上其他的神像本尊，则全部是正面形象。其他宗教的圣像艺术也有类似的造型，"中世纪的绘画，尤其是圣像绘画，主要是采取了一个'内在观者'的角度。也就是说，所画的圣像朝向一个想象的、存在于被描绘的主体之中的，面向看画人的观察者"①。图 5-3 在这一点上有夸张的表达，上端的娘娘（包括宫娥），"在这些娘娘的衣服上都有黄色的、眼睛形状的补丁，中间有黑点"②。它们和眼光娘娘手捧着的眼睛一模一样，是神注视着凡尘俗子的眼睛，无所不在；这里存在着一个图像化的隐喻，即神全身心地注视着你，你应该虔诚祈求。需要略作辨析的是，宋元时期的绘画中，卖眼药者常被画成"衣着具眼睛形象的"，"帽子上、衣服上、口袋上满着眼睛"，③但这张月光马上，不仅眼光娘娘而且所有人物形象上都绘有眼睛，其意义就有所溢出，暗含了无数的"内在观者"，从想象的神界注视着信众。纸马也由此把可望而不可即的神灵拉到了人类的视线之内以及当下的意念之中。也就是说，仪式过程中的纸马通过强调与神对视，为跪拜、祝祷等肢体动作赋予了精神意义，帮助人们达成了与神灵的交流。

（二）纸马与作为历史经验的民间信仰仪式

制度性宗教的圣坛，如佛寺和道观都是已建的、稳固的，而民间的神圣性却是临时构建的，这其中纸马就扮演着神圣仪式的标记功能——被"请"来的纸马作为核心元素，与拜祭所必需的针对性供品联合起来，迅速构建起人与神之间的当下关系场。中秋时节，月光马被张挂起来，一下子就转化了日常的生活空间和工作场所的性质，家庭、商铺和工坊由此成为临时性的拜月"圣坛"；而多变灵活的拜祭场所也需要与之相适宜的神圣标记，月光马的尺幅因此也有大有小。

---

① B. A. Uspensky, "Left" and "Right" in Icon Painting, *Semiotica*, 1975, Vol. 13, issue 1, p.33.
② Anne Swann Goodrich, *Peking Paper Gods: A Look at Home Worship*, Nettetal, Steyler Verlag: Monunmenta Serica, 1991, p.217.
③ 沈从文：《中国古代服饰研究》，商务印书馆（香港）有限公司，1992 年，第 357 页。

图 5-2 的月光马宽 27.5 厘米、高 44 厘米，适合小家庭使用。图 5-3 宽 37 厘米、高 87 厘米，图 5-4 宽 45 厘米、高 84 厘米，适合大家庭使用。图 5-5 是在整幅粉连纸上印制的，纸未印前先染以红色，宽 50 厘米、高 123 厘米，这种全幅带关公形象的月光马，在祈财的同时表达了对商业公信的推崇，为商家首选。

段义孚在谈及不同宗教场所的特性时曾说："普通百姓的圣坛，一如我们留意到的那样，场所都是相当特别的；而精英们熟悉的圣殿，则基于不变的圣堂制式，原则上几乎可以建在任何地点。"[①] 与中秋节民间的拜月仪式相对应的，是明清两朝的皇家大典，"考春分祭日，秋分祭月，乃国之大典，士民不得擅祀"[②]。北京"夕月坛"建于嘉靖九年即 1530 年，位于紫禁城以西，设有神厨、钟楼、祭器库、具服殿等建筑。秋分亥时，主祭夜明之神，配祭二十八星宿等星神，以羊猪为牲。以宣示社稷正统、皇权威仪的祭月正祀，其时间、地点、仪礼都有一定之规，且一成不变；而民间拜月却是因地制宜、各家各样、常中有变，有意味的是，这些"变"在很大程度上都是以月光马为标记的。

月光马对于拜月仪式的时间、地点、供品和祈福目的的符号标记性，前文已有描述；而其作为仪式"开始与结束"的象征性需要着重提及。月光马的张挂意味着临时祭坛的确认；而拜月之后，月光马的被焚化，则标志着临时祭坛完成了礼仪功能。礼成神退，临时祭坛在拜月时所强调的神人关系回调至原有工作生活场所中的日常人际关系，

---

① Yi-Fu Tuan, *Religion: From Place to Placelessness*, Chicago: The Center for American Places at Columbia College Chicago, 2009, p.10.
② （清）潘荣陛、（清）富察敦崇：《帝京岁时记胜》，北京古籍出版社，2000 年，第 14 页。

与亲友分享月饼和供品的环节才可以开始。没有纸马，临时祭坛如何建成？神灵何以降世？没有纸马，崇拜仪式如何进行？何以始终？由此可见，纸马的有无，成为神圣与世俗的界标。纸马作为民间信仰仪式中的神圣标记，应是其首要的文化价值。

五　作为价值观的图示与信物的民俗文物

纸马这类的图像都是由民间工匠完成，被百姓使用，但在文本文献里，这些人往往都是没有声音的。本章对北京1930年代月光马的试读，并不只是"图说"历史，也不只是"见证"历史，而是希望可以看到纸马本身的形式意志，希望纸马透露出的过去时代的织理，成为超越文本历史的历史，能为今日所知。

（一）"记忆之场"与价值观的图示

他者之眼往往能提炼出那些自我文化中被熟视无睹但深意存焉的事实。"由于月亮在中国人的宇宙观中是女性主导的，代表阴，属于水、黑暗和夜晚等女性元素，所以，中秋节是女性的节日，而且要在夜间庆祝。它当然不是最壮观的中国节日，但无疑是最浪漫的。"[1] 这种天上人间的浪漫勾连，在月光马上得以充分呈现，所有的祭祀活动都是对它的反应、解释或者衍生。在一个具体的中国人的成长过程中，进一步说，在作为整体的中华民族的文化进程中，"这种想象力的高度发达，在很大程度上归因于古代民间传说复杂的象征意义。在一个比其他国家都有更长历史记录的文明里，许多有趣的古老的经典神话在

---

[1] Eberhard, Wolfram, 1952, *Chinese Festivals*, New York: Henry Schuman, Inc., p. 97.

第五章 广寒宫：年节仪式与具象的价值观

中国代代相传，人们的礼仪和习俗也在很大程度上受到影响，这一点都不奇怪"[①]。

仅以"中国纸神专藏"收录的4款为例，就可以清晰地看到月光马及其所代表的中秋拜月仪式，是一个自我照应、自我生成的巨大的符号系统。这4款月光马，至少与专藏中的以下5类纸马存在紧密且直接的关联，包括：财神（17款23件）、道教神祇（10款12件）、关羽（5款6件）、娘娘（4款5件）、佛教神祇（4款4件）和观音（2款2件）等，每一类图像都有若干因袭不变的稳定格套，早已成为民间信仰中权威性的视觉符号，而月光马的构图（即人物造型和组合配对）都是建立在与这些独立格套相互参照的基础上的，例如，图5-3的意涵，只有放在太阴星君与四大天王、天仙娘娘和本命星君及其各自胁侍的组合和聚合关系中，才能得以完整解读。

在这样的意义上，对所有这些包括月光马在内以及与之相关的图像的识读与印象，都属于国人有关民间信仰的"文化记忆"的一部分，图像减弱了识文断字的压力，从而使得文化观念得以最大化地普及与推广。这种互动着的文化记忆甚至可以从记忆的反面即遗忘（部分遗忘）得以印证。"我们的民族记忆失去了鲜活的实在之物，这迫使我们用既不天真也不冷漠的眼光去看待它。曾经神圣的事物这么快就不复神圣，而且当前，我们也不会再去利用它们。旧的符号不再激起激进的信念或热情的参与，但它们的生命并未完结。仪式性转而成为历史性，一个曾经支撑我们祖先的世界，变成了一个我们与创造我们的事物的关系

---

① C. A. S. Williams, *Chinese Symbolism & Art Motifs: A Comprehensive Handbook on Symbolism in Chinese Art through the Ages*, Tuttle Publishing, 2018, p.27.

纯属偶然的世界。图腾式的历史变成了仅供评点的历史：这是一个'记忆之场'（lieux de memoire）的时代。"[1] 在当下中国内地的城市里，月光马已经销声匿迹，人们似乎也已不知其为何物，但这一习俗还是残存在各种中秋节的细节里：月饼和水果仍是中秋佳节最受欢迎的食品和礼品；月亮、嫦娥和玉兔转移到月饼模子或者月饼盒上，成为最常见的装饰图案；人们通过微信等手机小程序转达月圆人圆的祝福。2022年中秋在青海、甘肃等地的调研显示，当地拜月时仍保持着将西瓜或者蜜瓜切成莲瓣状的习俗，尽管并不是所有人都明白这实际上是月光菩萨宝座的隐喻。意识形态的介入、生活方式的改变、文化观念的更迭，都无法改变中秋节作为民俗大节的地位以及敬畏自然、推崇家庭价值的文化内核——这是全世界的华人最广泛的文化认同。

（二）价值观的图示与信物

哥大"中国纸神专藏"中的月光马为理解纸马在民间宗教仪式中的功能，提供了一个既纯粹又全面的典型案例。"因为对人的研究，其要义在于参与性，即必须深入人的意图、信仰、神话和诉求，去理解他们为什么会这样做。如果不与他们对话，而仅仅只是从外部去描述一种文化（包括我们自己的文化），那注定是会失败的。"[2] 通过讨论月光马的艺术形式（包括质地、形状、纹饰和文字等因素）与社会、宗教和思想的关系，将纸马回置于拜月仪式的原境中，纸马对信仰生活和世俗生活的双重建构功能得以彰显。

---

[1] Nora, Pierre. 1996. *Realms of Memory: Rethinking the French Past*, New York: Columbia University Press, p. 7.

[2] Smart, Ninian, 1968, *Secular Education and the Logic of Religion*, New York: Humanities Press, p. 104.

第五章　广寒宫：年节仪式与具象的价值观

"在宗教信仰与实践中，一个群体的精神气质通过被证明是代表了一种理想的生活方式，能与世界观相适应以应对实际的事务，从而在智力上变得合理；而世界观被呈现为一种为适应这种生活方式而特别安排的现实事务的形象，在情感上变得令人信服。一方面，它将道德和审美偏好客观化，把它们描绘成隐含在具有特定结构的世界中的强制条件，描绘成基于现实的不可改变的基本常识；另一方面，它通过援引深切感受到的道德和审美情感作为真理的经验证据，来支持这些关于世界主体的公认的信念。宗教符号在特定的生活方式和特定的（尽管大多数情况下是隐含的）意识形态之间达成了基本一致，并以此相互借力维护了彼此的权威。"[1] 月光马无疑完美地印证了格尔兹的这一论断。中国百姓的世界观和价值观以一种具象的方式呈现了出来，并通过崇拜仪式得以充分表达与确认。这些图像创造了一个有凝聚力的社会结构，提供了精神抚慰和指引，在记录民间生活伦理的同时，为社会的发展提供了道德支援。宗教信仰、社群生活和意识形态互为支撑，巩固了各自的权威性和合法性。

在华北交通株式会社当年拍摄的照片中，还可以发现两张与图5-1同时同地拍摄的北京中秋节拜月的两张场景照片。图5-13的全景照[2]中可见，皓月当空，全家男女老幼齐聚供桌旁，在月光马前逐一拜月。图5-14上清晰可见梨、杏、苹果和月饼等供品，还有小巧的兔儿

---

[1] Clifford Geertz, *The Interpretation of Cultures*, New York: Basic Books, 2017, p. 96.
[2] 《中秋节》，出典：「華北交通アーカイブ」（華北交通アーカイブ作成委員会），访问日期：2020年9月19日，http://codh.rois.ac.jp/north-china-railway/photograph/3902-100011-0.html。

图 5-13 《中秋节》
京都大学藏华北交通数据库创建委员会提供

图 5-14 《中秋节》
京都大学藏华北交通数据库创建委员会提供

爷三尊和情致的大型兔儿爷两尊。尤其珍贵的是,这张特写照片①上供桌后的月光马,与图 5-5 所示哥大"中国纸神专藏"中的藏品同版同款。图 5-1 和图 5-14 最早出现在华北交通株式会社创办的《北支》杂志昭和十五年(1940 年)9 月号上,旁边还有一篇名为"中秋节"的介绍文章,写到"北京夏天的闷热和东京很像。但是,过了八月中旬,天气一下子变凉了,天空也变得越来越晴朗。清凉的九月,暑气渐消。九月是新历,当然是旧历八月十五夜。月亮渐渐变圆,临近中

---

① 《中秋节》,出典:「華北交通アーカイブ」(華北交通アーカイブ作成委員会),访问日期:2020 年 9 月 19 日,http://codh.rois.ac.jp/north-china-railway/photograph/3902-100016-0.html。

第五章 广寒宫：年节仪式与具象的价值观

秋节，街上随处可见色彩鲜艳的兔子玩偶。这是一个叫兔儿爷的泥塑人偶，兔子是武神，手持金杵，骑着麒麟、老虎和马，非常勇敢。孩子们买归之时，到了十三夜，在院子里供奉供品。大人有大人的规矩，在祭坛前摆上月光马（上有诸神，下有兔子照看的月亮之宫的彩绘印刷纸），在桌上摆上线香、蜡烛、酒、水果、纸钱，还有给这个节日送上的特别的月饼（砂糖、水果和肉混合的点心）。这个祭典是由女人来做的，男人是不拜祭的，但最近好像自由了。十五的月亮升起的时候，拜月礼结束后，点燃月光马，取下供品。然后一家人和睦地举行赏月宴。这时，家人互相庆祝，吃苹果（又名团圆果）。所以中秋节前，泽山街的苹果比平时贵"[①]。这篇短文与三张历史照片一起，相当真切地复原了 20 世纪上半叶北京民间的拜月习俗；而哥伦比亚大学所藏月光马原件的配合，不仅印证了清末以降北京地区拜月仪式诸多要素确与文字文献的记录吻合，保持了相当长时间的稳定性；而且补足了仪式关键标记物的缺失——月光马物证凿凿，胜于历史照片中模糊的背景。

  历史从切断与记忆的关系开始，记忆由此成为历史研究的对象。月光马作为中秋节"记忆之场"中的重要元素，以档案这样的物质形态，不可争辩地印证着一段历史、一段风俗的存在；而风俗，本质上是从社群生命的精神状态而言的，评价的是某个地方或某个时代的整体行动方式。因此，纸马的价值若止步于民间艺术品，显然是舍本逐末。那么，作为历史的残片，民俗文物的价值究竟何在？

  以历史事实而言，月光马曾是祭祀活动的必需品，其可触可视的

---

① 《北支》，昭和十五年 9 月号，第 26 页。

特征如色彩、尺幅和纹样都在不断变化，这是思想转化的外化；它告诉人们应该相信什么以及如何去相信和实践，而不是纯粹为了感官上的赏心悦目。月光马在民俗社会中稳定的功能和象征意义，使其具有重要的宗教和伦理内涵。民间祭祀仪式中的艺术产品，本质上都是为了表明被祭祀者的象征意义或祭祀者的精神诉求，都是社会价值的物化媒介，是具有强烈社会规约意义的宗教、礼仪象征，因此是价值观的载体。从现实变化着眼，当民间信仰仪式本身残破消失之时，月光马从民俗用品转为民俗文物，不仅是具有历史意义的——它们是曾经的价值观和世界观的图像物证；而且是具有现实意义的——世界各地的华人每逢中秋，家人团聚、拜月祈福，祈祷风调雨顺、天人圆满，节俗的社会功能及所践行的价值观一脉相承。这时物质性的月光马已然是民俗文物，不再实际出现，但那些曾明示其上的精神诉求，仍顽强地延续着与中华文化特性直接相关的社会性、宗教价值和美学内涵，此时月光马就转变为价值观的信物了——隐含在月光马上面的、以图表意的日常感性和文化诉求，是从祖先那里承继而来的观念的依凭和契约，是文化身份的再次确认与代际继承。以往的历史是今天人们思想的一部分，这才是以纸马为代表的民间信仰仪式纸品成为文化遗产的无法被遮蔽的真正硬核。

本章小结

在民国时期全国性的中秋节民间拜月仪式用纸中，北京月光马以图像符号的多元繁复独树一帜。从图像学阐释开始，本章将关注点扩大到了"中国纸神专藏"中月光马价值的三个面向——第一是月光马作为历史图像的价值,即图案内部的所指关联及其对应于仪式组成部分的功能逻辑,以此揭示月光马的形式意志,复原作为"历史事实"的图像本身的构图缘由;第二是沉寂的图像所串联的信仰、仪式实践和社会生活的历史原境,即揭示作为"历史经验"的包含着民众欲望与情感的中秋节俗;第三是月光马作为"历史记忆"即价值观信物的民俗文物对当下中国的意义。

第六章
药王之神：大众崇拜的层累与"以图固史"

药王是中国民间信仰中的医药之神，是民众祈求身心康健、祛病防灾的精神寄托，与之相关的庙宇和祭祀习俗众多，历史悠长。在中医药学史之外，药王也一直为宗教学、民俗学和社会学等学科所关注。药王信仰的源流特别是相关传说和"药王庙"的研究是这一领域的经典话题[1]，近年来拓展至庙会活动及其参与者的变迁等诸多方面，呈现出从一地一俗的微观个案研究向历时或共时的整体比较研究转变的态势。这为梳理民间遗存的药王崇拜风俗，提供了可资借鉴的具体案例与宏观视野。

然而，无须讳言，历史原因造成的庙宇毁弃和当代生活巨变下的民俗更迭，已使得这一努力愈趋困顿；相形之下，作为民间日常祭祀用纸品的纸马，由于仍可见于档案收藏而成了可能的突破口，尤其在药王崇拜的断代史研究方面独具优势。国内尽管成套的纸马收藏稀见，

---

[1] 药王庙以及药王传说是药王研究中的传统话题，例如廖玲：《清代以来四川药王庙与药王信仰研究》，《宗教学研究》2005 年第 4 期；刘雁：《医神与药王》，《世界宗教文化》2005 年第 2 期；贾亚平：《药王孙思邈在洪洞的传说》，《中国道教》2003 年第 1 期。近年来，药王信仰民俗的变迁以及相关庙会活动渐成热点，如李向振：《庙会献戏与村民生活的表达》，《民俗研究》2013 年第 4 期。

第六章 药王之神：大众崇拜的层累与"以图固史"

且"纸马的研究，从 20 世纪 80 年代起才刚刚开始，其研究与纸马长期的历史传承和广阔的地域流布相比，仍然是很不充分的"[1]；但客观而言，单张纸马的存录说明还是较为丰富的，尤以王树村的著述为详。这为辨识和解读具体的纸马档案提供了资料基础。

所幸的是，较成系统的中国纸马，尚存于诸多海外文化机构中，尤以 20 世纪上半叶的藏品为佳，法国法兰西学院藏"民间新年神像"[2]和哥大"中国纸神专藏"可谓佼佼者。这两份档案中，与药王崇拜相关的十多张藏品，为凭借他者视域，追索当年日常生活中的医药神崇拜、窥探其背后的疾病观念及其疗治心态，提供了可追索的具象依凭；尤为难得的是，两套藏品都附带有当时存录的样张说明或民族志访谈材料，这就为回顾并反思民俗变迁、观念成型的历史进程，提供了断代史意义上的对照文献。

历史是人们身在其中的创造，历史是实践的，有动因的。药王纸马的特殊性在于，它们所承载的药王神祇，有别于源起万物有灵的原始崇拜，大多是史上确有其人或是依传说存世的先祖，其被崇拜是历史记忆的延续和民意选择的结果。作为文化实践的"辅助记忆物"[3]，药王纸马呈现出这类民间祭祀用纸品的"俗信之用"，同时也彰显出"以图固史"之功。

诚如葛兆光在谈及思想史中的图像研究时所说，"既然图像也是历史中的人们创造的，那么它必然蕴涵着某种有意识的选择、设计和

---

[1] 陶思炎：《中国纸马研究的现状》，《民族艺术》2010 年第 1 期。
[2] 原档现以《中国民间诸神谱》为名藏于法兰西学院，电子版见 https://salamandre.college-de-france.fr/archives-en-ligne/ead.html?id=FR075CDF_00IHEC0001&c=FR075CDF_00IHEC0001_de-47。
[3] 〔德〕扬·阿斯曼著，黄亚平译：《宗教与文化记忆》，商务印书馆，2018 年，第 10 页。

构想，而有意识的选择、设计与构想之中就积累了历史和传统，无论是它对主题的偏爱、对色彩的选择、对形象的想象、对图案的设计还是对比例的安排，特别是在描摹图像时的有意变形，更掺入了想象，而在那些看似无意或随意的想象背后，恰恰隐藏了历史、价值和观念"[1]。这段话不仅指出了图像分析与历史研究的逻辑关联，而且还相当敏锐地明示了图像研究务必聚焦的若干面向，他还以年画为例，特别强调"思想史研究者应当特别关心那些落入俗套的、不断重复的、看似平庸的图像"[2]。像纸马这类祭祀仪式用民间图像就是绝佳标本——某些图形要素反复出现，形成固定的"格套"，成为不言自明的象征，映射着民间对于某些观点不自觉的持久认同。下文详述的两份欧美纸马馆藏中的药王纸马，正是格套鲜明、内涵经典的"巨大的古层"（完山真男语）之代表。

一 中法汉学所集藏的药王纸马

在欧洲所藏民国时期的纸马中，法国法兰西学院的一批藏品颇具代表性，类型较全，说明较详。这批藏品来源于1941年在北京成立的中法汉学所中的民俗学组，至1944年民俗学组对纸马进行了重点的搜集、整理与研究，该所刊物《汉学》杂志第一辑中的《本所工作概况》，特别交代了该所纸马的来历："首由本所常务理事杜柏秋先生将其私藏神码全部赠予本所，其后天津浙江中学于鹤年先生复将其历年

---

[1] 葛兆光：《思想史研究视野中的图像》，《中国社会科学》2002年第4期。
[2] 葛兆光、白谦慎：《思想史视角下的图像研究与艺术史的独特经验》，《探索与争鸣》2020年第1期。

第六章 药王之神：大众崇拜的层累与"以图固史" /159/

所搜集之神码约二千余件全部让归本所。继之各方友好寄赠或代购者接踵而来，收藏总数已达三千九百余件，计共四千九百余张。"①"中法汉学所搜集各种民间新年神像图画，于三十一年七月十六日至八月十日公开展览"②，轰动一时。

在1942年这个大展的"祖师"一组中，有两张药王类纸马，着重推出的是《三皇十代明医》③（图6-1），说明文字如下："出品地点：北京；年代：民国十九年以前；人物：三皇十代明医。图像：（上）伏羲（甲），满髯，头发两撮扎于耳后。神农（乙），五绺髯，额之两角凸出；黄帝（丙），垂髯，颔毛一撮。（下）十医（丁）。服装：（甲）与（乙）袒胸，以树叶遮身，手持药草；（丙）皇帝礼服，王冕；（丁）礼服。动物：黑虎、犬。提款：诸神之名。长三十八厘，宽三十三厘。"④关于此一纸马，另有附录说明其重要性，"三皇为'伏羲'、'神农'、'黄帝'，又名'天皇'、'地皇'、'人皇'。伏羲相传为中国之第一皇帝，教人民熟食。神农尝百草，备知药性；《神农本草》一书，即托为彼所作，常被称为'药王'（参看六十八号图像）。黄帝曾召集臣下，完成神农之药性研究，相传《内经》一书即彼为之医药著作云。此三神自成一种三神合体，其地位高超于现在道教中之药王。'十代明医'为属于不同时代之十位医师：彼等死后神化，在道教神中，作天上医

---

① 中法汉学研究所：《汉学》第一辑，1944年，第262页。
② 《学术文化消息：民间新年神像图画展览》，《国立华北编译馆馆刊》第1卷第1期，1942年，第1页。
③ 《三皇十代明医》，访问日期：2023年5月6日，https://salamandre.college-de-france.fr/archives-en-ligne/ark:/72507/r3719z91ws040k/f89。
④ 北京中法汉学研究所：《民间新年神像图画展览会》，合兴印刷局，1942年，第135—137页。

府长官,'药王'之陪从"①。王树村藏有一款敷色版②(图6-2),因有着色,较之法兰西学院所藏同款的墨线版,诸神形象较为鲜明突出,可供比照。

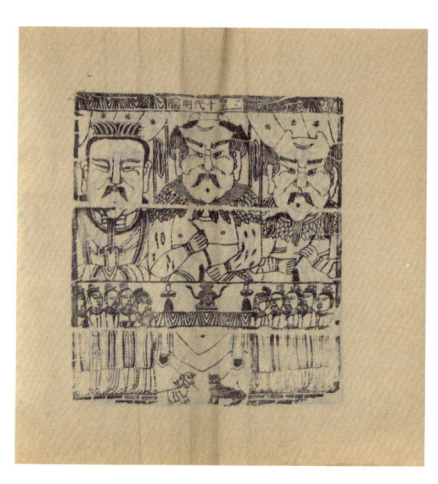

图 6-1 《三皇十代明医》

法兰西学院图书馆慨允使用

图 6-2 《三皇十代明医》

原为王树村藏

细观《三皇十代明医》,上端三皇形象古拙硕大,下端十位名医端立其下,头冠有异,但以群像示人,并无具体标注。好在同批藏品中另有《十代明医》③纸马(图6-3)一张,画面分上中下三层,上层中心位置为较大两人形象,中层另有两人分列两侧,下层左右各三人。

---

① 北京中法汉学研究所:《民间新年神像图画展览会》,合兴印刷局,1942年,第215页。
② Wang Shucun, *Paper Joss, Deity Worship Through Folk Prints*, Beijing: New World Press, 1992, p.41.
③ 《十代明医》,访问日期:2023年5月6日,https://salamandre.college-de-france.fr/archives-en-ligne/ark:/72507/r3719z91ws040k/f82。

图6-3 《十代明医》

法兰西学院图书馆慨允使用

图6-4 《感应药王》

法兰西学院图书馆慨允使用

上层头像两侧书有诸神之名号,上左从右到左分别是:"药王韦慈藏、太乙雷公神、神应王扁鹊、抱朴子葛洪、太医王叔和";上右从左到右分别是:"药王孙思邈、医神张仲景、良医华佗神、天师岐伯神、仓公淳于意"。居中地位较高者为韦慈藏和孙思邈。

该次"民间新年神像图画展览会"展出的另一张药王类纸马是《感应药王》①(图6-4),即上述所谓"六十八号图像",可谓药王之"标准照":穿礼服戴通天冠,两助手并两童子陪侍左右,前有黑虎与犬,案几上有医书、纱布、药锅和药碗,背景是两列药柜以及以膏药和葫芦为标记的招幌。另附特别说明,"道教神中之'药王'为四种不同辨识之对象:(一)仙人孙思邈,生于西周,重见于隋朝,百年后又在唐朝再生。(二)扁鹊(春秋时)。(三)韦善俊(唐朝)。(四)韦古道,天

---

① 《感应药王》,访问日期:2023年5月6日,https://salamandre.college-de-france.fr/archives-en-ligne/ark:/72507/r3719z91ws040k/f69。

第六章　药王之神：大众崇拜的层累与"以图固史"　　　／163／

竺人，于唐时来居长安。此外，佛教徒以'药师王佛'为药王"[1]。

中法汉学所的收藏中，除上述三张外，还有相关的四张。《神农皇帝》[2]（图6-5），着龙袍戴冕冠，典型帝王造型，并未特别突出药神的要素。《孙刘二祖》[3]（图6-6）是行业神崇拜用纸马，"刘"是"刘守八郎"，金代医家刘完素，外科医药业祖师；"孙"是"敕封药王"孙思邈，著《千金要方》传世。一张《感应药圣韦真人》[4]，绘有药罐、葫

图6-5　《神农皇帝》

法兰西学院图书馆慨允使用

图6-6　《孙刘二祖》

法兰西学院图书馆慨允使用

---

[1] 北京中法汉学研究所：《民间新年神像图画展览会》，合兴印刷局，1942年，第123页。
[2] 《神农皇帝》，访问日期：2023年5月7日，https://salamandre.college-de-france.fr/archives-en-ligne/ark:/72507/r3719z91ws040k/f109。
[3] 《孙刘二祖》，访问日期：2023年5月7日，https://salamandre.college-de-france.fr/archives-en-ligne/ark:/72507/r3719z91ws040k/f65。
[4] 《感应药圣韦真人》，访问日期：2023年5月7日，https://salamandre.college-de-france.fr/archives-en-ligne/ark:/72507/r3719z91ws040k/f40。

芦、纱布、膏药等,并有"长生益寿、灵丹妙药"等字样。《协力总圣执掌雷部纯阳孚佑帝君》①是雷公纸马,后有童子握剑;上有八卦、拂尘、葫芦、仙丹等图案,明显为医者符号;传说雷公是黄帝的弟子,《黄帝内经》中有七章托其之名。

二 "中国纸神专藏"中的药王纸马

哥大"中国纸神专藏"中,有三张与药王相关的纸马,其中《感应药王》②(图6-7)显然与中法汉学所的藏品(见图6-4)基于同一墨线版,只是在名款、胡须的位置上以及神像的四周添涂了黑色、大红、粉红和紫色。

"中国纸神专藏"中还有《药王之神》③(图6-8)一张,画面也颇有古意,上部中间是一空白牌位,旁边立有两童子;下部两长髯医者手持毛笔和医书,旁边立着长袍书生和一牛头并披兽皮以树叶遮体者（神农造型）。富平安在《北京纸神》一书中,特别记录了她对当时北京人说法的理解,"甚至像今天的西医一样,药王也有自己的专业领域,有专门做手术的、管发烧的、治天花的和看伤寒的。有人会共用同一张纸马,要请哪位就在上面写上想要求拜的药王之名"④。(参见表

---

① 《协力总圣执掌雷部纯阳孚佑帝君》,访问日期:2023年5月7日,https://salamandre.college-de-france.fr/archives-en-ligne/ark:/72507/r3719z91ws040k/f105。
② 《感应药王》,访问日期:2023年6月3日,http://www.columbia.edu/cu/lweb/digital/collections/eastasian/paper_gods/collection/NYCP.GAC.0001.0126.html 。
③ 《药王之神》,访问日期:2023年6月3日,http://www.columbia.edu/cu/lweb/digital/collections/eastasian/paper_gods/collection/NYCP.GAC.0001.0194.html 。
④ Anne Swann Goodrich, *Peking Paper Gods: A Look at Home Worship*, Nettetal, Steyler Verlag: Monumenta Serica, 1991, p.133.

第六章　药王之神：大众崇拜的层累与"以图固史"　　　/ 165 /

图6-7 《感应药王》

哥伦比亚大学东亚图书馆慨允使用

图6-8 《药王之神》

哥伦比亚大学东亚图书馆慨允使用

6-1 右列之不同药王的"神力与功德")

另有《九天应元雷声普化天尊》(见图 6-11),画心为握剑雷神的面部特写,构图古朴,但完全没有出现医药类的装饰符号。

三 纸马所见 1930 年代北京之药王崇拜

纽约哥大东亚图书馆的"中国纸神专藏"与本章谈及的源于中法汉学所的若干纸马,都产自 1930 年代的北京,并在这一区域流传与使用。仅就药王纸马这一品类而言,中法汉学所的藏品数量较多,品相清晰,图录完备,部分纸马还附有文史考据,但相关的社会背景信息阙如。比较而言,哥大的同类藏品较少,品相普通,但富平安为此写下了《北京纸神》和《东岳庙》这样两本非常接近民族志性质的专著,记录了它们的使用状态,综述了使用者的想法,成为 1930 年代北京民间信仰实情的见证人,她为重构 1930 年代北京地区药王崇拜的"历史物质性"、为欧美两份藏品的互读互释提供了人证和物证。

如果说纸马由于多用于家庭祭拜、收集过程中难免疏漏的话,庙宇中神祇塑像的设置则能较为稳定全面地体现民间信仰对象的面目,特别是当时香火极盛的东岳庙。东岳庙正殿之西路,有相当面积的侧殿供奉行业神,其中就有药王殿。1999 年,北京市政府批准在原东岳庙旧址成立北京民俗博物馆和北京市朝阳区东岳庙管理处,陆续修复了部分建筑和神像,如今药王殿仅有殿座,好在《东岳庙》里有"药神"一章,记录了当年崇拜的完整体系。"中国人认为健康主要是由两位神来掌管:一位掌管药,另一位掌管流行病和瘟疫;前一位治愈人们的疾病,后一位保佑人们免受传染病侵袭。这两位神分别供奉在东

第六章 药王之神：大众崇拜的层累与"以图固史"

表 6-1 1930 年代北京地区之药王崇拜

（依据富平安著《东岳庙》和《北京纸神》编辑整理）

称号	神祇	东岳庙神像之位	相应纸马（纸马现藏处）	神力与功德
	伏羲	药王殿中居中	三皇十代明医（法兰西学院）	推演八卦
药神	神农	伏羲神像之并列西侧	三皇十代明医、神农皇帝（法兰西学院）	药神之首，中药奠基人，著《本草经》
	黄帝	伏羲神像之并列东侧	三皇十代明医（法兰西学院）	主持编撰《黄帝内经》
	韦慈藏	三皇东侧供奉之后	感应药王韦真人（法兰西学院）	加鲜花人药，著《药性谱》
药圣	感应药王	三皇西侧供奉之后，旁立一虎	感应药王、孙刘二祖（法兰西学院）、药王之神（哥伦比亚大学）	疑与孙思邈，著《汤头歌诀》和《千金要方》
药王	十代明医	药王殿沿西墙，排位上书：华佗、扁鹊、张仲景、岐伯	三皇十代明医（法兰西学院）、十代明医（法兰西学院）、感应药王（哥伦比亚大学）	启针灸、善外科手术（华佗）；性忒（扁鹊）；著《伤寒论》（张仲景）；药房之父，协助黄帝编撰《黄帝内经》（岐伯）
		药王殿沿东墙，排位上书：仓公淳于意、太乙雷公、抱朴子、王叔和	三皇十代明医（法兰西学院）、感应药王（法兰西学院）、药王之神（哥伦比亚大学）、协力总圣执掌雷部纯阳孚佑帝君普化天尊（法兰西学院）、九天应元雷声普化天尊（哥伦比亚大学）	善老年病，加人参人药（淳于意）；治胃痛，加人参人药（淳于意）；治胃痛，加人参人药（淳于意）；催产（雷公）；研习炼丹术和长生不老术（抱朴子）；著《脉经》（王叔和）
属神	小病药神	施药神司、宿业疾病司、促寿神司		免费施药（于吉）；发明膏药，治疗伤寒异（冯异）；治结核病（郑玄）
属物	铜特	文昌君殿外		腿疾和眼疾

岳庙的西路药王殿和瘟癀宝殿内。其他药神要么分布在七十六司，要么在其他殿内有个小供桌，比如后院的娘娘殿。"[1]

与药王纸马相比较，药王殿的记述更为详尽，且有《北京纸神》中的"药神"一章可供参照[2]。按照富平安当年的访谈记录，1930年代北京地区的药王崇拜是个由上而下的三级系统，可整理概括如表6-1。

综览富平安在《东岳庙》和《北京纸神》中的记载，1930年代北京地区的药王崇拜系统赫然纸上。从她记录的东岳庙当年的陈设来看，正中三皇是至高的"药神"，其中"神农"地位最高，有单独的纸马；三皇两侧之人地位次之，依旁立老虎可知该庙所立"感应药王"指的是孙思邈，也就是说，孙思邈与另一侧的韦慈藏地位相同，同为"药圣"；再次即"药王"，沿着药王殿的东西二墙而列。整个药王殿的塑像阵势与纸马《三皇十代明医》呈现的格局一致，药神是传说中的远古的神，而地位次之的都是在这片土地上真正生活过的人。与纸马《十代明医》对照，孙思邈和韦慈藏的形象居上偏大，且名号居中，体现出其地位之重要，而下部的八位药王也与药王殿里的诸神像一一对应得上。

四 "以图固史"与层累的文化记忆

显然，这是一个层级鲜明、井然有序的崇拜系统。自上而下，药神、药圣、药王、属神、属物，类属层递，内涵清晰。借助庙宇的神

---

[1] 〔美〕安·丝婉·富善著，李锦萍译：《东岳庙》，清华大学出版社，2018年，第68页。
[2] 参见〔美〕安·丝婉·富善著，李锦萍译：《东岳庙》，清华大学出版社，2018年，第67—92页。

第六章　药王之神：大众崇拜的层累与"以图固史"

像和祭祀用纸马，经由口耳相传的民间药王崇拜（传说、观念、信仰），外化为可依凭的实在物，从而可感可见可拜求；而这一崇拜系统，也生动地显示出普通百姓对疾患性质和可能之解决之道的理解与想象：妇科病拜张仲景，催产祭祀雷公，针灸求华佗……表6-1右列之药王的"神力与功德"，在某种意义上可视为中国传统医药行业细化和医疗手段探索创造的粗略档案。药王纸马，也就成为与疾病、医药和疗愈相关的历史经验在地方性知识中的刻录与存档。民众借此建构了民间信仰的对象，促进了医药行帮的成长；反过来，又凭借民间崇拜行为的习得与延续（包括纸马、庙会和行业神等），民间社会认可的"药王（实则神医）排行榜"一代一代地口传心授，以通俗易懂、简要概略的传神方式传承历代的"药王之神"，使得与药王崇拜相关的文化记忆得以延续。

（一）层累的"药王排行榜"

上述这批纸马流行于1930年代前后，1923年顾颉刚在《读书杂志》发表了《与钱玄同先生论古史书》，提出影响深远的"层累造成说"，他指出："时代愈后，传说中的古史期愈长"，"古史是层累地造成的，发生的次序和排列的系统恰是一个反背"，"时代愈后，传说中的中心人物愈放愈大"，我们即使"不能知道某一件事情的真确的状况，但可以知道某一件事在传说中的最早的状况"等。[①] 纸马《三皇十代明医》中人物的设置和形象的尺寸，可以说是这一学说的典型实例："三皇"是民间传说中最古老的药神，"十代明医"实际上只是为了烘托出远"三皇"的年代久而存在的，十位名医只能位居画面的底部，

---

① 顾颉刚：《古史辨》第一册，上海古籍出版社，1982年，第59—60页。

仅占画面的五分之二；而作为"药神"，"三皇"居上且硕大，三人占位五分之三；形象上与"十代明医"的尘世衣冠不同，"三皇"神迹饱满，以神农为例，他袒胸被草，头上长角，介乎先民和神兽之际。

有意味的是，《三皇十代明医》几乎是"层累地造成的中国古史"的图解——三皇同时代的岐伯、雷公，战国的扁鹊，汉代的淳于意、张仲景，魏之华佗，晋之王叔和、葛洪等拱立于唐之孙思邈、韦慈藏左右，共时地呈现在同一画面之中，直观地展现了历朝历代为民众所敬拜之神医，由此亦可理解名款上"十代"之确切用意——这是被百姓遵从、认可了的古代名医榜和民间医药史的历史积淀，是与医药相关的"民间历史意识"流变之图像呈现。

然而，纸马中常见的"狐仙之神"和"胡三太爷"等虽也为民众求医问药时所拜祭，但不登大雅，未入药王之列，可见民间药王崇拜受到官方意识形态制约的正统底色。《元史》载"元宗贞元年，初命郡国通祀三皇，如宣圣释奠礼……皇帝臣俞跗以下十人，姓名载于医书者，从祀两庑。有司岁春秋两祭行事，而以医师主之"[1]，宋徽宗追封唐代的孙思邈为"妙应真人"，北京药王庙乃武清侯李诚铭所立，这些都是正典化必要的挑选与认定的过程，也是教化纲常的确定过程。

药王庙的建造是药王崇拜正典化的确立与固化，北京地区的代表可见明代《帝京景物略》卷三"城南内外"中"药王庙"一节[2]：

---

[1] （明）宋濂：《元史》卷76《祭祀志五》，清乾隆四年武英殿校刻本，北京爱如生数字化技术研究中心电子影印本，第3591—3592页。
[2] （明）刘侗：《帝京景物略》卷三，明崇祯刻本，北京爱如生数字化技术研究中心电子影印本，第383—384页。

第六章 药王之神：大众崇拜的层累与"以图固史"

> 天坛之北药王庙，武清侯李诚铭立也。庙祀伏羲、神农、黄帝，而秦汉来名医侍。伏羲尝草治砭，以制民疾，厥像蛇身麟首，渠肩达掖，翯目珠衡，骏毫翁鬣，龙唇龟齿，叶掩体，手玉图，文八卦。神农磨蜃，鞭茇，察色，嗅尝草木而正名之，病正四百，药正三百六十有五，爰著本草，过数乃乱。厥像弘身牛颐，龙颜大唇，手药草。黄帝咨于岐雷而内经作，著之玉版。厥像附函、挺朵、修髯、花瘤、衮冕服。左次：孙思邈，曾医龙子，出千金方于龙藏者。右次，韦慈藏，左将一丸，右蹲黑犬，人称药王也。侧十名医：三皇时之岐伯、雷公，秦之扁鹊，汉之淳于意、张仲景，魏之华佗，晋之王叔和、皇甫谧、葛洪，唐之李景和，盖儒道服不一矣。

王树村认为《三皇十代明医》上的十位名医就是"岐伯、雷公、扁鹊、淳于意、张仲景、华佗、王叔和、皇甫谧、葛洪、李景和"[①]，这与药王庙中"十名医"的配置一致，但缺失了孙思邈和韦慈藏的"药圣"地位；而北京东岳庙药王殿的神像阵仗则符合《三皇十代明医》和《十代明医》的结合，但"皇甫谧、李景和"阙如。无论如何，总体上还是大同小异，不难发现在"对主题的偏爱、对色彩的选择、对形象的想象、对图案的设计还是对比例的安排"上，纸马、庙宇和文献都有着惊人的互文关系。纸马、典籍以及文物之间的相互印证表明，在京畿地区有关药王的"历史、价值和观念"，确实存在着一脉相承

---

① Wang Shucun, *Paper Joss, Deity Worship Through Folk Prints*, Beijing: New World Press, 1992, p.41.

之传统。

(二)以图固史与以图传史

需要留意的是,纸马的"以图固史",很大程度上并不是指经过史官稽考的正史。比如,《感应药圣韦真人》就整合了三种民间传说。第一种传说认为,韦真人是天竺国人,包头巾,唐开元二十五年(737年)入京师,腰寄葫芦,施药医疾;第二种传说认为他是唐初掌管宫廷膳食并精通医术的韦慈藏;第三种则说韦真人是韦善俊,长斋奉道,有青衣童子和黑犬陪侍。《感应药圣韦真人》(图6-9)中韦真人头扎纱巾,左手托葫芦,右手捻药丸,案前伏黑犬,总结三说为一人,足见民间崇拜对于传说的包容力,亦可见民众将"层累的古史"整合于单幅画像之机巧;客观的结果则是,这张纸马切合了更多信众之想象,才可能赢得更多客源,得以更广地传播。

图6-9 《感应药圣韦真人》
法兰西学院图书馆慨允使用

第六章　药王之神：大众崇拜的层累与"以图固史"　　　　/ 173 /

图6-10　《协力总圣执掌雷部纯阳孚佑帝君》　　图6-11　《九天应元雷声普化天尊》

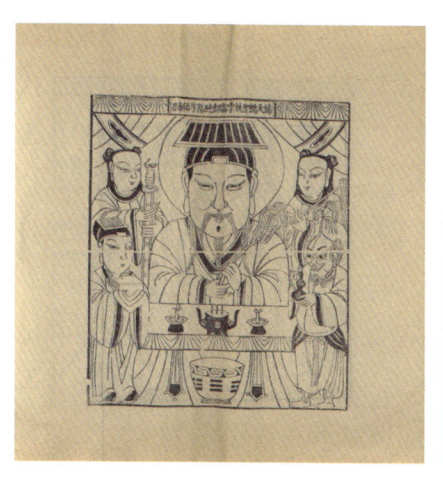

法兰西学院图书馆慨允使用　　　　　　　　　　哥伦比亚大学东亚图书馆慨允使用

　　另外，民间的文化记忆有随俗就便的特征，其历史表述常有叠加、混淆等变异现象。比如，按照富平安的采访，"不管在远古时代药物与雷电有没有关联，但在20世纪早期确实是有关的"①。《协力总圣执掌雷部纯阳孚佑帝君》（图6-10）纸马上的雷公和《九天应元雷声普化天尊》②（图6-11）纸马上的雷神，都会被求医问药者请回焚化，民众并不去辨析前者是传说中的人而后者是自然中的神，以至于太乙雷公既要负责"胃痛"，这恐怕是以经络针灸传世的雷公的本职；还要管"催产（惊胎）"和"划破手指（草木灰止血）"，这些估计就混

---

① Anne Swann Goodrich, *Peking Paper Gods: A Look at Home Worship*, Nettetal, Steyler Verlag: Monumenta Serica, 1991, p.147.
② 《九天应元雷声普化天尊》，访问日期：2023年6月3日，http://www.columbia.edu/cu/lweb/digital/collections/eastasian/paper_gods/collection/NYCP.GAC.0001.0058.html.

同了有声电奇功的雷神了。有趣的是，这种不劳细究的民间"误用"，却又隐藏着正史的草蛇灰线。"大迹出雷泽，华胥履之，生伏羲"①，伏羲氏的后裔是雷神所衍生，称"雷公"理所当然，拜药王的先祖也自然更有效。有学者考证，"以岐伯为代表的文化地域最早是以药物治疗为主要的手段，而以雷公为代表的东部文化，反映在医学上则是以针刺为主"②。雷神纸马在1930年代的北京，仍被用作药王祭祀；雷公和岐伯同列《十代明医》纸马……都是文化记忆残存的民间佐证。

如果说药王纸马中的主神有正史可依，那么其他构图要素则带着演义的基因了，往往得益于旧时笔记小说和神话故事。例如，王树村曾录《酉阳杂俎》二则，述昆明池龙献仙方三十予孙思邈和唐玄宗遣中使送龙王雄黄十斤的传说，"用这两个故事来同《灵应药王》图对照，可知图旁刻印的两个丸髻童子，一个中使，一个主簿，都是有根据的"③。药王纸马中常见的老虎，则是孙思邈的坐骑，民间传说是孙思邈画符收的，明清更是流传宣讲其神迹的《药王救苦忠孝宝卷》。更早则有宋元时期的《药王八十一难真经》，宣称扁鹊有81种救治世间疾患的灵力。再如，《三教搜神大全》卷四载"五瘟使者"，"昔隋文帝开皇十一年六月内，有五力士现于凌空三五丈余"④；是年大疫，死人无数；隋文帝遂修五瘟神庙祭祀，从此每逢端午，民众都要焚化《五

---

① （梁）沈约：《宋书》卷27《符瑞志上》，清乾隆四年刻本，北京爱如生数字化技术研究中心电子影印本，第1516页。
② 于铁成：《从岐伯雷公的文化背景看〈皇帝内经〉医学流派》，《天津中医学院学报》2002年第2期。
③ 王树村：《中国民间纸马艺术史话》，百花文艺出版社，2008年，第333页。
④ （宋）徐崇立：《三教搜神大全》卷三页二，长沙中国古书刊印社汇印本，1935年，第42页。

第六章　药王之神：大众崇拜的层累与"以图固史"　　　　　　　/ 175 /

图6-12 《五瘟圣众》

法兰西学院图书馆慨允使用

瘟圣众》（图6-12）[①]纸马、打扫庭院、驱邪避瘟。纸马作为俗文学画像，以视觉性的格套巩固了民间文学建构的历史想象；再借助纸马焚化等成系统的民间祭祀仪轨，以身体实践的方式潜移默化地传承了特定族群的文化记忆。这里面就有常被忽略的民间的信仰逻辑，普通民众的信仰多半不是来自于道教的所谓"教义"，而是更强调"灵验叙事"（诸如通过"药王有神力、祈求能够应验"等灵验故事的述说）和祭祀实践，以此来建构其信仰认同。

"纸马店辄常年不断地印各行'先师'、'仙翁'、'真人'、'帝君'等先圣祖师图像，以供各行祀祖祭日所需"[②]，药王崇拜旧时之盛景，还有一个不容忽视的原因——药王是行医者、药材的制售者等各类从业

[①] 《五瘟圣众》，访问日期：2023年5月6日，https://salamandre.college-de-france.fr/archives-en-ligne/ark:/72507/r3719z91ws040k/f24?context=ead::FR075CDF_00IHEC0001_de-47。

[②] 王树村：《中国传统行业诸神》，外文出版社，2004年，第6页。

者的"行业神"。行业发展的需要,维护着药王崇拜的长盛不衰。其中,既有大型的庙会活动,如《安国县志》记载,"清代起,每年从四月上旬始,全国各地药业商帮轮流邀班唱戏,祭祀药王和十大名医,持续20多天"[1];也有日常的营销行为,神农"是药剂师的守护神,每个月的初一和十五,药房都要给他上香,并且还要对药品打九折"[2]。这些交织着信仰、生意与节庆的民俗记录,使得在民间美术领域未见得珍稀的1930年代的纸马,具有了特殊的人类学和社会学价值。

综上可见,药王纸马是"层累说"的好例证,顾颉刚说:"我对于古史的主要观点,不在它的真相而在它的变化。"[3]"实在"层面的历史即使有也不可知,人们所能确知的只是"经验"层面的"历史"。就药王而言,亦即以药王纸马的形式刻画下来的民间医药史。药王纸马也是民间信仰与官方正统互动博弈的好例子,表面上的人神关系实质上是社会权力关系和组织结构互动的显现。药王通过获得册封而树立权威,而民众之追随又巩固其地位使崇拜成为传统;同时民间以不同于正史和官方祭奠的方式,通过灵验叙事、纸马焚化等手段,以口耳相传、习俗沿袭、仪式展演等方式将其信仰延续了下来。

本章小结

"人类精神的创造物不仅有审美视觉性,也有文化或政治的视觉

---

[1] 安国市地方志编纂委员会:《安国县志》,方志出版社,1996年,第872页。
[2] 〔美〕安·丝婉·富善著,李锦萍译:《东岳庙》,清华大学出版社,2018年,第73—74页。
[3] 顾颉刚:《古史辨》第一册,上海古籍出版社,1982年,第273页。

第六章 药王之神：大众崇拜的层累与"以图固史"

性，以及其他视觉性。这些创造物都以图像的形态呈现出来，一体多面。"[1] 药王纸马中的药王们及其毛笔、医书、纱布、药罐、药柜、膏药、葫芦乃至虎、黑犬等已经成为中医药的"格套化的符号"，他们是有着帝王之尊的药王而非游神散仙，他们手执的毛笔不是写书法的而是开方子的，供桌上的书特指医书，纸马背景中的柜子不是普通家具而是药柜……也就是说，这些作为能指的图像经历一代一代的民间崇拜，已经被符号化了，有着特定的所指，这些"符号格套"的传播和解读，在民间美术之外，敞开着思想史、生活史和社会史的多面空间。统一审视并再度阐释现藏于法兰西学院和哥伦比亚大学的这些民国时期的系列药王纸马，以它们为观照核心，由物见人，1930年代北京地区民众浸润于日常生活中的药王崇拜系统跃然眼前。借此去理解药王形象在中国民间的历史层累，或者说图像文化史视域下疾病疗治的历史书写、博弈和定型，乃至中医中药形象的传播与传承，无疑都更为生动直观且有说服力。药王纸马不单有俗信之用，亦有以图固史、以图传史之功；经由民间崇拜，它们深远地影响着民众的历史意识乃至社群文化记忆的赓续。

---

[1] 尹吉男：《什么是图像史的知识生成研究》，《美术研究》2021年第5期。

第七章
诸神之冠：纸神的冠饰秩序与民间的神灵谱系

  纸马是中国传统民俗物像中非常特异的存在。俗话说，"模糊不清是神马"，纸马为神像所依，版越古老，越使人相信它"灵应"，这一朴素的特质使其承续了诸多传统因素，既有物质文化层面的，也有信仰文化层面的。就研究而言，近者关乎艺术史中的人物画，宗教学中的民间信仰，文学中的神话和传奇，建筑史中的壁画与雕塑；远者涉及礼制文化史、社会思想史、中华服饰史等范畴，本应是众多学科汇聚的研究焦点。然而遗憾的是，目前仅海外汉学和国内民间美术界对其较为关注。禄是遒的《中国民间崇拜》和高延的《中国的宗教系统及其古代形式、变迁、历史及现状》等宏论，无一不是从纸马这一细微处入手，来概述中国人的精神世界。薄松年、王树村、张道一等，也有论及纸马发展史、地域特色和使用仪轨的著述存世[1]。然而，不论中外，大多局限于对"祭拜习俗"的描述，止步于视纸马为"现成品"去介绍其礼俗用途，而少有针对纸马本身的具体讨论，连对纸马的图像学阐释也往往失之宽泛或随意，特别是没能置于上述学科所反映的

---

[1] 薄松年：《中过灶君神祃》，人民美术出版社，2021年；王树村：《民间纸马》，中国轻工业出版社，2009年；张道一：《纸马：心灵的慰藉》，山东教育出版社，2018年。

第七章 诸神之冠：纸神的冠饰秩序与民间的神灵谱系

真实历史中去检验，仅停留于"看图说话"而常有误识。

在各地印绘的纸马中，北京纸马素以神像齐整、造型古朴而著称，相关文字文献丰富，纸马原档海内外尚有收藏，适合作为纸马研究的突破口。清末至民国初年，用于年节祭拜、婚丧嫁娶、盖房寿诞等的北京纸马总计约百种，俗称"百份"。民国初年的"百份"，恐是在民间信仰在系统消弭之前沉积于文化"帝都"的最后的民间底图，它们对应着民众通过民间信仰的神像谱系来标识、建构、辨别与自我满足的精神世界。哥伦比亚大学的"中国纸神专藏"，以北京纸马的完备性和原真性著称，本章从辨识诸神之冠开始，尝试在跨学科的视域中，理解这些神像上不同冠饰的真实历史来源，进而讨论民众经由纸马为媒的日常崇拜所建构的神灵系统及其相关的社会认知。

一 北京纸马上的主神及其组合

北京纸马在构图上颇具特性，都是以正面神像为主体，按占位大小和服饰差异来显示主从关系。画面以墨线版为主，多数有手绘敷色，一般在神像名号上涂以深水红，神像两侧涂以紫色，四周涂以浅水红，以提亮、突出神像。接受拜祭的神灵，在画面上有三种组合形式，按照主神的数量多寡，北京纸马可分为多神纸马、双神纸马和单神纸马三类，绝大多数受祭主神的名号直接以汉字形式，由右至左横列于纸马上框。

"多神纸马"是指在一个画面上接受拜祭的主神有三位或者三位以上的纸马，这些神像的组合有约定俗成的特定功用。主神一般位于画面中心，纸马上方的横梁处也会以文字标出，判断起来并不费力。

比如《家宅六神》①（图 7-1 左）上共有 10 个角色，主神有灶君、门神、户尉、土地、三姑夫人和井泉童子，是与家居生活关系密切的六位守护神，六位同时现身，同等重要，都是焚香祈福的对象；其中两位主神还有随从，灶君身边有主簿和侍童，土地公左右有勾魂小鬼和执杖童子。"专藏"中的"多神纸马"（表 7-1）从三神到全神不等，最多的《天地三界十八佛诸神》（见图 3-7）上的神灵有 156 位之多，众神齐聚一堂，是春节祭奉所需的天地全神像。

表 7-1 "专藏"中的"多神纸马"19 张 17 款

主神位数	纸马名称 / 藏品编号后四位	张 / 款数
3	三官大帝 /0004，三官 /0031，三义之神 /0157	3/3
4	四直功曹 /0131，四大天王 /0069	2/2
5	圈神 /0024、0104，五路之神 /0087	3/3
6	家宅六神 /0088	1/1
8	众神 /0120	1/1
9	灵感天仙圣母九位娘娘之位 /0196	1/1
10	冥府十王 /0055	1/1
72	七十二煞神 /0028、0158	2/2
73、79、156	万神殿 /0183，天地九佛诸神 /0184，天地三界十八佛诸神 /0205、0206、0207、0208	5/3

"双神纸马"（表 7-2）是指在一个画面上有且只有两位接受拜祭的主神的纸马，与"多神纸马"一样，不排除画面上除主神外有胁侍

---

① 《家宅六神》，2022 年 10 月 23 日，http://www.columbia.edu/cu/lweb/digital/collections/eastasian/paper_gods/collection/NYCP.GAC.0001.0206.html。

第七章　诸神之冠：纸神的冠饰秩序与民间的神灵谱系　　　　　　　　/ 181 /

等附属人物的形象存在。常见的有"夫妇组合"，如《床公床母》（见图 4-3）乃保护幼儿安全之神，一对主神夫妇端坐正中，左右下角各有一名侍从，另有 6 名扎髻小儿；再如《土公土母》①是一对老年夫妇的形象（图 7-1 右）。还有地位、功业一致的"同业组合"，如《梅葛仙翁》②上端左右分别为传说中的汉朝人梅福和晋朝人葛洪，环伺两名童子，他俩都是染布工人和刷印年画红纸艺匠所奉的行业神，下端对应有两名工匠染布劳动之景。

图 7-1　"专藏"中的"多神纸马"和"双神纸马"示例：《家宅六神》（左）、《土公土母》（右）

哥伦比亚大学东亚图书馆慨允使用

---

① 《土公土母》，2022 年 10 月 23 日，http://www.columbia.edu/cu/lweb/digital/collections/eastasian/paper_gods/collection/NYCP.GAC.0001.0088.html。
② 《梅葛仙翁》，2022 年 10 月 23 日，http://www.columbia.edu/cu/lweb/digital/collections/eastasian/paper_gods/collection/NYCP.GAC.0001.0119.html。

表 7-2 "专藏"中的"双神纸马"14 张 14 款

组合类型	纸马名称 / 藏品编号后四位	张 / 款数
夫妇	土公土母 /0015、0097，床公床母 /0016，财公财母 /0014、0089、0121	6/6
同业	喜贵之神 /0032，门神户尉 /0122，梅葛仙翁 /0119，药王之神 /0194，和合二圣 /0046、0107，风伯雨师 /0078，冰雹之神 /0159	8/8

哥大"专藏"中数量最多的是"单神纸马"，画面上有且只有一位接受拜祭的主神，其中少量彩色的产自东丰台等北京以外的地区，产自北京的墨线版纸马共计 110 张 85 款。

二 "单神纸马"上的神冠

"单神纸马"在"中国纸神专藏"中占比接近八成，涉及 53 位神圣，绝大多数都是正面半身像，头部比例夸张，占据画心位置，冠饰是标记性极强的区别性特征。"多神纸马"和"双神纸马"上的神像造型都是以"单神纸马"上的形象为蓝本，并且所有造型完全为"单神纸马"所覆盖，故下文的讨论皆以"单神纸马"为主。

（一）佛道类

"专藏"显而易见是一个集佛、道及民间鬼神于一体的众神体系，"单神纸马"中出现的佛道类冠帽（表 7-3）的原型都是高僧和道长的真实礼冠（图 7-2）。毗卢帽的冠上五佛，本是佛教密宗以毗卢遮那佛（大日如来）为首的最高级别的五尊神祇，唐"武宗毁佛"前为官寺奉祀，后不为民间寺院所拜，倒是僧侣把"五方五佛"雕刻到帽上，俗

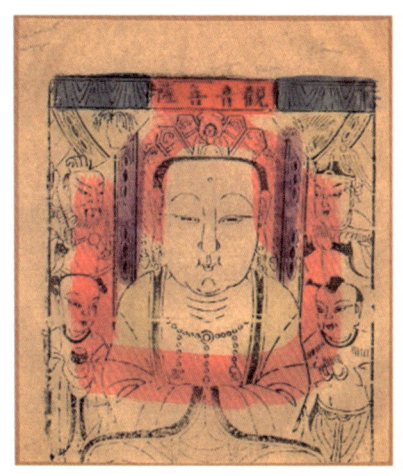

第七章　诸神之冠：纸神的冠饰秩序与民间的神灵谱系　　　　　/ 183 /

图 7-2　戴佛道头冠的神像示例：《观音菩萨》（左）、《鲁公输子先师》（右）

哥伦比亚大学东亚图书馆慨允使用

称"五佛冠"。如《观音菩萨》①、《普贤菩萨》和《文殊菩萨》头戴的五佛冠即是正面直视，五佛横列俱现。观音是阿弥陀佛的胁侍，冠上正中另有化佛一尊。《四大天王》上每位天王所戴只能看到佛冠之三瓣，另两瓣隐在脑后。《地藏王菩萨》则有七瓣，类似多于五佛的冠饰见于山西平遥双林寺大雄宝殿里的毗卢遮那佛和卢舍那佛的明代塑像上②。《白衣送子观音》头戴佛字冠，上覆头巾，面带男相，具有过渡阶段白衣观音的特点，这种造型见于唐以前的寺庙塑像，如山西灵丘觉

---

① 《观音菩萨》，2022 年 10 月 23 日，http://www.columbia.edu/cu/lweb/digital/collections/eastasian/paper_gods/collection/NYCP.GAC.0001.0001.html。
② 金维诺编：《中国寺观雕塑全集·明清寺观造像》，黑龙江美术出版社，2005 年，图版 87、88。

山寺辽代舍利塔底层的观音塑像①，面相俊雅，花冠上罩着白色风帽。

"单神纸马"中戴道教莲花冠的神，有《司命之神》和《鲁公输子先师》②，冠饰是明代的式样，乃高功法师上坛时佩戴，外形若盛开之莲；在建于明代的宝宁寺水陆画"午未申酉戌亥十二元辰星君"③中，六位元辰星君都戴着同款莲花冠。

表 7-3 "单神纸马"上的佛道头冠等 10 张 10 款

类型	纸马名称 / 藏品编号后四位	张 / 款数
五佛冠	观音菩萨 /0001、普贤菩萨 /0128、文殊菩萨 /0003、地藏王菩萨 /0073	4/4
佛字冠	白衣送子观音 /0133	1/1
莲花冠	司命之神 0019、0111，鲁公输子先师 /0057、0103、0161	5/5

（二）帝王冠

"单神纸马"中出现的大多数冠饰的原型并非来自于佛、道两教派，而是基于古代朝廷的冠服制度。纸马所体现的帝王之冠（表 7-4），主要有"冕冠"、"通天冠"和"天子小冠"三类，都来源于现实冠服。

---

① 中国寺观壁画全集编辑委员会编：《中国寺观壁画全集·早期寺院壁画》，广东教育出版社，2011 年，图版 65。
② 《鲁公输子先师》，2022 年 10 月 23 日，http://www.columbia.edu/cu/lweb/digital/collections/eastasian/paper_gods/collection/NYCP.GAC.0001.0103.html。
③ 陕西省博物馆编：《宝宁寺明代水陆画》，文物出版社，1985 年，图版 67。

第七章 诸神之冠：纸神的冠饰秩序与民间的神灵谱系

表 7-4 "单神纸马"上的帝王头冠 14 张 13 款

类型	纸马名称 / 藏品编号后四位	张 / 款数
冕冠	玉皇上帝 /0105、0105a，威显关圣大帝 /0002、0033、0084	5/4
通天冠	正：后土皇帝 /0026，太仓之神 /0137	6/6
	侧：太阳星君 /0129，太阴星君 /0025、0125，龙王之神 /0094	
天子小冠	总管河神 /0038，感应药王 /0126，灵应河神 /0117	3/3

"冕冠"是帝王祭祀所戴的最高等礼冠，始于周代，秦代废止，东汉明帝复兴，沿用至明代。古礼中冕服有六冕之别，但美术图像上多画"衮冕"，头上的"旒冕"（图 7-3），前后有十二旒，形象最为经典。从唐阎立本《历代帝王图》中的晋武帝画像到山东邹城市鲁荒王朱檀墓中出土的明代冕冠实物，都可看出"冕版"、"旒"和"冠缨"等主要构件。《威显关圣大帝》（图 7-4）上这些要件清晰可辨：内外套叠的两个等腰梯形示意"冕版"的前倾之势，七列上下纵排的两个圆形代表由玉珠串成的"旒"，两耳侧有平行竖条表示垂下的"冠缨"。这些线条和几何图形并非写实，比如"旒"的条数是虚指，《威显关圣大帝》[①] 有 2 款 3 张，两张"冕冠"刻七旒，一张刻九旒；旒长也止于额头。比较永乐宫壁画上的"玉皇大帝"[②]，其冠十二旒与珠玉借助彩色，纤毫毕现，可见北京纸马的神像造型更倾向于象征而非写实。

---

① 《威显关圣大帝》，2022 年 10 月 23 日，http://www.columbia.edu/cu/lweb/digital/collections/eastasian/paper_gods/collection/NYCP.GAC.0001.0002.html。
② 肖军编写：《永乐宫壁画》，文物出版社，2008 年，第 167 页。

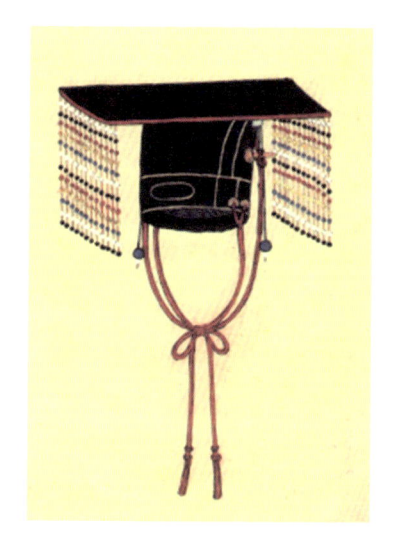

图 7-3 《明宫冠服仪仗图》旒冕③　　图 7-4 《威显关圣大帝》

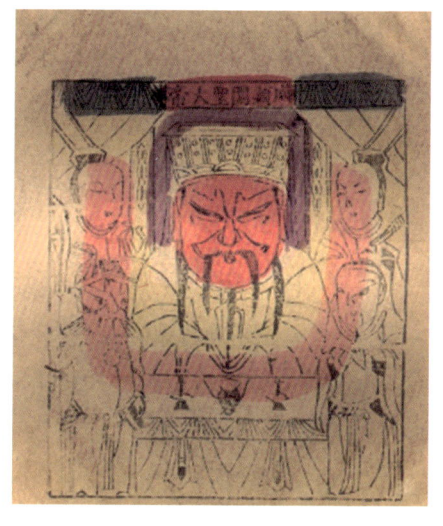

哥伦比亚大学东亚图书馆慨允使用

"通天冠"在汉代是皇帝常服所用的冠，南北朝以来升等为朝服冠，用于大朝会、大册命、祭祀还宫等重要场合，级别仅次于祭祀所用的冕冠。宋代以来，神仙图像上多见通天冠服，以至于吴自牧在《梦粱录》中感慨："上御冠服，如图画星官之状，其通天冠俱用北珠卷结，又名'卷云冠'。"① "单神纸马"中共有 6 张出现通天冠，有正面和斜侧面两种构图，尽管做了矮化处理，但前低后倾的形象鲜明，只是原为官阶品级标记的梁的数量为虚指，从 4 根到 7 根不一；装饰

---

① （宋）吴自牧：《梦粱录》卷五，清嘉庆十年虞山张氏照旷阁刻学津讨原本，北京爱如生数字化技术研究中心电子影印本，第 117—118 页。

第七章　诸神之冠：纸神的冠饰秩序与民间的神灵谱系　　　/ 187 /

性的"金博山"和"额花"，都以几何图形略表；"琪珠"和"簪导"或有出现，而系于下颌的"冠缨"因在墨线版中与面颊线条重合而被略去。《三官大帝》①（图7-5）是组件较为完备的一张，与《明宫冠服仪仗图》中的配图②（图7-6）完全匹配，宝宁寺水陆画《天地水府三官大帝众》中，三官大帝分别以正面、45°斜侧面和90°侧面示人，三个不同角度的通天冠跃然纸上。

图7-5 《三官大帝》

哥伦比亚大学东亚图书馆慨允使用

图7-6 《明宫冠服仪仗图·通天冠》

---

① 《三官大帝》，访问日期：2022年10月23日，http://www.columbia.edu/cu/lweb/digital/collections/eastasian/paper_gods/collection/NYCP.GAC.0001.0004.html。
② 北京市文物局图书资料中心：《明宫冠服依仗图·冠服卷（一）》，北京燕山出版社，2015年，第15页。

另外，宋代还有一种天子小冠，作为闲居之服。《宋史》载："初，高宗践阼于南都，隆祐太后命内臣上乘舆服御，有小冠。太后曰：'祖宗闲居之所服也，自神宗始易以巾。愿即位后，退朝上戴此冠，庶几如祖宗时气象。'"① 如《御世仁风》②（图7-7左）中唐太宗、宋哲宗等皇帝所戴，比通天冠窄小，只及头顶，束于发髻，结构上是较小的梁冠，应即天子小冠。《感应药王》（见图6-4、图6-7）、《灵应河神》③（图7-7右）等所戴与此相同。

图7-7 《御世仁风》唐太宗天子小冠形象（左）、《灵应河神》（右）

哥伦比亚大学东亚图书馆慨允使用

① （元）脱脱：《宋史》卷一百五十一《舆服志》，清乾隆武英殿校刻本，北京爱如生数字化技术研究中心电子影印本，第6638、6639页。
② （明）金忠：《御世仁风》卷一，明万历四十八年刻本，文物出版社，2018年，第12页。
③ 《灵应河神》，访问日期：2022年10月23日，http://www.columbia.edu/cu/lweb/digital/collections/eastasian/paper_gods/collection/NYCP.GAC.0001.0117.html。

（三）娘娘凤冠

"娘娘"是汉语里对女性的一种敬称，一般用于称呼皇后、妃嫔等贵族女性，这也是敬称女神为"娘娘"的现实影响因素。"专藏"中女神占比很小，而且多数集中在婚育神的类别，几乎都戴"凤冠"（表7-5）。"凤冠"有真实的历史来源，且有两个不同的系统。

一种是作为后妃礼冠的"龙凤冠"，源于北朝至唐的花树蔽髻系统，如扬州曹庄隋炀帝墓出土的萧后冠，至宋代演化出龙凤冠，明代又发展出礼服冠和常服冠[①]。这类冠的基座是覆盖头部的"圆匡"，如明定陵出土的九龙九凤冠和三龙两凤冠，传世的"宋元明历代帝后像"中也有相应形象，但这种龙凤冠只有后妃才有资格佩戴，百姓见到的机会很少。

女神头上的凤冠则是另一种，它以梁冠为基座，前方插戴大凤钗，两侧插戴小凤钗，并衔珠结。"中国纸神专藏"中10位娘娘戴的"凤冠"就属于这一类：《王母娘娘》[②]还能看到里面的梁冠，而掌管生育功能的《天仙娘娘》等8位娘娘，冠额上正中的凤比较大，双翅展开，尾翼翘张，挡住了梁冠。这一形式源于魏晋南朝以来的雀钗双鬟系统[③]，如山西晋城二仙殿里传为宋代所塑的两位仙姑[④]头梳大双鬟，插三只凤钗。宝宁寺明代水陆画中的"安济夫人"[⑤]，以及《鱼蓝菩

---

① （清）张廷玉等：《明史》卷六十六，中华书局，1974年，第1621—1622页。
② 《王母娘娘》，访问日期：2022年10月23日，http://www.columbia.edu/cu/lweb/digital/collections/eastasian/paper_gods/collection/NYCP.GAC.0001.0123.html。
③ 池文汇、胡晓：《中国步摇源流考辨及形态复原》，载《形象史学（2022年春之卷）》，中国社会科学出版社，2022年，第63页。
④ 李松：《中国寺观雕塑全集·五代宋寺观造像》，黑龙江美术出版社，2005年，第186、187页。
⑤ 陕西省博物馆编：《宝宁寺明代水陆画》，文物出版社，1985年，图版122—123。

图 7-8 戴娘娘凤冠的单神纸马示例：王母娘娘（左）、天仙娘娘（中）、鱼蓝菩萨（右）

哥伦比亚大学东亚图书馆慨允使用

萨》[①]头上是大鬟髻配大凤钗。历史上的明代女性多以梁冠搭配凤钗，也称"凤冠"。这类凤冠的使用场合和人群较广，高等贵族、普通士绅的女眷，在婚嫁或重大礼仪场合都可以佩戴，较少受官方礼制的约束。（图7-8）

"中国纸神专藏"中绝大多数女神都是头顶凤冠，只有3处例外。一是《太阴星君》戴通天冠。二是《王二爷之神》中的"康氏"，挽着鬟髻，没戴头冠。三是《土公土母》中的"土母"戴的是明末清初的"珠梁冠"（见图7-1）。

表 7-5 "单神纸马"上的娘娘凤冠 18 张 14 款

类型	纸马名称/藏品编号后四位	张/款数
凤冠	王母娘娘/0123，鱼蓝菩萨/0068，天仙娘娘/0005、0006，眼光娘娘/0012、0110，送生娘娘/0009，催生娘娘/0007、0008，奶母娘娘/0013、0013a、0013b，引蒙娘娘/0010、0011，陪姑娘娘/0093、0191（疑同款），斑疹娘娘/0070、0070a	18/14

[①] 《鱼蓝菩萨》，访问日期：2022年10月23日，http://www.columbia.edu/cu/lweb/digital/collections/eastasian/paper_gods/collection/NYCP.GAC.0001.0068.html。

（四）文官帽冠

"中国纸神专藏"中数量最多的神像是参照文武百官的形象来佩戴冠饰的，幞头是其中的基本款，这从"单神纸马"中的文官头冠中即可见一斑（见表7-6）。"幞头于南北朝晚期出现以后，历唐、宋、金、元、明直至清初，其最后的变体才为满式冠帽所取代。通行的时间前后长达一千余年。"[①]《梦溪笔谈》卷一说："本朝幞头有直脚、局脚、交脚、朝天、顺风，凡五等，唯直脚贵贱通服之。"[②] 正因如此，"单神纸马"中戴幞头的神像不仅数量最多，其款式涉及的年代也最为广泛。历代幞头式样繁多，文武贵贱兼有，并非文官专属，但纸马神像中，文官佩戴最多的冠饰就是幞头。《御世仁风》是针对君王的劝谏绘本，其中臣子之冠最多的就是各式幞头，如卷一第十四幅上群臣戴有朝天幞头一、直脚幞头一并乌纱帽二。[③]

表 7-6 "单神纸马"上的文官头冠 24 张 19 款

类型	纸马名称/藏品编号后四位	张/款数
垂脚幞头	三窑之神 /0118，文昌帝君 /0056	2/2
直脚幞头	五斗星君 /0067，东斗星君 /0064、0064a，文昌梓童帝君 /0160，城隍之位 /0021、0162，城隍 /0022（漏印），城隍之神 /0162，五显财神 /0124，增福积宝财神 /0115，增福财神 /0092、0092a（疑不同款）、0020，利市迎喜仙官 /0101、0101a，水夫之神 /0063、0063a，油管之神 /0066、0066a，羊王之神 /0065、0065a	21/16
三山帽	二郎妙道真君 /0029	1/1

---

① 孙机：《中国古舆服论丛》，文物出版社，2001年，第205页。
② （宋）沈括：《梦溪笔谈》卷一，学津讨原本，北京爱如生数字化技术研究中心电子影印本，第15—16页。
③ （明）金忠：《御世仁风》卷一，第14页。

中晚唐以来，有的幞头两脚延长，变为硬制，向两侧下垂，称为"垂脚幞头"，如《三窑之神》①主神所戴。至五代出现了"直脚幞头"（或曰展脚幞头），这一脉式样在宋、元、明成为通用的官帽，也是"单神纸马"中帽冠出现最多的样式，从《五斗星君》到《五显财神》，从《城隍之位》②到《水夫之神》所戴都是幞头。需要说明的是，《城隍》疑似漏印了幞头的直脚，因为硬制巾子与硬脚是配套制作的，参照《城隍之位》即可看出应有之样式，毕竟城隍是"县官"也是"现管"，对一方百姓意义攸关，不可能戴阶衔较低的无脚幞头。（图7-9）

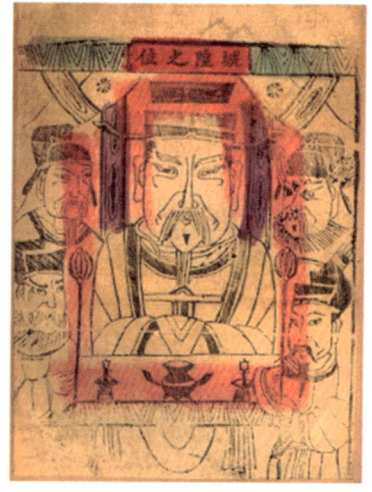

图7-9 《三窑之神》（左）、《城隍之位》（右）

哥伦比亚大学东亚图书馆慨允使用

① 《三窑之神》，访问日期：2022年10月23日，http://www.columbia.edu/cu/lweb/digital/collections/eastasian/paper_gods/collection/NYCP.GAC.0001.0118.html。
② 《城隍之位》，访问日期：2022年10月23日，http://www.columbia.edu/cu/lweb/digital/collections/eastasian/paper_gods/collection/NYCP.GAC.0001.0021.html。

除了幞头，来自于文官冠饰的还有一款三山帽，为《二郎妙道真君》①中二郎神所戴。民间的二郎神信仰在宋元明的杂剧如《二郎神锁齐天大圣》《灌口二郎斩健蛟》等中已有出现，《西游记》写二郎神"头戴三山飞凤帽，身穿一领淡鹅黄"②，冠服款式和色调正是山西繁峙公主寺大雄宝殿西壁上"清源妙道真君"的形象③，"清源妙道真君"的原型应是青城道士赵昱。民间信仰中二郎神的来源说法各异，但都戴三山帽，"一名二郎帽，皆出自闾巷相传，不知其制所始"④。实际上，三山帽的前身是皇帝侍从官所带之帽，五代敦煌莫高窟第61窟壁画帝王图就已经出现雏形，用于搭配公服⑤（图7-10）。

（五）武将军吏冠饰

武将军吏的冠饰，涵盖凤翅盔、紫金冠、武将幞头和军吏帽笠等各款（表7-7）。武将除了头冠，盔甲战袍也是非常直观的标记性装束。

---

① 《二郎妙道真君》，访问日期：2022年10月23日，http://www.columbia.edu/cu/lweb/digital/collections/eastasian/paper_gods/collection/NYCP.GAC.0001.0029.html。
② （明）吴承恩：《西游记》第六回，明万历二十年刻本，北京爱如生数字化技术研究中心电子影印本，第154页。
③ 中国寺观壁画全集编辑委员会编：《中国寺观壁画全集·明清寺观水陆法会图》，广东教育出版社，2011年，图版34。
④ （明）王圻、王思义：《三才图会》，衣服一卷第二十五页，明万历王思义校正本，上海古籍出版社，1985年影印本，第1505页。
⑤ 段文杰主编：《中国敦煌壁画全集·五代宋》，辽宁美术出版社，2006年，第62页。

图 7-10 《二郎妙道真君》(左)、五代敦煌莫高窟第 61 窟壁画帝王图侍从(右)

左图由哥伦比亚大学东亚图书馆慨允使用

表 7-7 "单神纸马"上的武将头冠 27 张 23 款

类型	纸马名称/藏品编号后四位	张/款数
凤翅盔	护法韦驮尊神/0108,青龙之神/0095,白虎之神/0023、0127,托塔李天王/0054,管山之神/0090、0130,无敌大炮大将军/0102,含□□神/0053	9/9
紫金冠	水草马明王/0091、0113(疑同款),三界直符使者/0030、0030a,南方火德星君/0017、0195	6/4
武将幞头	玄坛赵元帅/0083、0083a,聚宝招财/0041、0106、0136,监斋使者/0062、0062a,青苗之神/0052、0079	9/7
军吏帽笠	周仓之神/0059,白马先逢/0096,王二爷之神/0080	3/3

凤翅盔因兜鍪两侧有凤翅形的装饰而得名,河北曲阳王处直墓

出土浮雕人物所戴即凤翅盔①（图 7-11），宋代定型成为典型的头盔样式。"单神纸马"中有 7 位属天王、护法和大将军等的神将，他们以明代世俗将帅戎装为参照，所戴凤翅盔，五个构件中有四个清晰可辨，分别是"缨枪、盔顶、盔体、抹额"。在纸马《护法韦驮尊神》②、《白虎之神》和《无敌大炮大将军》中还可看到另一构件"顿项"（即头盔后翻折起来的帘状物）的三种变形图示，《含□□神》可见策马

图 7-11　护法韦驮尊神（左）、河北曲阳王处直墓出土浮雕（中）、《三才图会》头鍪（右）

哥伦比亚大学东亚图书馆慨允使用

---

① 华东师范大学艺术研究所：《王处直彩绘浮雕武士石刻及局部》，《中国美术研究》第 29 辑，上海书画出版社，2019 年，封二图 1。
② 《护法韦驮真神》，访问日期：2022 年 10 月 23 日，http://www.columbia.edu/cu/lweb/digital/collections/eastasian/paper_gods/collection/NYCP.GAC.0001.0108.html。

疾驰中凤翅盔动态中的侧影。宝宁寺水陆画中的韦驮①与《护法韦驮尊神》纸马的造型如出一辙，只是"顿项"加长并变形为飘带，更有仙界飘逸之感。

此外还有"紫金冠"，因其一般只罩住发髻，又称"束发冠"。宋人《梦林玄解》在"紫金冠"条下曰："公子王孙之服饰也。"②也称"太子冠"，与天子小冠同源。此冠既为贵族少年所用，如《三才图会》中所示"束发冠"是明代流行的款式，云"此即古制，尝见三王画像多作此冠，名曰束发者，亦以厪能撮一髻耳"③。至清代如改琦所画的《红楼梦》人物中，贾兰、贾蓉、甄宝玉也是一色的紫金冠。④另一方面，还多用于年轻武将，如《三国演义》吕布头戴"三叉紫金冠"，少壮派神像也多以此冠搭配铠甲，如纸马《三界直符使者》、《水草马明王》和《南方火德星君》，以及永乐宫三清殿壁画上的"青龙君"与"白虎君"⑤，宝宁寺明代水陆画中的星君⑥等，都戴紫金冠。《三界直符使者》⑦在道教科仪中也有被称作"传香童子"、"奏事童郎"，他的紫金冠前缀有一簇红缨，借此展现神驹信使之疾驰。相对于戴盔，紫金冠更突出了武将高贵的身份。（图7-12）

---

① 陕西省博物馆编：《宝宁寺明代水陆画》，1985年，图版94。
② （宋）邵雍辑，（明）陈士元增删，何栋如重辑：《梦林玄解》卷十六《梦占》，明崇祯九年刻本，第1183页。
③ （明）王圻、王思义：《三才图会》衣服一卷第二十五页，第1505页。
④ （清）改琦：《清彩绘红楼仕女图》，中国书店，2009年，册页本。
⑤ 肖军编写：《永乐宫壁画》，文物出版社，2008年，第178、179页。
⑥ 陕西省博物馆编：《宝宁寺明代水陆画》，文物出版社，1985年，图版72。
⑦ 《三界直符使者》，访问日期：2022年10月23日，http://www.columbia.edu/cu/lweb/digital/collections/eastasian/paper_gods/collection/NYCP.GAC.0001.0030.html。

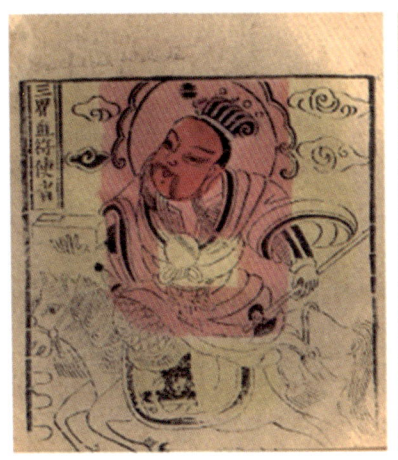

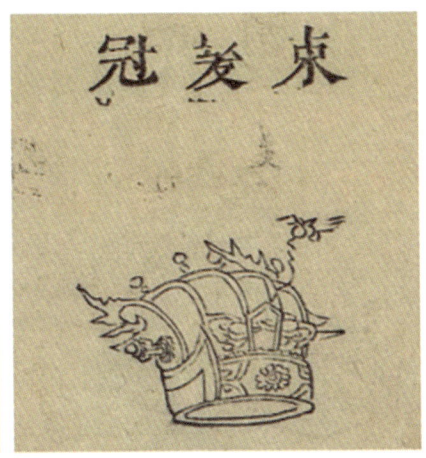

第七章　诸神之冠：纸神的冠饰秩序与民间的神灵谱系　　　　　/ 197 /

图 7-12　《三界直符使者》（左）、《三才图会》束发冠（右）

左图由哥伦比亚大学东亚图书馆慨允使用

　　《玄坛赵元帅》所戴武将幞头，两侧以"8"字形代表翻折的幞头硬脚，呈现"朝天幞头"的形象，宋《清异录》中就记有"广顺初簿阅太庙杂物，其间有珠络平金朝天幞头一事"[①]。不过，宋元明时期赵公明的图像在民间刊刻的搜神类书籍中多是"交脚幞头"，"朝天幞头"多出现于清和民国时期的纸马等民俗版画上，配以道袍，内衬铠甲。《聚宝招财》[②]（图 7-13）所戴幞头有局部网格，是为了呈现幞头外罩之黑漆纱罗的半透明效果（明代在此种幞头基础上演变出"将巾"）。由于北京纸马多为墨线版，只能简化成局部网格的样子，但已足见其造

---

① （宋）陶谷：《清异录》卷三，宝颜堂秘笈本，北京爱如生数字化技术研究中心电子影印本，第 209 页。
② 《聚宝招财》，访问日期：2022 年 10 月 23 日，http://www.columbia.edu/cu/lweb/digital/collections/eastasian/paper_gods/collection/NYCP.GAC.0001.0041.html。

图 7-13 《聚宝招财》

哥伦比亚大学东亚图书馆慨允使用

型的来由有据。《监斋使者》和《青苗之神》所戴"无脚幞头",顶部低矮,内衬巾子,两带系于额前或者头顶,身穿铠甲,一般是低阶军吏的装束。

在人神之间传达并执行神仙指令的低阶军吏,除了幞头外,也有戴帽子和斗笠的,对应的是古代社会治理体系中的"吏卒",是一些官阶很低的胥吏与衙役。"中国纸神专藏"中可见如下几种。

"卷檐帽"并非汉制,明朝刊印的多本书籍可相互参照,"近年以来京城内外军民男妇,每遇冬寒,男子率用貂狐之皮制高顶卷檐帽,谓之胡帽"[①];《三才图会》直接称其为"鞑帽":"皮为之,以兽尾缘檐

---

① (明)何乔新:《椒邱集》卷三十三,明嘉靖元年刻本,北京爱如生数字化技术研究中心电子影印本,第 1531 页。

第七章 诸神之冠：纸神的冠饰秩序与民间的神灵谱系　　/ 199 /

或注于顶，亦胡服也。"①"单神纸马"《周仓之神》中作为关羽的副将的周仓，就是手持青龙偃月刀，头上戴的就是"卷檐帽"。

"钹笠帽"是元代最普遍的帽式，因与铜钹形似而得名，即所谓"官民皆带（戴）帽，其檐或圆"②。安西榆林窟第三窟甬道北壁上的元代男性供养人③就头戴钹笠帽，帽顶饰羽毛，是年轻的蒙古贵族形象，与《白马先逢》④（图7-14）的头饰完全一致。进入明代之后，钹笠帽

图7-14 《白马先逢》

哥伦比亚大学东亚图书馆慨允使用

① （明）王圻、王思义：《三才图会》衣服一卷第二十五页，第1505页。
② （明）叶子奇：《草木子·杂制篇》，清乾隆五十一年刻本，北京爱如生数字化技术研究中心电子影印本，第154页。
③ 敦煌研究院编：《中国石窟·安西榆林窟》，文物出版社、株式会社平凡社，1997年，图版178。
④ 《白马先逢》，访问日期：2022年10月23日，http://www.columbia.edu/cu/lweb/digital/collections/eastasian/paper_gods/collection/NYCP.GAC.0001.0096.html。

仍然广泛存在，但"明代钹笠帽使用的主要人群社会阶层并不高，为一些职役人员所戴，成为其身份性的帽式"[1]。其中就有明代负责传递文书信件的"驿使"，《白马先逢》中头戴遮阳挡雨钹笠帽的神像，正是人神之间的"邮役"。

"单神纸马"中受胡服影响的冠饰还有一款是《王二爷之神》中王二爷头上的毡笠，其与钹笠帽的区别只是脑后的帽檐夸张上扬而已。"王二爷出处不详，疑是古时一名脚夫死后成神者，为运输业供奉。"[2]《三才图会》引用杜甫《秦州杂诗二十首》其三说明："此胡服也，胡人谓之'白题'。杜诗'马骄朱汗落，胡舞白题斜'是也。"[3] 其中的"白题"，就是指古代匈奴部族所戴的毡笠。由此推测，脚夫群体以戴毡笠的"王二爷"为行业神，应与胡人擅长远途车马运输有关。

（六）其他

纸马神像中，还有一些男子装束处于朝廷冠服系统之外，尤其是各式巾的造型（表7-8），为神仙赋予了其他社会身份。

表7-8 "单神纸马"上的巾5张5款

类型	纸马名称/藏品编号后四位	张/款数
东坡巾	土地正神/0037、0100、0112，给孤长者/0051	4/4
网巾幞头	黄河金龙四大王/0098	1/1

---

[1] 罗玮：《汉世胡风：明代社会中的蒙元服饰遗存研究》，首都师范大学，硕士学位论文，2012年。
[2] 刘莹主编：《中国古版年画珍本·北京卷》，湖北美术出版社、北京工艺美术出版社，2015年，第129页。
[3] （明）王圻、王思义：《三才图会》衣服一卷第二十六页，第1505页。

例如,"东坡巾"是一种"前后左右各以角相向,着之则角界在两眉间"①的高帽,因苏轼画像上着此帽而得名,明及以后的文献中始见这一名称。纸马《土地正神》②和《给孤长者》③纸马(图7-15)都戴着东坡巾,体现了他们的名士、长者身份。

再如,造型比较特别的《黄河金龙四大王》④(图7-16),富平安认为,"他戴着一顶非同一般的帽子,像个网罩,上面的王冠缠着围巾,巾尾垂于两侧"⑤。实际上,他额头罩的是网巾。"洪武二十四年,帝微行至神乐观,见有结网巾者。翼日,命取网巾,颁示十三布政使司,人无贵贱,皆裹网巾,于是天子亦常服网巾。"⑥可见,网巾是贵贱通用的一种束发巾,而上加幞头、围白巾则常见于士绅装束。网巾多用黑色丝绳、马尾或棕丝编织而成,裹在头上,用于收拢额前碎发,使头发齐整,一般衬在冠帽之内,也可直接露在外面。这种网巾加幞头的形式,与唐代透额罗幞头有一定渊源。例如,榆林窟第25窟北壁东侧弥勒经变中的两个图像例证:"嫁娶"中新郎的岳父和"临终"中的老者⑦,人像额前均用较大面积用线条交叉来表示"纱罗",造型为透额罗加幞头,在唐代颇为流行。有学者依据这款幞头和其他旁证,认为"榆林窟第25窟婚嫁图绘制年代与该窟营建时代一致,应在776—783

---

① (明)王圻、王思义:《三才图会》衣服一卷第二十二页,第1503页。
② 《土地正神》,访问日期:2022年10月23日,http://www.columbia.edu/cu/lweb/digital/collections/eastasian/paper_gods/collection/NYCP.GAC.0001.0037.html。
③ 《给孤长者》,访问日期:2022年10月23日,http://www.columbia.edu/cu/lweb/digital/collections/eastasian/paper_gods/collection/NYCP.GAC.0001.0051.html。
④ 《黄河金龙四大王》,访问日期:2022年10月23日,http://www.columbia.edu/cu/lweb/digital/collections/eastasian/paper_gods/collection/NYCP.GAC.0001.0098.html。
⑤ Anne Swann Goodrich, *Peking Paper Gods: A Look at Home Worship*, p.182.
⑥ (清)张廷玉等:《明史》卷六六《舆服二》,中华书局,1974年,第1620页。
⑦ 敦煌研究院编:《中国石窟·安西榆林窟》,第24、23页。

图 7-15 《土地正神》(左)、《给孤长者》(右)

哥伦比亚大学东亚图书馆慨允使用

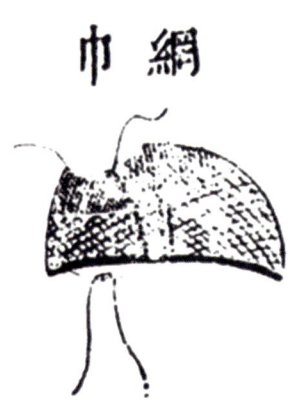

图 7-16 《黄河金龙四大王》、《三才图会》网巾[1]

左图由哥伦比亚大学东亚图书馆慨允使用

---

[1] (明) 王圻、王思义:《三才图会》衣服一卷第二十页,第 1502 页。

年之间"[①]。

"黄河金龙四大王"在《杭州府志》、《通俗编》和《陔余丛考》等明清方志、笔记等古籍中多有记载。"金龙四大王,诸书皆以为南宋末诸生谢绪。谢绪虽一介书生,而自赴国难,亦人鬼之豪者。当地人民受元统治者之压迫,祀谢生以申其志,也在情理之中。朱元璋打天下,惯弄神道设教之手段,利用各地民间信仰,诡称受神灵佑护,也为常事。四大王之封,或始于明初欤?"[②] "黄河金龙四大王"之后又被奉为漕运之神,至清末民初香火亦盛。

谢绪未曾为官,所以头上不戴官帽,而是采用了亲民的网巾幞头造型,其身上穿着龙纹补子的圆领袍官服是"水王"的身份象征。民间信仰中灵活通融的情理依据及其相应的冠服表现形式,从《黄河金龙四大王》中可见一斑。

三 诸神之冠:具有识别"意味"的"格套"

综述上文谈及的北京墨线版的"单神纸马"上的诸神,看似纷杂,但每一款的冠饰,都有其明确的历史原型,也就是说,这些头冠都是有"意味"的"格套",是每位神圣自具理据的区别性特征,是能起到识别作用的符号。

(一)无冠

不妨从反向再次论证。"专藏"中北京产墨线版"单神纸马"共有 85 款,含有 11 款 12 张是没有头冠的(表 7-9),原因也很明确。

[①] 沙武田:《榆林窟第 25 窟:敦煌图像中的唐蕃关系》,商务印书馆,2016 年,第 196 页。
[②] 吕宗力、栾保群:《中国民间诸神》,河北教育出版社,2000 年,第 294 页。

其中有佛教神祇如《释迦》[①]和《燃灯古佛》,其头像皆为肉髻螺发,如《佛说观无量寿佛经》云,"顶上肉髻如钵头摩花";《九天应元雷神普化天尊》中雷祖头顶寸发,无冠,和北京白云观"雷祖殿"中的雷祖塑像一致;《本命星君》[②]中星君是无发长须的长者形象,落发的高脑门醒目;而《痘儿哥哥》和《痘儿姐姐》作为《斑疹娘娘》的辅神,则是两个扎髻小儿的样子。"造酒仙翁"和"园林树神"在行业神中是非常特殊的,他们不是有史可考的祖师爷,而是传说中的形象,宝宁寺水陆画上有类似披头散发的神怪[③],"金刚密迹等众"额上就饰有和《园林树神》[④]同款的"如意云头"。这11款神像以无冠形象示人的理由十分明确:或佛祖或仙怪,或年迈或年幼,需要借助发式突出其特异性,故以不戴帽子的形象示人。有冠与无冠,双向证实了纸马的造型确实是"无一笔无来历"的。(图7-17)

表7-9 "单神纸马"中的无冠神像12张11款

类型	纸马名称/藏品编号后四位	张/款数
佛教神祇	释迦/0132,燃灯古佛/0109,神像/0048	3/3
自然神	九天应元雷神普化天尊/0058,天文魁星/0060,本命星君/0018	3/3
行业神	造酒仙翁/0049、0163,园林树神/0027、0027a	4/3
辅神(儿童)	痘儿姐姐/0071,痘儿哥哥/0072	2/2

① 《释迦》,访问日期:2022年10月23日,http://www.columbia.edu/cu/lweb/digital/collections/eastasian/paper_gods/collection/NYCP.GAC.0001.0132.html。
② 《本命星君》,访问日期:2022年10月23日,http://www.columbia.edu/cu/lweb/digital/collections/eastasian/paper_gods/collection/NYCP.GAC.0001.0018.html。
③ 陕西省博物馆编:《宝宁寺明代水陆画》,文物出版社,1985年,图版92。
④ 《园林树神》,访问日期:2022年10月23日,http://www.columbia.edu/cu/lweb/digital/collections/eastasian/paper_gods/collection/NYCP.GAC.0001.0027.html。

第七章　诸神之冠：纸神的冠饰秩序与民间的神灵谱系　　　　　　　　/ 205 /

图 7-17　无冠的单神纸马示例：释迦（上左）、园林树神（上右）、本命星君（下左）、痘儿姐姐（下右）

哥伦比亚大学东亚图书馆慨允使用

（二）误识：以"倒缨盔"为例

需要明确的是，这里的"理据"不是指某种民间附会的"说法"，而是指基于史实尤其是图像史和社会史的理据。"专藏"的捐赠者富平安女士撰写《北京纸神》时多采信她的"汉语老师的说法"，其中就有不少这类误识。比如，《三界直符使者》"这位神仙，（头像）框以水红色，亮红色的面庞，戴着一顶紫色的道冠"[①]。《三界直符使者》纸马（图7-12）确实为道教斋醮法会上必备之物，其功用是为人神"传奏"，但图像上是紫金冠搭配铠甲的武将形象，并非道冠。

实际上，国内的民间美术研究非常重视对民俗版画上人物造型的解说，但囿于成说，很多提法限于文学化的描述，部分观点尚需历史文献佐证。比如，《门神户尉》"画甲胄执斧之二人"[②]，但究竟是何种"胄"，是何来源，却是不明确的；有的冠以名称，"此图亦为门户之神，二将头戴将军盔"[③]，但"将军盔"这一泛称过于模糊。尽管不算误识，但惜乎失之宽泛，无意中恐怕弱化了民俗版画隐藏着的重要学术价值。

其中也不乏进一步细化造型解释的努力，例如指出《无敌火炮大将军》是"头顶倒缨盔，身披鱼鳞甲"[④]，不过这个"倒缨盔"既未出现于古代文献，连明清戏文中也检索未果，可见是很晚近的词汇。倒是京剧里，如《战冀州》中的马超、《夜奔》中的林冲和《华容道》中的周仓等角色的行头都是"倒缨盔"，大额子前扇，草帽圈式后扇，后

---

① Anne Swann Goodrich, *Peking Paper Gods: A Look at Home Worship*, p.397.
② 王树村：《中国民间年画史图录（下）》，上海人民美术出版社，1991年，第439页。
③ 刘莹：《中国古版年画珍本·北京卷》，第106页。
④ 刘莹：《中国古版年画珍本·北京卷》，第130页。

第七章 诸神之冠：纸神的冠饰秩序与民间的神灵谱系　　　　　　　　　　/ 207 /

垂一束红色倒缨。这显然与武将神像上的头盔不符。参看并比较上文表 7-7 所示的"凤翅盔"，《三才图会》称"盔即胄之属，左右有珥似翅，故曰凤翅"①，其头盔图示②中的顶缨、凤翅形的护耳以及盔身，在表 7-7 的 9 款武将纸马中都有或简或繁的造型再现，显然纸马《无敌火炮大将军》上的头冠应是"凤翅盔"（见图 7-11）。"凤翅盔"作为历史悠久的武将头盔，广泛流行于民间刻本中，《御世仁风》记载"国朝中山王徐达以大将军率师北伐，元主开北门遁去，不战而克"③的故事，徐达戴的就是"凤翅盔"，与五名戴"卷檐帽"的士卒同时出现，这张插图对明初将士戎装的描绘是非常写实的。"凤翅盔"在图像文献中表现出的同质性和延续性，是纸马上武将头盔原型归属的有力证明。相比之下，"倒缨盔"从未以文字或图像的形式出现于任何历史文本中；徽班进京发生在清朝的乾隆年间，而北京纸马大多是承袭明版而来，所以，将纸马上武将的头盔认定为"倒缨盔"，应属误识了。

目前，这种用后起的京剧行头的名称来指认纸马上神像的冠饰的疏漏，在民俗学界和民间美术界目前的研究中还比较多见，再如北京门神《福寿天官》戴的是直脚幞头，而在《中国民间年画史图录》中则谓"头戴相貌，身穿蟒袍"④，"相貌"其实是京剧中宰相的行头，如追韩信的萧何所戴。沈从文曾批评"我们一般历史画塑实在还并未过关"，会出现"曹操还不知不觉会受郝寿臣扮相影响，作项羽却戴曲翅幞头着宋元衣甲如王灵官"，是因为"我们搞文物工作的摸问题不

---

① （明）王圻、王思义：《三才图会》衣服一卷第二十四页，第 1504 页。
② （明）王圻、王思义：《三才图会》衣服三卷第三十九页，第 1553 页。
③ （明）金忠：《御世仁风》卷二，第 24 页。
④ 王树村：《中国民间年画史图录（下）》，第 439 页。

够细致深入、提参考资料不够全面有关",[①] 这是很中肯的反思和提醒。前代不可能戴后代之冠,若用艺术化的戏曲造型来解说承载着真实历史积淀的遗迹,也会严重削弱纸马这类民间祭祀品原本蕴藏着的文物价值。

(三)族裔:胡帽与六合一统帽

《聚宝招财》(见图7-13)仙官的冠饰还有更多的意义:他是汉人扮相,所戴幞头常见于民间的关圣塑像,由于关羽被商家奉为保护神抑或财神,所以《聚宝招财》仙官的"关圣幞头"意寓"财神"之意,但整体扮相接近水陆画里拿仪仗的低阶军吏的配角形象,这是由于"招财"和"利市"一般都是作为财神的陪侍身份出现。值得注意的是,《聚宝招财》仙官身边的两名胁侍高鼻卷髯,明显并非汉人,左边的戴着弯头尖角的"胡帽",这一形象早在战国和汉代就已出现;右边的戴着源于蒙元、得名于明的"六合一统帽"。"中国纸神专藏"中出现了胡人胁侍形象的类似纸马还有一幅"双神纸马"《财公财母》,财公戴直脚幞头,财母头戴凤冠,左右胁侍同戴尖角胡帽。另有《利市迎喜仙官》,头戴直脚幞头,两名胁侍都是六合一统帽。

以汉人为主神,配以外族形象为陪侍,加上象牙、珊瑚、美玉等奇珍异宝,这种"胡人献宝"的常见构图,表现的是民间视觉艺术中非常重要的一个母题,即四方来财、财运亨通,其现实来源应是番邦职贡行为。有文献记载被鉴定为元代的版刻,"一为《骆驼进宝》,一为《八方朝贡》,很像是阿拉伯商人,用骆驼驮着一些新奇之物,颇

---

① 沈从文:《从文物来谈谈古人的胡子问题》,《光明日报》1961年10月24日。

有异国情调"①。有意思的是，在以纸马为代表的中国民俗版画中，外族人物的形象仅仅被用于与财富相关的主题上，"在如此众多的财神图中的聚宝盆里经常出现的各种奢华物品以及反复出现的域外人形象，清晰地表明了中国木版年画的财富主题与中西方贸易互通有关"②。这是视觉文化史和社会思想史都应予以特别关注的。

四　纸神的冠饰秩序与民间的神灵谱系

"中国纸神专藏"提供了一个相对完整的具体的真实案例，使得对于20世纪30年代北京纸马造型理据的完整考察得以可能。上文仅就头冠释例，尚未涉及纸马画面上衣饰、侍童、仪仗和法器等相关细节，挂一漏万，留待方家。之所以用头冠作为讨论的突破口，是由于头冠在古代是庄重的身份标志，"在身之物，莫大于冠，造冠无禁，裁衣有忌，是于尊者略，卑者详也"③。其所表达的"冠"重于衣的意识，实为古人对冠的仰重。因而，"冠"的意义，具体到本文所讨论的，"冠"在民间美术中的再现、遗存及其象征，就非常值得细读、值得玩味。

如上文所述，纸马上的神像头冠，都是具有识别"意味"的有理据的"形式"，都与真实历史进程中的服饰史有所呼应。纸马作为民间祭祀用纸品，其本质是一种"民俗图像"，是一种与"观念"对应的"想象"。这些想象与历史真实之间如果缺乏"呼应"，就无法取

---

① 张道一：《纸马：心灵的慰藉》，山东教育出版社，2018年，第357页。
② 〔美〕梁庄爱伦（Ellen Johnston Laing），马红旗译：《域外来财、迎财神和发财还家——年画中的三个相关主题》，《年画研究》2013年秋，第110页。
③ （汉）王充：《论衡·讥日》，上海人民出版社，1974年，第367页。

信于民间，就不可能"灵验"。但必须意识到的是，"呼应"不是"纪实"。如果说，"'冠服体制'既体现于具体的冠服及服饰元素，同时也必然是一套人为的概念"①。那么，作为艺术创作结果的神像（包括三维的雕塑、二维的画像等），其参照的历史"冠服体制"则更加是"一套人为的概念"了，甚至可以说是该概念的"二次符号化"。对于纸马而言，神像头冠是"二次符号化"在民间信仰中的"三次符号化"，对应着的是普罗民众对神界官阶的认识、选择、记忆以及变异之后的崇拜体系。以哥伦比亚大学的这套珍档为例来观察，大致可以得到如下结论。

（一）以汉唐宋明冠服体制为本的北京纸马神像造型

历史上中国的疆域一直在变化，出现过很多非汉族统治者建立的政权，如辽（契丹族）、金（女真族）、西夏（党项族）等，大一统王朝中，元朝和清朝则是由蒙古族和女真族建立并统治的，他们有着不同于汉唐宋明的冠服体系（虽然也有吸收汉族冠服的部分）。例如，"元代后妃及命妇行礼，通常不戴凤冠，而戴一种颇有时代特色的顾姑冠"，"清代规定以顶珠的质料和颜色来区分戴冠者的不同品级"。②

尽管元朝的首都"大都"和清朝的首都"顺天府"都位于今天的北京，但具有元、清特色的冠服体制几乎没有在北京纸马里留下痕迹，仅有"卷檐帽"、"钹笠帽"和"毡笠"等具有元代特色的头冠出现在位阶很低的纸马上。清末民初是北京纸马使用的繁盛期，但清代标志性的首服"顶戴花翎"却极少出现于北京纸马中，目前仅见王树村藏

---

① 阎步克：《官阶与服等》，复旦大学出版社，2010年，第108页。
② 周汛、高春明：《中国传统服饰形制史》，南天书局有限公司，1998年，第84、89页。

第七章 诸神之冠：纸神的冠饰秩序与民间的神灵谱系　　　　/ 211 /

图 7-18　护国大仙

波兰华沙国家博物馆藏

"头戴纬帽，后插花翎，穿云鹤朝服，装扮好似清朝一品高官"① 的《如意财神》像和华沙国家博物馆的《护国大仙》②（见图7-18）具有相关冠服特征。上文详述的"中国纸神专藏"中未见类似藏品，海外较为完整的北京纸马档案，如加拿大皇家安大略博物馆和法国法兰西学院等处的收藏，也都未见清代服饰的纸马出现。所以，这两款有清代冠饰的纸马恐为个别纸铺的产品，并非传统版式。由此可见，北京纸马的神像造型是以汉族冠服体制为本位的。也就是说，统治阶层的族裔并没有撼动以汉族为主体的平民百姓对于神灵形象的习惯认知。

（二）北京纸马中神像头冠作为皇权统治的官本位标志

聚焦"中国纸神专藏"中的"单神纸马"，可以很清晰地看到，头冠是皇权和官僚体系的身份标记（表7-10）：冕冠、通天冠、天子小冠与凤冠对应的是皇帝和皇后，这是最高统治者；其下则是"文武

① 刘莹：《中国古版年画珍本·北京卷》，第 95 页。
② 《护国大仙》，访问时间：2024 年 6 月 15 日，https://cyfrowe.art.pl/en/catalog，508899。

百官",文官戴"直脚幞头"、"三山帽"等,武官戴"凤翅冠"、"紫金冠"、"武将幞头",军吏戴"帽笠"。这类纸神的数量占绝对优势。再后才是戴"东坡巾"的少数社会名流。

表7-10 单神纸马神像头冠与神阶的社会等级对应关系

头冠	社会等级	对应的单神纸马	对应之神祇数
冕冠、通天冠、天子小冠	皇帝	玉皇上帝、威显关圣大帝、后土皇帝、太仓之神、太阳星君、太阴星君、龙王之神、总管河神、灵应河神、感应药王	10
凤冠	皇后	王母娘娘、鱼蓝菩萨、天仙娘娘、眼光娘娘、送生娘娘、催生娘娘、奶母娘娘、引蒙娘娘、陪姑娘娘、斑疹娘娘	10
垂脚幞头、展脚幞头、三山帽	文官	三窑之神、五斗星君、东斗星君、文昌梓童帝君(文昌帝君)、城隍之位(城隍、城隍之神)、五显财神、增福积宝财神(增福财神)、利市迎喜仙官、水夫之神、管油之神、羊王之神、二郎妙道真君	12
凤翅冠、紫金冠、武将幞头	武官	护法韦驮尊神、青龙之神、白虎之神、托塔李天王、管山之神、无敌大炮大将军、含□□神、水草马明王、三界直符使者、南方火德星君、玄坛赵元帅、聚宝招财、监斋使者、青苗之神	14
军吏帽笠	吏卒	周仓之神、白马先逢、王二爷之神	3
东坡巾	名士	土地正神、给孤长者	2
网巾幞头	士绅	黄河金龙四大王	2

在此,头冠的作用在于"君臣之别"与"级别分等",这也与古代冠服体制的发展有内在的呼应,秦汉之后的"两千年中,中国官僚等级日益森严,纵向的品级之别日趋细密严明,体制内部高度整合,成为一座一元化的金字塔"[①]。君臣有别,各就其位,尽管在纸马中的

---

① 阎步克:《官阶与服等》,第138页。

第七章 诸神之冠：纸神的冠饰秩序与民间的神灵谱系

表现还是相当粗略，但仍旧形成了一个与现实社会相仿的同样等级森严的神界官阶体系。而且，这种"官本位"思想是通过服饰来表现的，戴"官帽"者和不戴者，虽然都封神成圣，却地位悬殊。戴帽笠的神仙，在众神的世界里仍然是陪侍的吏卒身份。

（三）北京纸马所见民间认知中的神灵系统

细读表7-10，与其说这是北京纸马所体现出来的神界官阶的序列，不如说是借由头冠所反映出的众神在民众心中的地位排序，对应着民众对于这些神灵的观念认知。

例如，最高级别的"冕冠"和"凤冠"类中，"威显关圣大帝"与"玉皇上帝"和"王母娘娘"平起平坐。关羽的神化始于隋唐，宋元明清时期又被封为"崇宁至道真君"、"义勇武安王"、"协天大帝"和"关圣帝君"等，其"庙祀亦遍天下，与孔子等，何其盛也"[①]。关羽崇拜在民间信仰中的至高地位，在纸马上就体现为戴上帝王冕冠。"天仙娘娘"、"送生娘娘"等诸位娘娘都头戴凤冠，位居至尊，这与北京1930年代的"九位娘娘的崇拜系统"[②]密不可分，生育伦理在民众认知中举足轻重。

再如，与帝王的"通天冠"和"天子小冠"标记相对应的，大都是自然神：日（太阳星君）、月（太阴星君）、土地（后土皇帝）、江河（总管河神、灵应河神、龙王之神）。这是远古自然崇拜的遗存，也是农业大国之社稷所依，其地位崇高，理所应当。尤其值得关注的

---

① （明）徐阶：《世经堂集》卷十九，北京爱如生数字化技术研究中心电子影印本，第1812页。
② 李明洁：《哥伦比亚大学"纸神专藏"中的娘娘纸马研究》，《华东师范大学学报》2021年第6期。

是，《太阴星君》（图5-7）月神是不戴凤冠而是戴通天冠的，可见其地位尊崇，被有意特殊化。同戴"天子小冠"者，还有一位是"感应药王"，目前可见的药王相关纸马款式多样①，有戴冕冠、通天冠和幞头者，《感应药王》相当于药王的标准照，"天子小冠"对应着民众将药神视为"民间天子"的心理定位。另有《太仓之神》也戴"通天冠"，清朝北京朝阳门内多有粮仓，为朝廷存放官粮之场地，太仓为总管之仓。过去正月二十五谓"填仓日"，粮商米贩皆致祭仓神。太仓之神佩戴天子头冠"通天冠"，实乃"民以食为天"的观念之体现。

  当然，冠饰也可以是观念变迁的结果，典型的例子是《鲁公输子先师》（见图7-2右）。鲁班作为建造业行业祖师，事迹载于《礼记》、《墨子》和《吕氏春秋》等文献；明代以后，鲁班渐成被隆重祭祀的仙师。"鲁班原型公输子的巧艺是基础，民间传说将其神奇化之后，加上道教在民间的渗透，鲁班最终成了道教散仙。"②所以，《鲁公输子先师》是头戴莲花冠的。这顶头冠是建房工匠在巫术仪式中祭祀主神的象征，既暗含着在道教神仙信仰影响着建房巫术的古代，建造工匠以技师兼巫师的双重身份跻身于社会职业群体之内的史实；也明示了鲁班从巧匠到奇人、神人，再到神仙的"终成正果"。甘博1918年至1919年来华，在北京拍到了上梁时祭拜鲁班的仪式，案桌上供着鱼鸡、香烛和纸钱，后面的布幔上端放着的就是印有行业神鲁班的纸马③（图7-19），旁边就是绑上了红绸的梁木。

---

① 李明洁：《药王纸马：图像、观念与民间崇拜的历史层累》，《年画研究》2022年秋。
② 李世武：《从神仙信仰看道教对工匠建房巫术的影响》，《宗教学研究》2012年第2期。
③ Roof-Tree Set Up, Aug. 5th, 2023, https://repository.duke.edu/dc/gamble/gamble_287A_1646.

第七章　诸神之冠：纸神的冠饰秩序与民间的神灵谱系　　　/ 215 /

图 7-19 《上梁》

美国杜克大学图书馆
西德尼·甘博照片专藏慨允使用

（四）冠服体制在北京纸马中的共时呈现与历时演进

历代的冠服体制在现实中演化、赓续，同时在美术史中流传、层累，最后都在明清神像中汇聚。这就造成历时演进的头冠最终都积淀到民国初年的纸马上，得以共时地呈现出来。这不仅表现在一套北京"百份"中的纸马，诸神各戴其冠；而且集中体现在《天地三界十八佛诸神》（见图 3-7）这样的全神图中，帝王将相、三教九流，156 位神圣的地位高下、身份所属，在仿佛万神殿的大合照上，几乎只能靠冠服才可加以辨认。

在民众的日常崇拜中，神灵是概念化的。因此，不求全备，面见慈容，只拜头像即可。与全幅纸马相比，"中国纸神专藏"中存有的 14 张半幅纸马最能体现这样的心态。它们当然是供贫民所需的廉价品，但神明的头像和名号得以保全，仍是"灵验"的圣物，如图 7-8 右边的观音化身《鱼蓝菩萨》就是半幅的。"概念化"意味着神灵所处的时空语境是抽象化的，或者说是永恒的。所以，诸神对百姓而言，更有意味的并非是具体的时空和真假，而是类型与级别高下——民众认的是那些图像的"格套"——"人物必分贵贱气貌，朝代衣冠。释内则有善功方便之类，道流必具修真度世之范，帝王当崇上圣天日之表，外夷应得慕中华钦顺之情，儒贤即见忠信礼义之风，武士固多勇悍雄烈之状，隐逸须识肥遁高世之节，贵戚盖尚纷华侈靡之丰，公侯须明威福严重之体，鬼神乃作丑睹驰趋之形，士女宜秀色美丽之貌，田家自有醇厚朴野之真，恭、惊、愉、惨又在其间矣。"[1]

纸马具有深广的群众基础，是深谙大众心理之三昧的；同时，这些类型化的图像又反过来格式化了民众心目中的神灵世界，塑造了中国百姓的文化记忆，"'被记得之物'因此建立在'被图示之物'上"[2]。再以"冕冠"、"通天冠"和"天子小冠"为例，它们本是帝王在祭祀、朝会和燕居等不同场合佩戴的头冠，它们对应的身份都是天子，而当百姓为其敬畏的神灵按照他们认为的重要程度分别戴上冕冠、通天冠或者天子小冠之后，这些头冠反过来倒成了辨识不同神圣的身份标记了。

本章小结：神灵世界的人间逻辑

北京纸马以神像齐整、造型古朴而著称，作为特定历史时期百姓日常的祭祀礼仪用纸，诸神的形象尤其是服饰成为众神在民间认知中的区别性特征，其中的冠饰具有极强的标记性。纽约哥大东亚图书馆"中国纸神专藏"是研究北京纸马较为全面的个案，本章通过与其他图

---

[1] （明）杨尔曾：《图绘宗彝》，文物出版社，2020年影印本，第44—45页。
[2] （法）保罗·利科著，李彦岑、陈颖译：《记忆、历史、遗忘》，华东师范大学出版社，2017年，第60页。

第七章　诸神之冠：纸神的冠饰秩序与民间的神灵谱系

像文献尤其是古籍刻本插画、古代壁画雕塑等的比照，逐一辨识诸神之冠，并对其造型依据做尝试性的解说，梳理其中潜藏的造像逻辑，并浅谈其在民间信仰中的影响，从而揭示历史上的冠服制度在民间信仰中的体现，讨论民众经由纸马为媒的日常崇拜所建构的神灵系统及社会认知，也借此匡正纸马图像学研究中的一些误识。

中国的神仙服饰是个仰之弥高的论题。与阎立本的《历代帝王图》以及武宗元的《朝元仙仗图》、永乐宫三清殿壁画等繁细缤纷的人像和神像的绘制相比，北京纸马在造型上无疑是拙朴甚至粗简的，但它们在所依据的冠服体制、所表现的神界威仪上都同气相投，乃至在细节上都有颇多可呼应之处，其体现的内在逻辑完全一脉相承。纸马在全国各地都有广泛使用，与至今仍很活跃的云南和江苏等地的纸马相比较，北京纸马造型的理据具有更强的历史性和庙堂感，其神像的内部体系更为严整。这主要是因为它比较忠实、全面地展现了中国古代的冠服系统，这一点在国内各地的纸马遗存中可谓独树一帜，成为不可多得的案例。对其完整性和对应性的讲究，不仅有利于从艺术角度再现北京纸马的艺术风格、冠服传统，研讨民国初年的北京信仰风俗等民间美术和民俗学经典问题，而且为深入辨析民间认知中的神灵系统，以及"官本位"观念通过冠服体系对民间社会心理产生的影响等议题提供了坚实的图像材料，开拓了广阔的思想史与社会史的研讨空间。

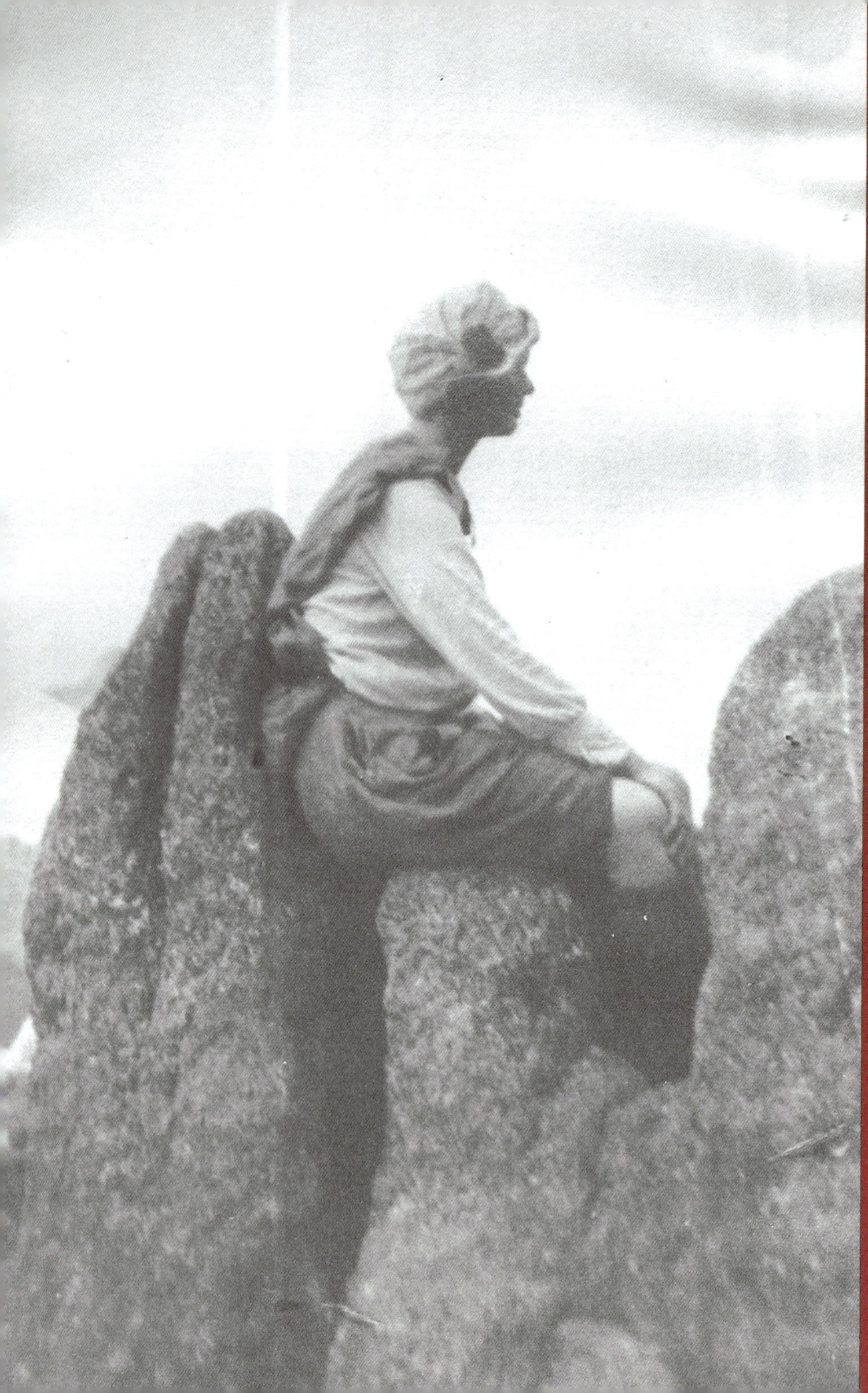

第三部

中国民间信仰的海外传播与文明互鉴

　　"中国纸神专藏"是与真实的个体生命交织缠绕的民俗文物珍档。整理该档捐赠者富平安女士的个体生命史和心灵史，不仅可以在全球视域下讨论20世纪初以来海外知识界对中国民间信仰的历史认识和国际传播，而且还能具体而微地开展20世纪中美信仰生活和社会变迁相互影响的跨学科对话，互为他者地见证不同信仰间的文明互鉴以及中国民间信仰所具有的普世价值。

　　东海西海，心同理同。

第八章
富平安的神交：传教士与中国民间信仰

当代以来，人类学、社会学和思想史研究的介入，使得以门神纸马为代表的民俗档案的研究，超越了民间美术和民间信仰的范畴，进入到物质文化史、信仰知识的生产、意识形态与社会治理以及中国现代性的达成等更为宏阔的视域中，民俗版画的研究在宗教学的基础上正在迈向与社会、历史复杂互动的文化深层。在文化研究"眼光向下"的当代转向中，聚焦民俗版画这样原本被遮蔽的"冷门"，需要"中国纸神专藏"这样典型案例的被"深描"——它不仅是民间艺术、民间礼俗和民间信仰在中国延绵不绝的社会遗物，而且是 1930 年代世界范围内风云际会的历史进程和集体记忆的历史证物。

具体而言，考证"中国纸神专藏"这份珍档的源流，记述富平安的捐赠、著作和文化推广活动，可以复活她与中国文化的生命交集。富平安的个人经历当然只是中美文化交流的微观个案，但足以以一朵浪花的视角去反观 20 世纪中美关系的九曲回澜，挖掘整理其个体生命史和心灵史，不仅可以在文明互鉴的视域下讨论 20 世纪初以来美国知识界对中国民间信仰的历史认识和国际传播，而且还能具体而微地开展 20 世纪中美信仰生活和社会变迁相互影响的跨学科对话。

一 传教士与中国关系研究的当代转向

1840年至20世纪中叶，欧美传教士来华渐成规模，对其在中西文化交流中的历史地位的研究，一直都是中外学界的热点。欧美学者较多关注这一时期教会组织在中国的发展演变、传教活动对中国现代化进程的影响等宏观议题，像美国历史学者简·亨特的《优雅的福音：20世纪初的在华美国女传教士》①；并出版了海量的传教士传记，如黄思礼为加拿大圣公会河南教区的首任主教怀履光撰写的《河南主教：怀履光生命中的使命与博物馆》②等，都提供了基于西方视角的有关传教士与中国关系的记录、分析与阐释。相对而言，华语学者则更多聚焦这批传教士在中西文化接触时所面临与所造成的具体问题，近年来有两个领域日渐显明，形成了相对独立的研讨空间。

一是研究重心有所挪移，在"基督教与以儒家为核心的中国文化"这一经典对话之外③，开始重视传教士与近现代中国民俗尤其是民间信仰的关系的研究，"传教士对中国风俗的考察和研究，是其了解中国国情、探索传教策略的重要组成部分，对当时西方中国观的形成也产生了重要的影响"④。这类研究既反映了当时传教活动与中国

---

① Jane Hunter, *The Gospel of Gentility: American Women Missionaries in Turn-of-the-Century China*, New Haven and London: Yale University Press, 1984.
② Lewis C. Walmsley, *Bishop in Honan: Mission and Museum in the Life of William C. White*, Toronto, Buffalo: University of Toronto Press, 1974.
③ 〔芬兰〕黄保罗：《汉语学术神学视野中的耶儒对话》，《厦门大学学报》2010年第1期。
④ 王海鹏、武莲莲：《略论近代来华传教士认知中国社会风俗的特点及其演变》，《唐都学刊》2015年第2期。

第八章 富平安的神交：传教士与中国民间信仰

民间信仰的冲突，"当时的西方传教士中即使是属于温和与圆通的一派，也无不怀有文化优越的傲岸，实施着超乎寻常的、以摧毁殖民地半殖民地原生文化为宗旨的文化移植"①；也以示例的方式谈及传教活动中所达成的对中国民间信仰的通融与利用，比如有研究就注意到范世熙的《中国杂录》与禄是遒的《中国民间崇拜》就"在基督教图像传教进程中有选择地吸收了佛、道图像元素"②，再如沈弘对传教士队克勋对杭州地区民间信仰的田野调查和纸马收藏也进行了较为充分的挖掘③。

同时，传教士个体生活史尤其是心灵史的研究出现了越来越多出自中国学者的深描个案，明显不同于西方已有研究的立场、视野和关怀。一些隐而不发的面相被揭示了出来，"19世纪以来绝大多数传教士的传教实践，都是在其祖国与中国的政治、军事对抗的大环境下进行的，而中国毫无例外是受宰割的一方。作为个体的传教士可能并不会强调这一点，有时还会刻意与西方政治势力保持距离，但他终究无法脱离这样的土壤"④；中国百姓在面对西医诊疗和新式教育等传教活动时，对传教士的心态变化也透过传教士书信、传记等文本的释读得以呈现其微妙之处⑤。值得注意的是，对私人文字的档案整理与解读正在

---

① 程歗、张鸣：《晚清教案中的习俗冲突》，《历史档案》1996年第4期。
② 刘丽娴、汪若愚：《基督教远东传教背景下对中国民间信仰的融摄》，《中国天主教》2019年第5期。
③ 沈弘：《论队克勋对于杭州地区民间宗教信仰的田野调查》，《文化艺术研究》2010年第2期。
④ 唐海东：《美国来华传教士的心灵史：评约翰·赫塞的〈感召〉》，《戏剧之家》2018年第32期。
⑤ 段宇晖：《惊诧与调适：19世纪来华美国传教士记述的一种反凝视》，《近代史学刊》2020年第2期。

成为一种叙事转向性的社会史研究方法，杨奎松坚持历史研究与写作的叙事路径，他基于对范天祥（Bliss Wiant）日记和书信的梳理，复述了其命运转折点的经历，借此实证了1949年中国之变对世界格局的影响[①]。至此，传记的意义已经不再是个人生活史的再现，而是凭借具体人物的传记爬梳，将其作为一种方法，为原有的史实增添真切的质感并为挖掘新的史实提供特殊的视角，从而将研究引入到一个更大的讨论和更广的视域中，探讨不同时间和地点的通汇、沟通和相互影响，并试图在充满意外的时空穿梭中发现情理之中的机理。

西方博物馆图书馆中的中国珍贵文物文献很多是通过基督教传教运动而获得的。近十年来，中国民俗学界对海外藏中国民俗文献和文物的摸排与研究渐成风潮，其中涉及大量与民间信仰相关的珍档。哥大"中国纸神专藏"即为其中之一，对它的研究，不可绕过其捐赠者富平安，其特殊的身份和经历，使其成为中国民间信仰近现代海外传播研究中的难得个案。因此，本章的起点和终点，都集合于一个相当朴素的疑问，即：一名基督教的传教士，为何会终身倾力于中国民间信仰的研究及其宣讲？从中或许能拼图般地从个体生命的细微处，修复出民国时期中美社会发展与文化交流的大关节。

二 近现代传教士对中国民间信仰的研究

至20世纪前后，传教士基于田野调查来研究中国民俗的专著开始

[①] 杨奎松：《一位美国传教士在燕京大学的"解放"岁月——围绕范天祥教授的日记和书信而展开》，《华东师范大学学报》2015年第5期。

出现，他们采取当时社会学、人类学和宗教学流行的新方法，系统地研究中国平民社会的民情风俗。如美国公理会传教士卢公明的《华人的社会生活》、法国耶稣会士戴遂良（Léon Wieger，1856—1933）的《近代中国民俗志》(Folklore Chinois Modeme，1909）等。在针对中下层民众的民俗研究中，直接聚焦民间信仰的专著尤其引人注目，毕竟传教士身份本身就内蕴了博弈的张力。

（一）传教士对中国民间信仰的研究

传教士所做的中国民间信仰研究，以态度论，约分三类。

第一类是以天主教耶稣会士禄是遒的《中国迷信研究》暨《中国民间崇拜》为代表，希望辑录"中国的真宗教"，以便于"更好地推进将基督教真理植入这块土地的伟大工作"[①]。通过"民间习俗"和"中国众神"两个维度的百科全书式的描述，指出：作为"异教徒"的中国人，其信仰和生活充满了怪异和荒诞；"要根除这些就需要宗教和科学的力量相结合"[②]，这里的宗教特指基督教，采用了"一神论"和"基督论"为判断标准。

第二类以北美长老会传教士队克勋的《中国乡民之崇拜——纸神研究》为典型，从乡民家庭祭祀仪式所使用的纸马入手，对杭州周边的民间信仰活动展开了全面考察，"我们倾向于认为，纸神为中国传统宗教在本质上的统一性提供了证据。中国百万民众的传统宗教，根植于久远的过去，和这个民族一样古老，也将是未来生活的有机部分，

[①]〔英〕甘沛澍英文版序言，见〔法〕禄是遒著，高洪兴译：《中国民间崇拜》卷一《婚丧习俗》，上海科学技术文献出版社，2014年，第2页。

[②]〔法〕禄是遒著，沈婕、单雪评：《中国民间崇拜》卷五《岁时习俗》，上海科学技术文献出版社，2014年，第160页。

这才是中国唯一真正的'原始宗教'"①。队克勋展现的，是民俗学和宗教学研究的立场，他也因此对1928年国民政府推行的《神祠存废标准》提出了批评，"不应该认为民众传统的宗教实践是可以被人为地轻易处置的"②。

第三类以富平安的《东岳庙》和《中国地狱：北京十八地狱庙与中国人的地狱观念》为代表，通过庙宇和香会的综合调研与查考，指出"东岳庙毫无疑问是'民众的庙堂'，它既不是国家的，也不是读书人的。这里展现的是'中国民众'的宗教信仰，既不是书本上的宗教，也不是哲学宗教，而是民间宗教"③。进而在比较的视域中，阐释了"民间宗教"在中国的合理性，"中国人的俗信远远早于孔子、老子和佛教这类典籍，她是最为古老的生活信念之一。中国人的神灵，和古希腊的众神一样久远或者更加古老。中国悠久的民俗崇拜，被儒释道三种宗教融合起来，成为所谓'三教'；人们所崇拜并在寺庙里呈现的，无不源于这种古老的俗信"④（图8-1）⑤。

（二）亲和派与"中国民间信仰情结"

传教士对20世纪初叶中国民间信仰的这三类研究，其视角之准、调查之细与材料之丰都已臻达相当的高度，但在立场和态度上却有着

---

① Clarence B. Day, *Chinese Peasant Cults-Being a Study of Chinese Paper Gods*, Shanghai, Kelly and Walsh, limited, 1940, p. 171.
② Clarence B. Day, *Chinese Peasant Cults-Being a Study of Chinese Paper Gods*, Shanghai, Kelly and Walsh, limited, 1940, p. 204.
③ Anne Swann Goodrich, *The Peking Temple of the Eastern Peak*, Nagoya: Monumenta Serica, 1964, p. 6.
④ Anne Swann Goodrich, *Chinese hells*, St. Augustin: Monumenta Serica, 1981, pp. 4-5.
⑤ Western woman, temple grounds, Aug. 5th, 2023, https://repository.duke.edu/dc/gamble/gamble_C_0001.

第八章 富平安的神交：传教士与中国民间信仰

图 8-1 约 1931 年，富平安在北京参观寺庙（经其子女辨认确定）

美国杜克大学图书馆西德尼·甘博照片专藏慨允使用

甚为明显的差异。禄是遒代表了 18 世纪中叶以后传教士对中国宗教的普遍看法，"认为中国文明相对落后和衰弱，十分渴望基督教的拯救"[①]；在多重历史因素的叠加作用下，传教士大多会比较自然地归因于这种自洽性很高的逻辑，将自我身份的定位与价值使命的体认融合在一起。队克勋代表的则是 20 世纪初西方社会科学日渐规范成熟时的做法，在研究态度上强调客观、中立，并尤为推崇针对底层的田野调查；其传教士的身份又使其对现代的社会发展和意识形态对传统宗教生活的侵蚀保持着警惕，因而对中国本土的民间宗教，这批传教士大都抱

[①] 陈怀宇：《近代传教士论中国宗教》，上海人民出版社，2012 年，第 165 页。

有本能的同情与尊重。

相比之下，同样是在 20 世纪初，富平安代表的则是以平等的姿态对中国民间宗教努力予以理解的亲和派。在其子女的记忆中，"母亲的整个人生，都在讲述她对中国及其历史和民众的热爱和兴趣。她出版的著作，旨在增强读者对中国文化的欣赏；她也热切地为所有对中国感兴趣的人们宣讲中国，为学校里的孩子，向教堂里的教友，甚至专门回应前来咨询的记者们和学者们"[1]。富平安的结论和解释贴合本土视角，在理论分析上也与华人学者产生着共鸣。例如，杨庆堃指出，中国民间"弥漫性宗教的信仰和仪式，发展为有组织的社会体系，成为社会组织整体的一部分，以其有组织的方式出现在中国社会生活的各个主要方面，发挥着广泛的功能"[2]，富平安晚年的著作《北京纸神：家庭祭拜一瞥》就有很多与此对应的具体讨论，比如其中对娘娘纸马的意涵、类型和功能的记录，就兼及 20 世纪 30 年代北京的娘娘崇拜及其与社区营造相关的生育礼俗（参见第四章）。

富平安的表现并非孤例，活跃于 1938 年至 1941 年的"美国不参加日本侵略委员会"（American Committee for Non-Participation on Japanese Aggression）的大多数成员都是此类返美的来华传教士，他们对抗战中的中国民众抱有深刻的同情，对中国民间宗教抱持友善的理解；哪怕就其传教士身份而言，在信仰层面似乎存在着冲突，但从其言行中完全可以侦测到强烈而聚集的下意识冲动，可以说他们有"中

---

[1] 哈伯德·卡林顿·古德里奇（Hubbard C. Goodrich）、安·古德里奇·琼斯（Anne G. Jones），《写在前面的话》，见〔美〕富平安著，李明洁编译：《我一生的中国——富平安的中国记忆》，《文汇报·文汇学人》2020 年 6 月 5 日。
[2] 杨庆堃著，范丽珠译：《中国社会中的宗教——宗教的现代社会功能与其历史因素之研究》，四川人民出版社，2016 年，第 17 页。

国民间信仰情结"。那么,为什么 20 世纪初的来华传教士中常见这种情结?追寻他们的传教经历和心路历程,能否丰富 20 世纪初传教士在华的生活史和心灵史?能否加深对基督教和中国民间宗教及其相互关系的细致理解?并由此拓展对信仰之养成、功能乃至本质的讨论?很多传教士仅存有传教时期的相关档案,个人资料缺失;而富平安在著述之外,幸运地留下了一些档案、自传和言论,相对完整地涵盖了她传奇的一生;其中得见之雪泥鸿爪,更展现了传教士"中国民间信仰情结"研究所蕴含的多重启示。

三 成为来华传教士的时代

富平安成为传教士,尽管存在很多个性化的因素,但她的养成经历,却折射出了 20 世纪初中美社会发展中的诸多面向和特质,颇具典型性。

(一)学校教育与传教士的养成

富平安原名安·帕金斯·斯旺,1895 年出生于美国佛罗里达州,祖辈是从詹姆斯敦(Jamestown)登陆的英国移民,那是英国在美洲建立的第一个永久性殖民地。富平安的父亲是药剂师,母亲是家庭主妇。在她 12 岁和 14 岁时,母亲和父亲相继去世,后被住在新泽西州的大姨收养,也受到纽约的大伯关照。富平安的原生家庭成员都是世俗中人,她最初接触宗教,是由于无法适应社会小学的生活,而被父母送去了天主教修道院学校,这几乎是当时美国普通家庭管教"问题儿童"的套路。然而,古板但和善的修女和神父让她爱上了小教堂并学会了祷告。富平安后来被大姨送到哈德里奇寄宿学校(The Hartridge

School）上中学，这所名校培养了她对运动的爱好，也为她到大学深造铺平了道路。当时美国在学校之外，女性几乎没有参加体育运动的机会，因此她希望继续上大学，后被瓦萨学院录取。

　　瓦萨历史上曾是常春藤盟校的姐妹机构，与她大姨家这类信奉新教的美国社会精英家庭关系紧密。富平安在瓦萨第一次听说了当时在该教区服务的基督教牧师、新自由主义的代表人物哈里·爱默生·弗斯迪克并阅读了他的著作，这对她之后的人生产生了重大影响。[1] 之后，富平安在纽约哥伦比亚大学教师学院修读体育教育和基督教育硕士课程，既学习运动机能学、解剖学和体操矫正术，也学习教堂运作和社区介入的实务。她还在兴趣的指引下，参加了哥伦比亚大学联合神学院的夏季班，修读了弗斯迪克牧师的"圣经的教学和宣讲"课程。富平安毕业后在纽约做教堂社工，1917年至1919年在大学广场长老会教堂（University Place Presbyterian Church）、1919年到1920年在纽约第一长老会教堂，协助女孩子的主日学，组织体操班和俱乐部等，[2] 并因此与弗斯迪克牧师有一两年较为密切的接触，成为传教士的念头也是在那时萌芽。

　　　　我的大部分时间都在告诉人们教堂应该如何运营，其余的大多数时候我都在试着决定是待在纽约市里呢，还是去郊区，还是去中国或者印度呢。目前暂定纽约，只是勉强靠前的一个想法，

---

[1] 〔美〕富平安著，李明洁编译：《富平安的百岁人生——一位美国女传教士与她的"中国情结"》，https://www.thepaper.cn/newsDetail_forward_8975026，2020年9月11日。

[2] Mrs. L. Carrington Goodrich, 1947 Vassar Alumnae Address Register, 1947, Archives & Special Collections, Vassar College Libraries.

第八章 富平安的神交：传教士与中国民间信仰

我还是想去别的地方。①

过去很长时间，我都盼望着从事传教工作；而且我很想去中国，到底为了啥我也不知道。我后来被公理会差会给录用了，原因只有一条，就是弗斯迪克博士给我写了个条子，说"如果你们能要她，就要了她吧"。我的家人得知我想去中国做传教士，这对我那有世俗之见的大姨是个打击，她觉得这很危险，而且是对长相和教育的浪费。因为那时我都25岁了，也许大姨对我还能体面地嫁出去都绝望了。另外，我觉得家人害怕我去中国，义和团暴动也是一个特别的考量。因为我的家人反对我去中国当传教士，我就去找了我上过的中学的校长。她的建议是叫我等到25岁，那样我就能明确地知道我想要干什么了。我就一直在曼哈顿的第一长老会教堂做事，直到25岁我去了中国。②

（二）到中国去与女传教士的时代

如果不是弗斯迪克牧师的关照，富平安很有可能就失去了去中国做传教士的机会。她当时的想法是冲动甚至幼稚的，"公理会差点没要我，我填写问卷，在回答为什么想做传教士时，我说：我喜欢冒险"③。这里面可能还有些许青春叛逆，但下意识中期望独立的想法却是一直存在的。孤儿的身份，让富平安在成年后无所顾忌和牵绊，也自觉不自觉地锻炼了她自觉自立的能力。

---

① Class of 1917 Vassar College, The Patient Periodic, Third Bulletin, 1919, p. 13, Archives & Special Collections, Vassar College Libraries.
② 〔美〕富平安著，李明洁编译：《我一生的中国——富平安的中国记忆》，《文汇报·文汇学人》2020年6月5日。
③ Dorothea Smith Coryell, *Small Mouse Person in China*, self-published, 1992, p. 54.

> 父母早逝对我有什么影响呢？孤儿的生活是与众不同的。尽管我的大姨安承诺担当起已逝父母的责任，我还是不得不要学会为我自己的生活负责。但我并不总是按照她希望我的那样去做去想。她对我很好，但是我们的想法并不一致。到了大学，我才觉得我总算可以自己管自己了。①

然而，当时的美国女性并没有多少获得独立的社会机会。富平安一生中的第一次投票，也是美国历史上妇女首次获得投票权，已经是在她大学毕业后的第三年（也就是1920年）。20世纪初，美国能为受过教育的女性提供的所谓新"职业"，无非是做速记员、打字员和教师这类"人生中转站"式的工作，收入微薄，更没有职业发展的进阶。简·亨特认为，来华传教的机会打破了美国女性原有的生活藩篱，从世俗意义上讲，她们借此可以摆脱原生家庭的束缚，获得一份稳妥的事业和被尊重的社会地位；就精神层面而言，她们把福音传到更需要的地方，从而能过上比在家乡更良善的、更值得的生活；对于单身女性，传教士的身份也是规避婚姻压力和世俗歧视的挡箭牌，尤其在当时的美国，像富平安这样25岁还未婚，她的大姨已经担心她要成为嫁不出去的"老姑娘"了。"传教工作要求做出终身的承诺，这一承诺的回报是：适度的财务安全、在国外获得成就的机会和在家乡赢得的声誉。这是一个所有人都愿意接受的方案，人人都会在这一过程中得到小小的个人成功。传教机构在目标、地位和稳定性等与职业发展相关

---

① 〔美〕富平安著，李明洁编译：《富平安的百岁人生——一位美国女传教士与她的"中国情结"》，https://www.thepaper.cn/newsDetail_forward_8975026，2020年9月11日。

的多个方面，为女性提供了满足感；而无须去贸然攻击新'职业'女性所要求的女性惯例。"①

历史的微妙处在于，这一时期的中国经历了鸦片战争、义和团运动、清朝覆灭继而五四运动，既被迫又主动地向西方打开了大门。正如费正清所言，中美之间个人层面直接而深入的接触是在1840至1940年的百年间发生的，而其主角正是大批新教传教士及其中国受众，而美国在华传教运动到1920年代达到顶峰②。到中国去传教，更是成为美国女性的职业机遇；在反对缠足和兴办女学等事项上，女传教士在当时"男女授受不亲"的中国颇具优势。早在1890年，来华传教士中的女性比例已经高达60%；至1919年，传教事工已达3300人，而在新教传教士中，与33%的已婚男性和5%的单身男性相对应的，则是33%的已婚女性和高达29%的单身女性③。所以说，富平安成为来华传教士，是个典型个案，其家庭因素和个人经历都高度契合了中美双方诸多的社会动因，而她又做出了顺应时代潮流的自我选择。（图8-2）

（三）富平安在华的传教活动及其与平民的接触

富路特在北京结婚，成为富路特夫人后，传教士工作变成志愿性质，不再领报酬。

> 我必须承认我觉得我是个很糟糕的传教士。我原本是要在女

---

① Jane Hunter, *The Gospel of Gentility: American Women Missionaries in Turn-of-the-Century China*, New Haven and London: Yale University Press, 1984, pp. 35-36.
② John King Fairbank, Introduction, in John king Fairbank, ed., *The Missionary Enterprise in China and America*, Cambridge: Harvard University Press, 1974, p. 1.
③ Milton Stauffer, ed., *The Christian Occupation of China*, Shanghai: China Continuation Committee, 1922, pp. 287, 297.

图 8-2 富平安乘坐"亚洲皇后"号来华照

1920 年安（富平安婚前名，穿裙子的女士）作为来华传教士乘坐这艘名为"亚洲皇后"号的远洋邮轮，第一次前往中国。哈伯德·卡灵顿·古德里奇慨允使用。

子高中教英文的，而且我也努力过了，但我觉得我做得并不好。好在他们给了我另外一份工作，一个工作坊建起来了，赤贫家庭里的妇女都过来做刺绣活儿。我被分到的第一份工作是进去带她们做操，因为她们整天都弓着身子在那儿做针线活儿，需要站起来伸伸胳膊。然而，她们主要的活动却是放声大笑！首先，她们觉得这样的运动太可笑了；其次，她们笑我的汉语说得笨嘴拙舌。所以，我们每天都要哈哈大笑半个小时。我没有被要求去传福音，这不是派我来的公理会的工作重头。我只是在北京的国立中文大学教过一节《圣经》课，我知道那些男生是为了学英文来的。[①]

这段自传表明，富平安对自己传教工作的表现评价并不高；但刺

---

① 〔美〕富平安著，李明洁编译：《我一生的中国》，《文汇报·文汇学人》2020 年 6 月 5 日。

绣工作坊却是颇具成就感的高光时刻。在与中国贫苦妇女交往的快乐中，她接触到了真实而友善的底层民众，也感受到了积贫积弱的中国实际。借助教会，组织购销中国民间工艺品成为她持续一生甚为投入的重要公益事务。1925 年她随丈夫暂返纽约时就开始在校友群中推销，至少在 1967 年给校友会的通讯中她仍提到在继续这一工作。

> 中国有大量的人口生存在饥饿的边缘，因此我们在北京附近建起了有五十名女孩儿参加的工作坊。她们在中国纱布上绣十字绣，来养活自己，有些也养家。可以允许我建议大家快买吗？这些纱布可是最受欢迎的（圣诞）礼物，而且我手里总是存货足足。①

在传教事工之余，富平安以极大的热情走向中国街头，走进百姓的生活。她一到北京，就在写给瓦萨学院的校友通讯中，以无比欢快的笔调描述街头的婚礼、葬仪、骆驼队，讲述她看京剧、上馆子的乐趣，尤其对北京的寺庙赞不绝口。

> 我上寺庙上寺庙上寺庙，能去的全去过了，最棒的要属颐和园和从属于它的庙宇。那里的氛围，会让人油然而生崇拜之心。我们来到苍穹下精美的大理石祭坛，皇帝每年的祭祀之所，内心都感觉到了虔敬之情。②

---

① Class of 1917 Vassar College, *The Patient Periodical, 1917 Bulletin*, Archives & Special Collections, Vassar College Libraries, 1927, p. 53.
② Class of 1917 Vassar College, *The Patient Periodical, Fourth Bulletin*, Archives & Special Collections, Vassar College Libraries, 1921, pp. 72-73.

我在传教工作中，生发出了对中国人民的热爱以及对他们全神崇拜的痴迷，那些神都是某段时间里曾经生活在这个地球上的真人。食物太棒了，没有比中餐更好吃的了；中国人是那么可爱又善良。除了可怕的卫生状况，我几乎爱上了北京的一切。①

　　三年的传教士经历，让富平安有机会浸润在北京的平民生活中，（图 8-3）并因为职业的敏感而对中国百姓的信仰生活产生了好奇并逐渐生发出心有灵犀之感；而她在华不期而遇的婚姻，则像催化剂，助燃了她对中国民间宗教的研究热情。

四　神交：富平安的中国民间信仰情结

　　由一名年轻的普通传教士，到一位中国民间宗教和传统文化的终身研究者和宣讲者，富平安在 105 岁接受采访时，特别强调了这两个身份及其转换，称自己因此过了"丰盈的一生"②。她理解、实践并阐释看似迥径的基督信仰和中国民间信仰的一生，是 1930 年代中美社会的时势造就，也是基督教内部的观念更迭使然，是特立独行的稀有范例。

（一）富平安的家人与"好榜样"

　　可以说，是富平安的婚姻，将她的一生与中国的联系变得格外深切而绵长。

　　20 世纪现代汉学在美国异军突起，富路特有建制之功。他任纽约

---

① 〔美〕富平安著，李明洁编译：《我一生的中国》，《文汇报·文汇学人》2020 年 6 月 5 日。
② Nancy Konesko, *A life in Full: Anne Goodrich has seen and done a lot in her 105 years*, *Bradenton Herald*, May 4, 2000.

第八章 富平安的神交：传教士与中国民间信仰 / 237 /

图 8-3 安（富平安婚前名）拍摄的反映北京平民生活的风情照片

上为白云观庙会，观前的牌楼保存至今；下为专售二手衣服的估衣店，已逝于尘烟。拍摄时间在 1920 年至 1923 年间。哈伯德·卡灵顿·古德里奇慨允使用。

哥伦比亚大学中文系中国历史教授兼系主任达27年之久，撰写了在西方长期用作教材的《中华民族简史》(*A Short History of Chinese People*，1943)，并因主编《明代名人录》(*Dictionary of Ming Biography*，1976)获得法兰西学院颁发的"儒莲奖"(Prix Stanislas Julien)。富平安作为富路特夫人，一生都在"努力跟上丈夫在中国研究领域的学术兴趣"①。富路特强大的学术和人脉资源，不仅使得富平安的中国民间信仰研究基础牢靠，而且也使其成果较易产生广泛影响，说他是富平安中国研究的智库和后盾，是不为过的。所以，富平安坦言："我不介意重过一遍我大部分的生活，好比说从我去中国，认识我丈夫，到他去世的1986年。我生活的大部分快乐源于他，他甚至在我的书籍的出版中也尽了力。"②（图8-4）

富路特的学术研究对富平安的影响，这里不妨略举一例。1961年至1962年，富路特到日本东京都的国际基督教大学访学，富平安也陪同前往。1962年8月，应日本华文协会的邀请，富路特做了题为"从哥伦布的发现谈到中国和新大陆的关系"的演讲，他用中文手写的30页原稿③（图8-5）保存至今；其基于平实例证之结论，超过半个世纪再看，仍然不激不随，富路特认为，"中国和美洲从十六世纪（起）以来，就是互助（赖）共存的"，并强调了中国对世界的"精神的帮忙"。1986年，富平安拿出她私人收藏的灶神、钟馗和太阴星君等纸

---

① Class of 1917 Vassar College, *The Patient Periodical which records Vassar 1917's Golden Anniversary*, 1967, Archives & Special Collections, Vassar College Libraries.
② 〔美〕富平安著，李明洁编译：《我一生的中国：富平安的中国记忆》，《文汇报·文汇学人》2020年6月5日。
③ L. Carrington Goodrich papers, 1890-1991. Box 22. Rare Book & manuscript Library, Columbia University.

第八章　富平安的神交：传教士与中国民间信仰

图8-4　1923年2月2日，富平安（右）与富路特在北京举行婚礼

安妮·古德里奇·琼斯和哈伯德·卡灵顿·古德里奇慨允使用

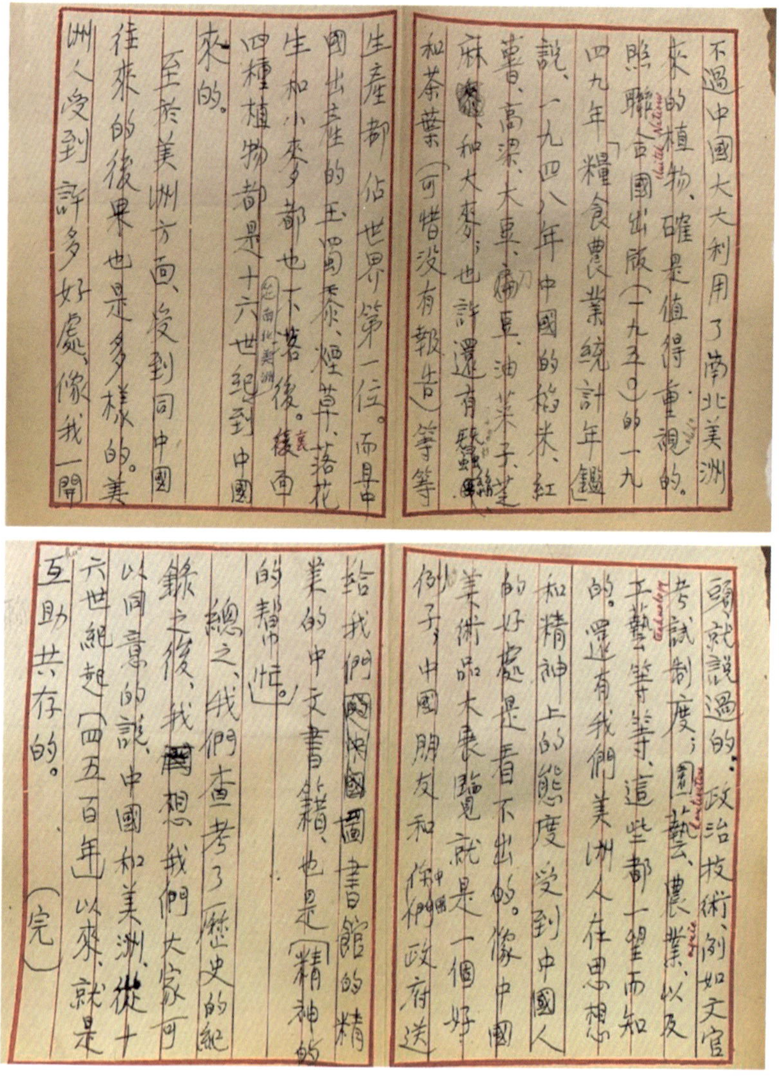

不過中國大大利用了南北美洲來的植物，確是值得重視的。聯合國出版（一九三〇的一九四九年"糧食農業統計年鑑"說，一九四八年中國的稻米、紅薯、高粱、木薯、蓖麻油菜子、紅麻和茶葉（可惜沒有報告）神大麻也許還有蕎麥等等生產都佔世界第一位。而早出生產的玉蜀黍、煙草、落花生和小麥多部也不落後，後面四種植物都是十六世紀到中國來的。至於美洲方面，受到同中國往來的後果也是多樣的。美洲人受到許多好處，像我一開頭就說過的：政治技術，例如文官考試制度；園藝、農業，以及工藝等等，這些都一望而知的。還有我們美洲人在思想和精神上的態度受到中國人的好處是看不出的，像中國人美術品木表覽就是一個好例子。中國朋友和你們政府送給我們國內圖書館的精美的中文書籍，也是精神的幫助性。總之，我們查考了歷史的紀錄之後，我們想我們大家可以同意的說，中國和美洲從十六世紀起〔四五百年〕以來就是互助共存的。（完）

图 8-5 富路特手写中文演讲稿中的两页

哥伦比亚大学巴特勒图书馆慨允使用

第八章 富平安的神交:传教士与中国民间信仰

神,与哥伦比亚大学人类学教授孔迈隆(Myron Cohen)等同好出借的祖先牌位、关公雕像等一起,到纽约州普莱森特维尔镇举办了题为"人的精神"的展览并做了演讲,指出"中国民间艺术"是"人类的精神传统"[①];1998年,富平安最后一次公开演讲题为"中国对西方的贡献"。在富平安很多看似与富路特神似的事迹中,都可以窥见富路特的研究对富平安的潜在影响。富路特生在中国,童年、少年甚至青壮年的部分时光都在中国度过,中国经历与传教士的家庭背景,使得这位职业汉学家能较为自然地理解东西汇融的可能性及其复杂性,但又有着挥之不去的中国情结,一如其所著《中华民族简史》[②],在重视其他民族对中国物质文明发展所做贡献的同时,尤其对中华文明对于世界知识宝库的贡献有着感同身受的共情与欣赏。

从基督信仰的方面去看,公婆对富平安的影响相当直接。她的公公富善神父是1919年出版的《和合本新旧约圣经全书》中文翻译的主持人,作为公理会传教士在华传教六十年。她的婆婆柯慕慈是当年华北女传教士中的领袖,信仰非常坚定,"有时候我觉得如果一名女子能够理解基督,这种自我牺牲就没有任何一个男性可以达到"[③]。富平安与富路特于1923年结婚时,已是公婆人生的暮年,但却是他们事业的辉煌时刻,成熟的信仰和至高的威望也成就着至深的熏陶。(图8-6)

富善神父对富平安的影响是厚重而潜移默化的,而柯慕慈则是具体而切近的"好榜样"。(图8-7)

---

① Anne Swann Goodrich, Lecture about Peking paper Gods (video), New York: Mt. Pleasant Public Library: Jul.1986, Courtesy of Anne Carrington Jones.
② 富路德著,吴原元译:《中华民族简史》,西北大学出版社,2017年。
③ Sarah Goodrich to Grace Goodrich, *Yale Divinity School Library for the China Records Project*, 28 November 1909.

图 8-6　1903 年富路特全家福

1903 年富路特（前排中）与父亲富善神父、母亲柯慕慈、二姐玛丽（Mary Dorothea Goodrich，1892—1904，逝于北京）和大姐葛丽丝（右立，Grace Goodrich，1889—1969，1920 年代在燕京大学教授声乐，1940 年代任职"美国之音"汉语广播电台）合影。安妮·古德里奇·琼斯和哈伯德·卡灵顿·古德里奇慨允使用。

图 8-7　1987 年富平安带领家族后代回访北京

1987 年富平安（前黑衣白发老人家）带领家族 11 人回访中国，这是在参观由她公婆于 1904 年创立的"安士学道院"，1926 年更名为"富育女学校"（Goodrich Girls School），即今天的"北京市通州区第二中学"前身。安妮·古德里奇·琼斯（照片左后方绿衣者）和哈伯德·卡灵顿·古德里奇（富平安右后的白发男士）慨允使用。

第八章　富平安的神交：传教士与中国民间信仰

在北京我遇到了我未来的婆婆柯慕慈，她是传教士，而且是在中国行动着的力量。她是一位"妇女解放者"，在人们还不明白这个词的意义之前她就是了。有一次，为了筹钱建人力车夫的一个庇护所，她督请当地的执政者和她一起在那里过夜，想让他看看那个地方有多冷有多破。执政官不肯去，但拨给了她筹建庇护所的款项。我一直是在干实事儿的女性身边长大的，有学习的好榜样。①

（二）真实的耶稣和神的人格

耶鲁大学神学院图书馆的"中国记录项目"存有富善家族专档，可供证实富平安有关柯慕慈的部分回忆。中华民国八年（1919年）5月31日，京师警察厅向"富善夫人"（对柯慕慈的尊称）发出同意并协调为人力车夫"添建休息所两处"的公函。（图8-8）② 柯慕慈筹建人力车夫休息所的倡议在当时引发了社会各界的积极响应，当年的"十一月九日新明大戏院艺员梅兰芳等发起为人力车夫建设休息所演唱义务夜戏"③，募得"现洋三千零零四元二毫、小洋四豪、中钞一百零

---

① 〔美〕富平安著，李明洁编译：《我一生的中国：富平安的中国记忆》，《文汇报·文汇学人》2020年6月5日。
② 京师警察厅公函，China Records Project miscellaneous personal papers collection (RG 8), Papers of individuals, Box 90, Folder 17. Special Collection, Divinity Library, Yale University.
③ 缪：《剧界新闻：慈善义务戏之成绩》，《公言报》1919年11月28日第7版。中国历史文献总库近代报纸数据库。剪报原件亦可见于耶鲁大学神学院图书馆特藏室"中国记录项目个人杂项文件集"（RG 8）。

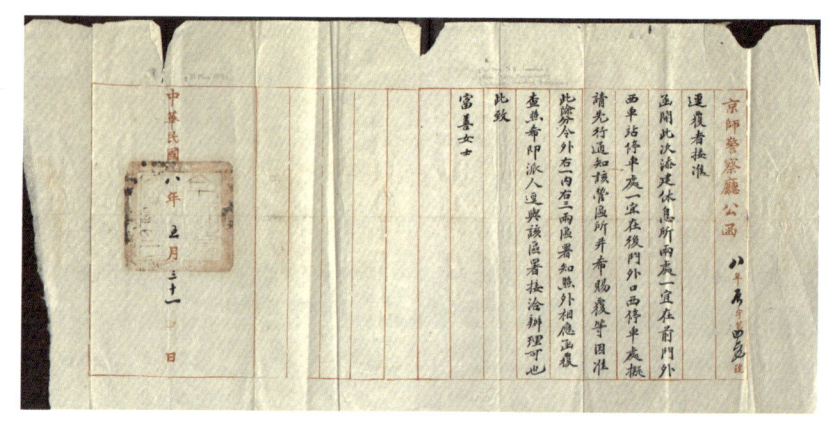

图 8-8　1919年京师警察厅向"富善夫人"发出的公函

该图片已进入公共领域,经耶鲁大学神学院图书馆特藏部确认,并得到哈伯德·卡灵顿·古德里奇慨允使用

八元、铜元十枚",其中"梅兰芳先生捐现洋三百元"[①],筹款细目分两天登报公示。民国剧评大家张豂之特别指出该次义演"为伶界自动筹款",所录筹款启事也印证修建人力车夫休息所的社会影响,"去年旅京中外慈善家,曾组织一建筑人力车夫休息所筹款会,借平安影院,约梅兰芳演剧筹款,为人力车夫建休息所,以为遮蔽风雨之用,法良意美,造福于劳动界……欲重行筹款,添加建设。特定于旧历九月十七日,借新明大剧院,演义务戏一次,所得戏资,悉数送交筹款会充作建筑之用"[②]。这份公函及相关档案,为了解民国初期来华传教士与

---

① 豂:《剧界新闻:慈善义务戏之成绩(续)》,《公言报》1919年11月29日第7版。中国历史文献总库近代报纸数据库。剪报原件亦可见于耶鲁大学神学院图书馆特藏室"中国记录项目个人杂项文件集"(RG 8)。
② 张豂之:《歌舞春秋》,广益书局,1951年,第38页。

第八章　富平安的神交：传教士与中国民间信仰

北京政府以及社会各界的交往提供了重要细节；另外，1919年是梅兰芳"慈善义演的一个分水岭"，"在民国戏曲界的义务戏演出中，梅兰芳从此开始由配角参与转向主角担纲。"① 这些颇有意味的衍生议题恐需另文专论了。

如果说富路特在智识上为富平安接触中国民间信仰，提供了多种协力的话，富善夫妇作为追求现代精神的公理会传教士，他们的以身作则，则示范了好的基督徒以及在中国传教的一种范式，即始终把中国人此世生活的福祉放在首位，而不拘泥于虚空的说教甚至名分上的皈依；而这恰恰在很多的意义上，为富平安对中国民间信仰的研究，开启了理解乃至认同的法门。

> 我丈夫的父母亲也都是公理会的传教士，有人会说，尽管这个会当然也有"灵性"关怀和启示，但他们对中国人的人权福利的关注要多过"拯救他们的灵魂"；而其他教派则热衷传教，企望把越多中国人改造成基督徒越好。②

富平安本人是圣公会教徒，曾在长老会做事工，被公理会派到中国传教，而对她的宗教信仰影响较大的，一位是在浸信会服务的弗斯迪克牧师，一位是圣公会教徒博格（Marcus Joel Borg，1942—2015）教授。教会的分宗别派对富平安并没有造成困扰，她受到两位神学家的影响，信仰观倾向于自由派基督教（Liberal Christianity，也译作

---

① 曾桂林：《梅兰芳与民国时期的慈善义演》，《中国文化研究》2020年秋之卷。
② 〔美〕富平安著，李明洁编译：《富平安的百岁人生——一位美国女传教士与她的"中国情结"》，https://www.thepaper.cn/newsDetail_forward_8975026，2020年9月11日。

"自由主义神学")。

> 我自己的宗教信仰这么多年都没有改变过。我一直是比较倾向于自由派基督教,受到哈里·爱默生·弗斯迪克博士的影响非常大,还有一位是叫作博格的神学家,可能不太有人知道他。他们的关注点(包括我的)在于耶稣是一个人。如今,我对"耶稣研究会"(Jesus Seminar)的研究和作品都很感兴趣,他们的侧重点是历史上的耶稣。①

富平安从读硕士到初涉教堂工作,弗斯迪克牧师的言传身教都给她留下深刻印象。

> 我们的牧师是哈里·爱默生·弗斯迪克,我每次有什么事情和他一起做的时候,我都会更喜欢他。尽管他布置我们巨难的夏季阅读内容,但是你们可以替我告诉世界说,他比他的书要美好得多。我试着去读他要我去读的那本小书的内容,但怎么也搞不明白是在说啥。②

弗斯迪克牧师是自由主义神学早期的代表人物,也是20世纪二三十年代美国新教内部基要主义和现代主义之争中的焦点人物。弗

---

① 〔美〕富平安著,李明洁编译:《富平安的百岁人生——一位美国女传教士与她的"中国情结"》,https://www.thepaper.cn/newsDetail_forward_8975026,2020年9月11日。
② Class of 1917 Vassar College, *The Patient Periodica-al, Third Bulletin*, 1919, Archives & Special Collections, Vassar College Libraries, p. 11.

斯迪克有诸多传播甚广的布道和著作，1922 年他在第一长老会教堂讲道《基要主义会赢吗？》(Shall the Fundamentalists Win?)，引发论战。1923 年美国长老会全国大会责令对其言论进行调查。1924 年弗斯迪克经辩护人辩护逃脱责罚，并于当年辞去第一长老会教堂牧师一职。富平安当时"听到这个消息的时候，对长老会无比愤怒"①，可见当年她就站在现代主义神学一边。弗斯迪克牧师旗帜鲜明地反对生搬《圣经》，倡导基督教的使命是促进历史的进步和社会的变革。他的《神的人格》最早的版本是在 1913 年："上帝的王国在地上，耶稣的事业就是在个体生命和所有人类的社会关系中寻求正义。耶稣不是黑格尔，后者只会在耶拿会战的枪声中稳坐着进行所谓的哲学思辨；而耶稣是世界变革的领袖，他呼唤人们去行动，做神的王国的爱国者。'我来，并不是叫地上太平，乃是叫地上动刀兵。'"② 除了鼓励社会改良而非死守教义，相较于基要主义的独尊一神，自由主义神学更愿意接受基督教以外的立场和观点，包括其他信仰和哲学传统。"对他来说，这个世界是一个故事，故事情节不断发展，并达到了高潮。所有的哲学回路都进入了他的思想螺旋，似乎又返回自身并臻达了更高的境界，这就是耶稣传道的内在灵魂。"③ 富平安的儿子因此认为，她对社会活动和对中国民间宗教的热诚，并不与她的传教士身份冲突，而是在自由派基督教的情理之中的。

---

① 〔美〕富平安著，李明洁编译：《富平安的百岁人生——一位美国女传教士与她的"中国情结"》，https://www.thepaper.cn/newsDetail_forward_8975026，2020 年 9 月 11 日。
② Harry Emerson Fosdick, *The Manhood of the Master*, Seattle: Inkling Books, 2002, p. 47.
③ Harry Emerson Fosdick, *The Manhood of the Master*, Seattle: Inkling Books, 2002, p. 55.

与其说她是传教士,不如说她是一个有神论者。不论走到哪里,她都研究宗教。宗教本质上都是一致的,基本上就是社会规约,这对她而言就足够了。她认为这些社会规则,都是上天的意志,不论你是跪拜、双手合十还是画十字,都并没有区别,它们都是人为的文化创造,其功能是一样的。她从来就不是一个热衷传福音的传教士,她从未说过,"你必须信这位主,否则你就会下地狱"。她不是一个言语上的传教士,而是追求在生活中活成基督徒的例证,在一种本质上良善的生活中去实践信仰。[1]

富平安晚年对"耶稣研究会"非常关注,这是一个以《圣经》批判为基础的非宗教性学术研究团体,1985年后开始活跃,倡导对耶稣的史实性研究。富平安在自传中提到的对她产生了影响的博格教授是该研究会的代表人物,巧合的是,富平安写自传的2002年,博格在加州大学圣地亚哥分校做了一场演讲,直接回应了"与其他信仰的智慧相遇"的话题,他认为,"信仰是一种文化—语言的传统,是人类的创造,是对上帝或者神灵这类神圣经验的回应,是智慧的传承,是终极升华的手段,是神圣的祭礼",因此任何宗教的宗旨"都是呈现圣灵并使其作用于民众"[2]。

可见,对富平安的信仰实践提供了精神助力的,不论是家人、牧师还是学者,持有的几乎都是现代主义神学的立场,在意的是宗教在现实社会中的改良功能以及对个人灵性成长的终极意义。他们倡导身

---

[1] Hubbard Carrington Goodrich, Interviewed by Mingjie Li, Harpswell, Maine Feb. 29, 2020.
[2] Marcus J. Borg, *Days of Awe and Wonder*, New York: Harper Collins Publishers, 2017, pp. 207-212.

第八章　富平安的神交：传教士与中国民间信仰

体力行("活成基督的样子"),过着属灵的生活,也就能对有类似宗旨的其他宗教持有较为开放、理解直至尊重的态度。所以,富平安从事中国民间信仰的研究,在心理上可谓前缘早定、水到渠成。

(三)心照神交的信仰之旅

传教士对中国人信仰的研究在体制宗教方面相对突出,比如,1848年来华的英国伦敦会传教士艾约瑟(Joseph Edkins,1823—1905)很早就写过系列论著,得出较为全面和客观的结论:"中国是观察道德和信仰观念杂糅的地区。尽管遵循不同的原则,但全体中国人毫无困难地顺应着三种信仰,它们都是受尊崇的:儒教之于道德、道教之于形而下、佛教之于形而上。这三教都得到了精英的支持。"[1] 然而,对中国民间的弥散性宗教进行研究,难度很大,在实际操作中,需要深入不善于自我表达的底层民众,把握更为繁杂混乱的信仰表征;理念上还要面对强大的挑战。且不论像禄是遒所代表的观点,即"中国民间崇拜是荒谬、狭隘的迷信",在传教士中颇为主流;就是在中国,社会正统对民间崇拜也是不推崇甚至轻蔑的,所谓"子不语怪力乱神";更不要说在20世纪初,中国民间宗教正遭遇毁灭之虞,中华民国内政部于1928年发布《神祠存废标准》,明文规定:"凡从前之烧香拜跪、冥镪牲醴等旧礼节,均应废除,至各地方男女进香朝山,各寺庙抽签、礼忏、设道场、放焰口等陋习,尤应特别禁止,以期改良风俗。"[2] 在这样的历史背景下,富平安逆向而行,发人深省。

---

[1] Joseph Edkins, *Religion in Chine: Containing A Brief of The Three Religions of The Chinese*, London: Trubner & CO., 1884, p. xii.
[2] 《神祠存废标准》,《中华民国史档案资料汇编》第五辑第一编,江苏古籍出版社,1994年,第498页。

"信仰就是信仰，我认为你只有了解他人的信仰才能理解他们。"[1] 富平安在接受哥伦比亚大学口述史项目采访时，这样道出她关注中国俗信的初心。她在《北京纸神》的开篇还引用出生于在华传教士家庭，后来成为宗教研究者的休斯敦·斯密斯（Huston Smith）教授的话，"想了解这个世界上的人，没有比从理解宗教入手更好的方法了。每个仪式、每个祭坛、每个图像都反映出我们自己内心的某种期望或者恐惧"[2]。正是基于这样一种共情式的理解，作为外来者的富平安与身边的普通百姓长时间地深入交往，终于走进了他们的精神世界。针对那些认为"中国人没有信仰"的误解甚至偏见，她明确反驳说，"有人说中国人不信教，也没有信教的传统，但从远古时期起中国人就信奉超自然的力量，人不能胜天但天定人命；还有祖先，也是超自然的力量"[3]。她进一步解释：

> 中国人的信仰发育于民众而不是由统治者来颁布，所以也就不受制于官方的看中或控制。作为一种口头传统的民间宗教，它口耳相传，也通过习俗和事例相传。这种宗教没有创始人，完全根植于民众的需要。中国人意识到生活中的问题重大到人类自己无法解决，就会转向亡灵求助，他们曾经是人，理解人的问题，作为神灵又有了超自然的力量可以帮到人。中国人认为精神的、

---

[1] Anne Swann Goodrich, interviewed by Chu Fang, Riverdale, New York City, Nov. 18, 1986. Courtesy of Anne Goodrich Jones.
[2] Huston Smith, *Great Religions of the World*, in Anne Swann Goodrich, *Peking Paper Gods*, Nettetal, Steyler Verlag: Monumenta Serica, 1991, p. 15.
[3] Anne Swann Goodrich, *Peking Paper Gods*, Nettetal, Steyler Verlag: Monumenta Serica, 1991, p. 15.

第八章 富平安的神交：传教士与中国民间信仰

超自然的力量存在于日常生活的各个方面，并且关乎自己的生活，每个人都崇拜他认为最能帮到自己的神。对超自然力量的崇拜是中国文化的根基之一，没有对死后灵魂不灭的坚信所带来的祖先崇拜，中国会发展成一个不同的社会。[1]

在西文世界里，这般朴实妥帖、深入浅出地讲解中国民间信仰的并不多见；而能设身处地去换位思考，充分肯定中国民间崇拜的价值而不是贬斥其为愚昧落后者，则更为稀罕。在"有神论"中，不拘于"一神论"；而在"实用论"中，扬弃市侩的"利用论"，提出"经验论"，从"祖先崇拜、祖师崇拜"中提取对前辈和先贤的敬仰和祈福，这些观察和解析慧眼独具、切中肯綮。与其说富平安的这种认识对基督信仰而言是超越性的，不如说两者之间在本质上心有灵犀。毫无疑问，不论信仰有多不同的表征，富平安都从中看到了"神的人格"："他们曾经是人！"

基于神是真实存在的信念，"灵魂的救赎"也才得以可能。"救赎"的观念东西方的阐释并不完全一致，这也是看得出富平安文化养成之处，但其要义却殊途同归。救赎都是求善的理性，都关乎人生价值和终极关怀。富平安91岁时，拿出她收藏的纸马参与了名为"中国民间艺术：人类精神的传统"的公益展览，并发表脱稿演说，摘要介绍那些最常见的民间纸马，其中她这样介绍"灶神"：

---

[1] Anne Swann Goodrich, *Peking Paper Gods*, Nettetal, Steyler Verlag: Monumenta Serica, 1991, pp. 17-18.

这张被称作"灶神",挂在厨房里,监督家人,有点像看门狗或者监视鸟。他坐在你家里,记录下你所有的所做所说所想,一年一度,他会去天国,向至高的玉皇大帝汇报。这份你在尘世的报告,如果都是好话,你会过得开心;如果不好,你会折寿。不仅如此,这份报告也会在死前作最后的审判时被审阅,谁也逃不过。①

中国人虽然不用"最后的审判"这个说法,但也有类似"地狱"的观念。富平安在《中国地狱》中提醒说,汉语中的"地狱"并不对应于英文中的 Hell(苦境)、Hades(黄泉),而是比较接近 Purgatory(炼狱)。"中国百姓所谓的救赎,是尽快通过地狱的法庭并最终完成轮回而至天堂。地狱是赎罪的报应之所,你在那里遭受的无非自作自受,每个人的地狱都是自己造的。"②她通过细述北京十八地狱庙,勾连出为了减免地狱之苦,中国百姓需要遵循的行为守则以及日常祭拜、葬礼和悼亡等礼俗,"举头三尺有神灵",可以说是日常生活与精神伦理的一套完整的社会规约。所谓圣灵在上,敬畏良善,人间的自赎,是不问西东的。

可见,在坚信有神、致用于社会生活和追求终极关怀等三个面向上,富平安倾心的自由派基督教与中国民间宗教,完全可以相互理解。这就为两种宗教的平等对话提供了必要条件,使得双方都能从对方的角度看到彼此独立的合理性,和而不同。"在中国长期的生活工作中,

---

① Anne Swann Goodrich, *Lecture about Peking Paper Gods* (video), New York: Mt. Pleasant Public Library, Jul. 1986, Courtesy of Anne Goodrich Jones.
② Anne Swann Goodrich, *Chinese Hells*, St. Augustin: Monumenta Serica, 1981, p. 67.

第八章　富平安的神交：传教士与中国民间信仰

美国传教士也受到许多中国文化的熏陶和感染。这一熏陶和感染不仅使他们拥有许多对中国人民和文化的感情，甚至也引发了一些传教士对自身文化乃至信仰的深刻反思。"① 这种沟通的能力，若用哈贝马斯的话来讲，是具有"交往理性"的。

"她从不照抄《圣经》，她觉得她的一生足以展示什么是基督信仰，而这就是所有她需要去做的和需要去见证的。"② 富平安在来华传教士中寂寂无闻，然而她的故事，却是难能可贵的启示。她是接受了典范"美式精英教育"的女知识人，但她同时也受到了中国民间信仰和中华传统文化的终生感召。她内化于自由派基督教义的中国民间信仰情结，是不同文明间交往与交流的珍贵叙事，不仅以跨越百年的个人生活史再现了整个20世纪中美两国的社会变迁，证明了中美民间文化流转的命脉深埋；而且以此为背景，互为他者地见证了不同信仰的共通理性和终极追求的普世价值。

本章小结

借助富平安母校瓦萨学院图书馆和耶鲁大学神学院图书馆等处的特藏档案，并结合其子女提供的资料和她本人的著述，富平安的中国民间信仰情结得以解释，同时又敞开了更多阐释的空间，关于她的时代和那个时代中的美国人和中国人，关于自由派基督教与中国民间宗教的真谛和命运，关于不同价值观对话的方式和可能。

---

① 齐小新：《口述历史分析：中国近代史上的美国传教士》，北京大学出版社，2003年，第9页。

② Anne Goodrich Jones, interviewed by Mingjie Li, Harpswell, Maine. Feb. 29, 2020.

见微知著，以斑窥豹，从具体人物的生活阅历去感知历史的片段，还原局部的镜像，不只是历史学的范畴，或者人类学的领地，社会学尤其是宗教社会学的涉入更值得期待，这固然是由于参与个体都是社会活态的一部分，亦是源于参与者本身文化属性的主导。从富平安女士的身份和经历入手，将一名信仰者以及传教者的事迹和情结并织呼应起来，侧重于其对民国北京的民间崇拜信仰的调研，一方面提供了中国民间信仰近现代海外传播研究的个案，成为中美两国历史与文化互通互动的真实经验；另一方面在这样的叙事中，将信仰者的异文化表达与中国民间信仰所表征的本土文化之间的冲突、融合呈现了出来，提供并标榜了愿意交往的"理性"价值和开放襟怀。

尾 声

记在最后的两笔,不仅仅与本书有关。

基督教传入中国最早的确切记载是唐太宗贞观九年(公元635年),来华后被称为景教。其间,几度兴衰。到元朝(公元1271—1368年)景教徒数量回升,包括忽必烈母亲在内的皇族成员以及大量普通民众都是景教徒。1986年,富平安向哥伦比亚大学东亚图书馆捐赠了多种珍稀中国文物,其中就包括一套元代铜质十字架。(图8-9)[1]

1998年10月,富平安在美国缅因州的凯洛格教堂(Kellogg Church)脱稿发表了最后一次公开演说《中国对西方的贡献》,在问答环节,一位听众问道:"您是一名基督徒,又喜爱中国人的神灵。您觉得内心有冲突吗?"103岁的富平安回答道:"没有冲突。中国人有自己的一套想法,儒家的教导就很不错。我想我的工作并不那么着意去劝导中国人相信某个教义,而是向他们展示上帝的慈爱。我觉得这是一个很好的工作。"[2](图8-10)

---

[1] 元代铜十字架,访问日期:2024年5月26日,https://exhibitions.library.columbia.edu/exhibits/show/jewels/item/11091。

[2] Anne Swann Goodrich, *Lecture on China's Contributions to the West* (video), Harpswell: Kellogg Church, Oct. 1998, Courtesy of Hubbard Carrington Goodrich.

图 8-9　富平安捐赠给哥伦比亚大学的元代景教十字架

哥伦比亚大学东亚图书馆慨允使用

尾声

图 8-10　穿着满族服装的富平安，约 1931 年摄于北京

哈伯德·卡灵顿·古德里奇慨允使用

参考文献

文献史料

（汉）王充：《论衡·讥日》，上海人民出版社，1974年。

（宋）邵雍辑，（明）陈士元增删，何栋如重辑：《梦林玄解》卷十六《梦占》，明崇祯九年刻本。

（宋）沈括：《梦溪笔谈》，学津讨原本，北京爱如生数字化技术研究中心电子影印本。

（宋）陶谷：《清异录》卷三，宝颜堂秘笈本，北京爱如生数字化技术研究中心电子影印本。

（宋）吴自牧：《梦粱录》卷五，清嘉庆十年虞山张氏照旷阁刻学津讨原本，北京爱如生数字再造文本。

（元）脱脱：《宋史》卷一百五十一《舆服志》，清乾隆武英殿校刻本，北京爱如生数字再造文本。

（明）何乔新：《椒邱集》卷三十三，明嘉靖元年刻本，北京爱如生数字化技术研究中心电子影印本。

（明）金忠：《御世仁风》，文物出版社，2018年影印本。

（明）刘侗、（明）于奕正：《帝京景物略》，上海古籍出版社，2001年。

（明）王圻、王思义：《三才图会》，明万历王思义校正本，上海古籍出版社，1985年影印本。

（明）吴承恩：《西游记》卷二第六回，明万历二十年刻本，北京爱如生数字化技术研究中心电子影印本。

（明）徐阶：《世经堂集·卷十九》，北京爱如生数字化技术研究中心电子影印本。

（明）杨尔曾：《图绘宗彝》，文物出版社，2020年影印本。

（明）叶子奇：《草木子·杂制篇》，清乾隆五十一年刻本，北京爱如生数字化技术研究中心电子影印本。

（清）待馀生：《燕市积弊（卷一）》，北京古籍出版社，1995年。

（清）改琦：《清彩绘红楼仕女图》，中国书店，2009年。

（清）潘荣陛、（清）富察敦崇：《帝京岁时记胜·燕京岁时记》，北京古籍出版社，1981年。

（清）赵翼：《陔余丛考》，河北人民出版社，1990年。

（清）张廷玉等大学士奉敕修：《明史》，文渊阁四库全书本，卷66-10。

《北大风俗调查会征集各地关于旧历新年风俗物品之说明》，《北京大学研究所国学门周刊》1925年第8期。

《呈复核议苏州箔商公会请将取缔经营迷信物品业办法内所列锡箔一项暂予摘除一案意见请鉴核由》，《内政公报》1930年6月14日。

《关于取缔经营迷信物品办法奉令准予变通办理仰遵办并转行各省市由》，《内政公报》1930年5月15日。

《内政部批：具呈人杭州箔业公会》，《内政公报》1930年4月26日。

《取缔经营迷信物品业办法》，《内政公报》1930年4月。

《中华民国史档案资料汇编（第五辑第一编）》，江苏古籍出版社，1994年。

学术文化消息：《民间新年神像图画展览》，《国立华北编译馆馆刊》1942年第1卷第1期。

《一封公开的信》，《辅仁生活》1940年第4期；英文版为 The Director of FU JEN's Ethnological Museum Calling。

安国市地方志编纂委员会：《安国县志》，方志出版社，1996年。

北京市文物局图书资料中心：《明宫冠服仪仗图·冠服卷（一）》，北京燕山出版社，2015年。

北京中法汉学研究所编：《民间新年神像图画展览会》，合兴印刷局，1942年。

敦煌研究院编:《中国石窟·安西榆林窟》,文物出版社、株式会社平凡社,1997年。

《国民政府指令第841号》,《国民政府公报》1930年5月7日第462号。

李文海编:《民国时期社会调查丛编》,福建教育出版社,2014年。

陕西省博物馆:《宝宁寺明代水陆画》,文物出版社,1985年。

王碧滢、张勃:《燕京岁时记:外六种》,北京出版社,2018年。

肖军:《永乐宫壁画》,文物出版社,2008年。

浙江省政府训令秘字第2184号"令民政厅准内政部函抄发神祠存废标准仰查照办理由",《浙江省政府公报》1928年12月19日第483期。

中法汉学研究所:《汉学（第一辑）》,1944年。

中国寺观壁画全集编辑委员会编:《中国寺观壁画全集·1·早期寺院壁画》,广东教育出版社,2011年。

中国寺观壁画全集编辑委员会编:《中国寺观壁画全集·3·明清寺观水陆法会图》,广东教育出版社,2011年。

外文译著

〔荷〕包乐史（Leonard Blusse）著,庄国土、程绍刚译:《中荷交往史（1601—1999）》,荷兰路口店出版社,1999年。

〔日〕青木正儿编图,〔日〕内田道夫解说,张小刚译注:《北京风俗图谱》,东方出版社,2019年。

〔日〕青木正儿著,范建明译:《中华名物考（外一种）》,中华书局,2005年。

〔德〕罗梅君（Mechthild Leutner）,王燕生等译:《北京的生育婚姻和丧葬》,中华书局,2001年。

〔德〕扬·阿斯曼著,黄亚平译:《宗教与文化记忆》,商务印书馆,2018年。

〔法〕保罗·利科著,李彦岑、陈颖译:《记忆·历史·遗忘》,华东师范大学出版社，2017年。

〔法〕禄是遒著，高洪兴译：《中国民间崇拜（第一卷）：婚丧习俗》，上海科学技术文献出版社，2014年。

〔法〕禄是遒著，沈婕、单雪译：《中国民间崇拜（第五卷）：岁时习俗》，上海科学技术文献出版社，2014年。

〔法〕索安著，吕鹏志等译：《西方道教研究编年史》，中华书局，2002年。

〔美〕安·丝婉·富善著，李锦萍译：《东岳庙》，清华大学出版社，2018年。

〔美〕富路德著，吴原元译：《中华民族简史》，西北大学出版社，2017年。

〔美〕柏桦著，袁剑等译：《烧钱：中国人生活世界中的物质精神》，江苏人民出版社，2019年。

〔美〕克利福德·格尔兹著，韩莉译：《文化的解释》，译林出版社，2014年。

〔美〕克利福德·格尔兹著，杨德睿译：《地方知识》，商务印书馆，2014年。

〔美〕何乐益、〔英〕裴丽珠、〔俄〕米托发诺著，杨沁、王玉冰译：《中国的风俗与岁时》，陕西师范大学出版总社，2023年。

〔美〕巫鸿著，梅玫等译：《时空中的美术》，生活·读书·新知三联书店，2009年。

〔美〕彼得·伯克著，杨豫译：《图像证史》，北京大学出版社，2018年。

杨庆堃著，范丽珠译：《中国社会中的宗教——宗教的现代社会功能与其历史因素之研究》，四川人民出版社，2016年。

中文论著

薄松年：《中国年画艺术史》，湖南美术出版社，2008年。

陈迪华编：《馆藏宗教版画》，台湾省立博物馆，1993年。

陈怀宇：《近代传教士论中国宗教》，上海人民出版社，2012年。

杜丽红：《制度与日常生活：近代北京的公共卫生》，中国社会科学出版社，2015年。

冯骥才：《年画笔记》，宁夏人民出版社，2007年。

哥伦比亚大学史带东亚图书馆编:《哥伦比亚大学史带东亚图书馆藏门神纸马图录》,中华书局,2018年。

葛兆光:《域外中国学十论》,复旦大学出版社,2002年。

郭立诚:《中国生育礼俗考》,台北文史哲出版社,1979年。

何浩天:《中华民俗版画》,台湾历史博物馆,1977年。

江绍原:《中国礼俗迷信》,渤海湾出版公司,1989年。

金维诺编:《中国寺观雕塑全集·4》,《明清寺观造像》,黑龙江美术出版社,2005年。

李景汉:《定县社会概况调查》,上海人民出版社,2005年。

李松:《中国寺观雕塑全集·2》,《五代宋寺观造像》,黑龙江美术出版社,2005年。

刘莹:《中国古版年画珍本·北京卷》,湖北美术出版社、北京工艺美术出版社,2015年。

吕宗力、栾保群:《中国民间诸神》,河北教育出版社,2001年。

齐小新:《口述历史分析:中国近代史上的美国传教士》,北京大学出版社,2003年。

沙武田:《榆林窟第25窟:敦煌图像中唐蕃关系》,商务印书馆,2016年。

陕西省博物馆:《宝宁寺明代水陆画》,文物出版社,1985年。

沈从文:《中国古代服饰研究》,商务印书馆(香港)有限公司,1992年。

孙机:《中国古舆服论丛》,文物出版社,2001年。

王树村:《民间纸马》,中国轻工业出版社,2009年。

王树村:《中国传统行业诸神》,外文出版社,2004年。

王树村:《中国民间纸马艺术史话》,百花文艺出版社,2008年。

王树村:《中国民间年画史图录》,上海人民美术出版社,1991年。

乌丙安:《中国民间信仰》,长春出版社,2014年。

肖军:《永乐宫壁画》,文物出版社,2008年。

阎步克:《官阶与服等》,复旦大学出版社,2010年。

杨念群:《空间·记忆·社会转型》,上海人民出版社,2001年。

张道一：《纸马：心灵的慰藉》，山东教育出版社，2018年。

张镠之：《歌舞春秋》，广益书局，1951年。

陈连琦编：《历代观音宝像》，中国书店，1998年。

周汛、高春明：《中国传统服饰形制史》，南天书局有限公司，1998年。

中文学术期刊

艾萍：《民国禁止迎神赛会论析——以上海为个案》，《江苏社会科学》2010年第5期，第216—221页。

包捷：《年画的海外收藏及藏品研究》，《年画研究》2016年，第8—9页。

陈晨、邓环：《北京中秋祭月及月光码文化习俗研究》，《广西民族大学学报（自然科学版）》2020年第4期，第28—31+82页。

程天舒：《国家图书馆藏中法汉学研究所神祠研究资料考释》，《中国典籍与文化论丛》2015年，第306—330页。

程歗、张鸣：《晚清教案中的习俗冲突》，《历史档案》1996年第4期，第99—106页。

段宇晖：《惊异与调适：19世纪来华美国传教士记述的一种反凝视》，《近代史学刊》2020年第2期，第138—151+308页。

葛夫平：《北京中法汉学研究所的沿革及其学术活动》，《汉学研究通讯》2005年11月第24卷第4期。

葛兆光：《思想史研究视野中的图像》，《中国社会科学》2002年第4期，第74—83+205页。

葛兆光、白谦慎：《思想史视角下的图像研究与艺术史的独特经验》，《探索与争鸣》2020年第1期，第138—144+160页。

耿涵：《中国纸马域外研究述评——兼论域外研究的价值与意义》，《民间文化论坛》2015年第5期，第74—79页。

贾亚平：《药王孙思邈在洪洞的传说》，《中国道教》2003年第1期，第58—59页。

李明洁：《卡尔·舒斯特及其中国民俗版画捐藏》，《文化遗产》2021年第6期，第115—121页。

李申：《〈神祠存废标准〉与清末以来对儒教神祇的清理》，《宝鸡文理学院学报（社会科学版）》2018年第5期，第60—65页。

李世武：《从神仙信仰看道教对工匠建房巫术的影响》，《宗教学研究》2012年第2期，第61—65页。

李天纲：《中国民间宗教研究二百年》，《历史教学问题》2008年第5期，第33—37页。

李向平：《中国信仰的现代性问题——以国家公祭圣祖先贤为例》，《河南社会科学》2009年第2期，第1—5+218页。

李向振：《庙会献戏与村民生活的表达——以安国药王庙会为个案》，《民俗研究》2013年第4期，第124—131页。

廖玲：《清代以来四川药王庙与药王信仰研究》，《宗教学研究》2015年第4期，第267—275页。

刘丽娴、汪若愚：《基督教远东传教背景下对中国民间信仰的融摄——以〈中国杂录〉、〈中国民间崇拜〉为例》，《中国天主教》2019年第5期，第54—60页。

刘雁：《医神与药王》，《世界宗教文化》2005年第1期，第31—33页。

牛海洋：《美国汉学家巴托尔德·劳费尔的首次中国考察》，《国际汉学》2020年第1期，第37—42+202—203页。

沈弘：《论队克勋对于杭州地区民间宗教信仰的田野调查》，《文化艺术研究》2010年第2期，第45—61+253—268页。

宋红雨：《北京纸马的民俗应用》，《中国艺术时空》2019年第1期，第59—63页。

孙伟杰：《"籍系星宿，命在天曹"：道教星辰司命信仰研究》，《湖南大学学报（社会科学版）》2018年第1期，第50—56页。

唐海东：《美国来华传教士的心灵史：评约翰·赫塞的〈感召〉》，《戏剧之家》2018年第32期，第196—198页。

邰高娣：《北京民间年画中的"月光马"研究》，《民艺》2022 年第 6 期，第 28—35 页。

陶思炎：《纸马本体说》，《年画研究》2013 年，第 35—40 页。

陶思炎：《中国纸马研究的现状》，《民族艺术》2010 年第 11 期，第 72—76 页。

王海鹏、武莲莲：《略论近代来华传教士认知中国社会风俗的特点及其演变》，《唐都学刊》2015 年第 2 期，第 97—100 页。

王玉冰：《民俗文物的跨国流动史——以高延藏品为例》，《艺术与民俗》2020 年第 3 期，第 19—26 页。

萧放：《中秋节的历史流传、变化及当代意义》，《民间文化论坛》2004 年第 5 期，第 29—35 页。

徐艺乙：《西方国家对中国民间木版年画的收藏与研究》，《西北民族研究》2011 年第 1 期，第 128—134+92 页。

杨奎松：《一位美国传教士在燕京大学的"解放"岁月——围绕范天祥教授的日记和书信而展开》，《华东师范大学学报（哲学社会科学版）》2015 年第 5 期，第 30—52+220 页。

杨玉君：《俄罗斯汉学家阿理克的不愠斋笔记：年画研究的宝库》，《年画研究》2020 年，第 46—58 页。

叶涛：《碧霞元君信仰与华北乡村社会——明清时期泰山香社考论》，《文史哲》2009 年第 2 期，第 24—37 页。

尹吉男：《什么是图像史的知识生成研究？——为〈知识生成的图像史〉所写的绪论》，《美术研究》2021 年第 5 期，第 19—26 页。

于铁成：《从岐伯雷公的文化背景看〈黄帝内经〉医学流派》，《天津中医学院学报》2002 年第 2 期，第 1—3 页。

袁咏心、向柏松：《中秋节的多重叙事与合流》，《文化遗产》2020 年第 5 期，第 26—133+4—5 页。

赵世瑜：《国家正祀与民间信仰的互动——以明清京师的"顶"与东岳庙为个案》，《北京师范大学学报（社会科学版）》1998 年第 6 期，第 18—26 页。

朱爱东：《民国时期的反迷信运动与民间信仰空间——以粤西地区为例》，《文化遗产》2013年第2期，第112—120页。

〔美〕梁庄爱伦著，马红旗译：《域外来财、迎财神和发财还家——年画中的三个相关主题》，《年画研究》2013年，第108—122页。

〔芬兰〕黄保罗：《汉语学术神学视野中的耶儒对话》，《厦门大学学报（哲学社会科学版）》2010年第1期，第14—22+61页。

报纸文章

丘达：《废除神祠运动谈》，《江苏》1928年第11期，1928-12-11。

君苏：《述一般人信仰城隍之热烈》，《申报》1929-2-25（21）。

《在四城设立施种牛痘处》，《世界日报》1927-3-22（7）。

《天花暴厉不减倭寇，卫生教委会拟定种痘条例》，《北平晨报》1932-3-9（7）。

《追悼阵亡将士推行新"纸马"》，《力报》1939-2-15。

〔美〕富平安著，李明洁编译：《我一生的中国——富平安的中国记忆》，《文汇报·文汇学人》2020-06-03（2、3）。

李明洁：《倾力于中国传统文化的富路特夫人》，《文汇报·文汇学人》2019-3-8（3）。

学位论文

罗玮：《汉世胡风：明代社会中的蒙元服饰遗存研究》，首都师范大学，2012年。

外文著述

Albert Nachbaur, Wang Ngen Joung, *Les Images Popularires Chinoises*, Min

Kien Tche T'ou Siang, Pekin: Atelier Na Che Pao, 1926.

Anne Swann Goodrich, *Chinese Hells*, St. Augustin: Monumenta Serica, 1981.

Anne Swann Goodrich, *Peking Paper Gods: A Look at Home Worship*, Nettetal, Steyler Verlag: Monumenta Serica, 1991.

Anne Swann Goodrich, *The Peking Temple of the Eastern Peak*, Nagoya Japan: Monumenta Serica, 1964.

Bennet Bronson, *Berthold Laufer*, in Fieldiana, Ch. 9, The Field Museum, 2003.

Blake, C. Fred, *Burning Money: The Material Spirit of the Chinese Lifeworld*, Honolulu: University of Hawaii Press, 2011.

C. A. S. Williams, *Chinese Symbolism & Art Motifs: A Comprehensive Handbook on Symbolism in Chinese Art through the Ages*, Tuttle Publishing, 2018.

Clarence Burton Day, *Chinese Peasant Cults: Being A Study of Chinese Paper Gods*, Shanghai: Kelly and Walsh Limited, 1940.

Clarence Burton Day, *Popular Religion in Pre-communist China*, San Francisco: Chinese Materials Center INC, 1975.

Clifford Geertz, *The Interpretation of Cultures*, New York: Basic Books, 2017.

Dard Hunter, *A Papermaking Pilgrimage to Japan, Korea and China*, New York: Pynson Printers, 1936.

Dard Hunter, *Chinese Ceremonial Paper: A Monograph Relating to the Fabrication of Paper and Tin Foil and the Use of Paper in Chinese Rites and Religious Ceremonies*, Chillicothe, Ohio: Mountain House Press, 1937.

Dard Hunter, *My life with Paper: An Autobiography*, New York: Knopf, 1958.

Dorothea Smith Coryell, *Small Mouse Person in China*, Self-published, 1992.

David Leffman, *Paper Horse: Traditional Woodblock Prints of Gods from Northern China*, Hong Kong: Blacksmith Books, 2022.

Eberhard, Wolfram, *Chinese Festivals*, New York: Henry Schuman, Inc., 1952.

Ellen Johnston Laing, *Art and Aesthetics in Chinese Popular Prints: Selections from the Muban Foundation Collection*, Ann Arbor: The University of Michigan, 2002.

Ellen Johnston Laing, *Divine Rule and Earthly Bliss: Popular Chinese Print, The Collection of Gerd and Lottie Wallenstein*, Berlin: Staatliche Museen zu Berlin, 2010.

Expedition to China Correspondence,1900-1904, AMNH Special Collections, Mss. E 973.

Floyd Alonzo McClure, *Chinese Handmade Paper*, Newtown, Pa.: Bird and Bull Press, 1986, appendix, N.16.

Harry Emerson Fosdick, *The Manhood of the Master*, Seattle: Inkling Books, 2002.

Henry Doré, *Manuel des superstitions chinoises*; ou, Petit indicateur des superstitions les plus communes en Chine, Chang-hai, Imprimerie de la Mission Catholique, 1926.

Henry Doré, *Research into Chinese Superstitions*, Shanghai, T'usewei Printing Press, 1914.

Huston Smith, *Great Religions of the World*, in Anne Swann Goodrich, *Peking Paper Gods*, Nettetal, Steyler Verlag: Monumenta Serica, 1991.

J. Bredon and I. Mitrophanow, *The Moon Year, Shanghai*: Kelly & Walsh, Limited, 1927.

J. J. M. de Groot, *The Religion System of China: Its Ancient Forms, Evolution, History and Present Aspect and Manners, Custom and Social Institutions Connected Therewith*, 6 vols, Leiden: E. J. Brill, 1892-1910.

James Cahill, *Pictures for Use and Pleasure: Vernacular Painting in High Qing China,* Berkeley, University of California Press, 2010.

Jan Assmann, *Religion and Culture Memory: Ten Studies*, Stanford: Stanford University Press, 2006.

Jan Jakob Maria Groot, *Les fêtes annuellement célébrées à Émoui*, Ernest Leroux, Éditeur, 1886.

Jane Hunter, *The Gospel of Gentility: American Women Missionaries in Turn-of-the-Century China*, New Haven and London: Yale University Press, 1984.

John King Fairbank, *The Missionary Enterprise in China and America*, Cambridge: Harvard University Press, 1974.

Joseph Edkins, *Religion in Chine: Containing A Brief of The Three Religions of the Chinese*, London: Trubner & CO.,1884.

Justus Doolittle, *Social Life of the Chinese*, Harper & Brothers, 1865.

Lewis C. Walmsley, *Bishop in Honan: Mission and Museum in the Life of William C. White*, Toronto, Buffalo: University of Toronto Press, 1974.

Lewis Hodous, *Folkways in China*, A. Probsthain,1929.

Liang, Ellen Johnston and Liu, Helen Hui-Ling, *Up in Flames: The Ephemeral Art of Pasted-Paper Sculpture in Taiwan*, Stanford, CA: Stanford University Press, 2004.

Marcus J. Borg, *Days of Awe and Wonder*, New York: HarperCollins Publishers, 2017.

Milton Stauffer, ed., *The Christian Occupation of China*, Shanghai: China Continuation Committee, 1922.

Mrs. L. Carrington Goodrich, 1947 Vassar Alumnae Address Register, 1947, Archives & Special Collections, Vassar College Libraries.

Nora, Pierre, *Realms of Memory: Rethinking the French Past,* New York: Columbia University Press, 1996.

Sally Hovey Wriggins, *Xuanzang: A Buddhist Pilgrim on the Silk Road*, Boulder, Colo.: Westview Press, 1996.

Sarah Goodrich to Grace Goodrich, 28 November 1909, Yale Divinity School Library for the China Records Project.

Scott, Janet Lee, *For Gods, Ghosts and Ancestors: The Chinese Tradition of Paper Offerings*, Hong Kong: Hong Kong University Press, 2007.

Sidney Gamble, *Peking, A Social Survey,* New York, George H. Doran

Company, 1921.

Smart, Ninian, *Secular Education and the Logic of Religion*, New York: Humanities Press, 1968.

Thomas Francis Carter, *The Invention of Printing in China and Its Spread Westward*, New York: Columbia University Press, 1925.

Wang Shucun, *Paper Joss, Deity Worship Through Folk Prints*, Beijing: New World Press, 1992.

Wen –Chien Cheng, Yanwen Jiang, *Gods in My Home: Chinese Ancestor Portraits and Popular Prints*, Royal Ontario Museum, 2019.

Wolfram Eberhard, *Chinese Festivals*, New York: Henry Schuman, Inc., 1952.

Yi-Fu Tuan, *Religion: from Place to Placelessness*, Chicago: The Center for American Places at Columbia College Chicago, 2009.

外文期刊

Anne Swann Goodrich, Miao Feng Shan, *Asian Folklore Studies*, Vol.57, No. 1 (1998), pp.87-89.

B. A. Uspensky, "Left" and "Right" in *Icon Painting, Semiotica* 1975, p.13.

Beal, Edwin G. Jr. (1987), L. Carrington Goodrich, *Journal of East Asian Libraries*: Vol. 1987: No. 82, Article 12.

Berthold Laufer, Religion and Artistic Thought in Ancient China, *Art and Archaeology*, Vol. VI: 1917.

J. J. M.de Groot, Inscriptions on Red Paper, Pictures Etc. on Chinese Street-doors, *China Review* 9.1, 1880, p.9.

R. L. Chard, Reviewed Work: Peking Paper Gods: A Look at Home Worship by Anne S. Goodrich, *Bulletin of the School of Oriental and African Studies*, University of London, Vol. 58, No.3, 1995, p. 599.

R. L. Hard, Review of Peking Paper Gods: A Look at Home Worship, *Bulletin of the School of Oriental and African Studies,* University of London, Vol. 58, No.3, 1995, pp. 599-600.

Schuyler Cammann, In Memorium: Carl Schuster, *Textile Museum Journal,* Dec. 1972.

William Watson, Book Review: Peking Paper Gods: A Look at Home Worship by Anne S. Goodrich, *Journal of the Royal Asiatic Society,* Volume.3, Issue 3, November 1993, p.492.

Class of 1917 Vassar College, *The Patient Periodica-al, Third Bulletin,* 1919, Archives & Special Collections, Vassar College Libraries.

Class of 1917 Vassar College, *The Patient Periodical, 1917 Bulletin,* 1927, Archives & Special Collections, Vassar College Libraries.

外文报纸

Nancy Konesko, *A Life in Full: Anne Goodrich has seen and done a lot in her 105 years,* Bradenton Herald, May 4, 2000.

电子文献

Anne Swann Goodrich, interviewed by Chu Fang (video), Riverdale, New York City, Nov. 18,1986, Courtesy of Anne Goodrich Jones.

Anne Swann Goodrich, lecture about Peking Paper Gods (video), New York: Mt. Pleasant Public Library, Jul. 1986, Courtesy of Anne Goodrich Jones.

Anne Swann Goodrich, Lecture on China's Contributions to the West (video), Harpswell: Kellogg Church, Oct. 1998, Courtesy of Hubbard Carrington Goodrich.

L. Carrington Goodrich, to editor *Vassar Quarterly* (email), December 21,1983. Archives & Special Collections, Vassar College Libraries.

Hubbard Carrington Goodrich, Anne Goodrich Jones:*Preface to Biography of*

Anne S. Goodrich (email to Mingjie Li), May 7, 2020.

（DB/OL）.美国自然历史博物馆 https://anthro.amnh.org/laufer_collection.

Berthold Laufer Collections - Field Museum（DB/OL），费尔德博物馆 https://www.fieldmuseum.org/node/5066.

Chinese Paper Gods（DB/OL）.哥伦比亚大学东亚图书馆 http://www.columbia.edu/cu/lweb/digital/collections/eastasian/paper_gods/.

Zhongguo minjian zhushen pu- 中国民间诸神谱 - RECUEIL DE DIVINITÉS POPULAIRES（DB/OL）.法兰西学院.

https://salamandre.college-de-france.fr/archives-en-ligne/ead.html?id=FR075CDF_00IHEC0001&c=FR075CDF_00IHEC0001_de-47&qid=.

Academician V. Alekseev's Collection of the Chinese popular woodblock prints from the State Museum of the History of Religion（DB/OL），俄罗斯国立宗教历史博物馆 http://Alekseev-collection.gmir.ru/en/.

神碼及娘々碼（青木文庫）（DB/OL）."名古屋大学附属图书馆" https://www.nul.nagoya-u.ac.jp/wakan/slideshow/slideshow.html#10625256.

祭禮紙樣（青木文庫）（DB/OL）."名古屋大学附属图书馆" https://www.nul.nagoya-u.ac.jp/wakan/slideshow/slideshow.html#10625255.

华北交通数据库创建委员会（DB/OL）. http://codh.rois.ac.jp/north-chian-railway/iiif/original/3704--23977-0.tif/full/full/0/default.jpg.

〔美〕富平安著,李明洁编译:《富平安的百岁人生——一位美国女传教士与她的"中国情结"》,（DB/OL）. https://www.thepaper.cn/newsDetail_forward_8975026, 2020-09-11.

图表索引

本书图表以"图/表 A-B"的格式排序，A 为章号，B 为序次，如"图/表 1-1"，即为第一章第 1 张图/表。

序号	图片内容	页码
图 1-1	门神（神荼），哥伦比亚大学藏	4
图 1-2	钟馗头，哈佛大学艺术博物馆藏	9
图 1-3	灶神，名古屋大学图书馆藏	9
图 1-4	富平安在做传教士期间与京郊手工作坊全体人员合影	14
图 1-5	富平安留下的大量纸神研究笔记	31
图 1-6	富平安与富路特合影	35
图 1-7	富路特与友人的合影	35
图 2-1	富路特、富平安夫妇收到的生日贺礼	40
图 2-2	富平安 1932 年在北京中华医学基金会留影	43
图 2-3	人和纸店，哥伦比亚大学藏	50
图 2-4	五斗星君，哥伦比亚大学藏	52
图 2-5	男女冥衣，哥伦比亚大学藏	53
图 2-6	风伯雨师，哥伦比亚大学藏	54
图 2-7	天地三界十方万灵真宰，哥伦比亚大学藏	56
图 2-8	众神（五子登科），哥伦比亚大学藏	59
图 2-9	1981 年富路特夫妇回访中国	64

续表

序号	图片内容	页码
图 2-10	北京东岳庙存照	65
图 3-1	《浙江省政府公报》第 483 期上载有《神祠存废标准》政令的首页，晚清期刊全文数据库	82
图 3-2	威显关圣大帝（NYCP.GAC.0001.0033），哥伦比亚大学藏	85
图 3-3	万神殿（NYCP.GAC.0001.0183），哥伦比亚大学藏	85
图 3-4	土地正神，哥伦比亚大学藏	87
图 3-5	增福财神，哥伦比亚大学藏	88
图 3-6	旧正月的祭坛（1941 年），京都大学藏华北交通数据库创建委员会提供	90
图 3-7	天地三界十八佛诸神，哥伦比亚大学藏	91
图 4-1	麒麟送子，哥伦比亚大学藏	101
图 4-2	灵感天仙圣母九位娘娘之位，哥伦比亚大学藏	103
图 4-3	天仙娘娘，哥伦比亚大学藏	105
图 4-4	床公床母，哥伦比亚大学藏	109
图 4-5	送生娘娘、催生娘娘、眼光娘娘，哥伦比亚大学藏	113
图 4-6	奶母娘娘、引蒙娘娘、陪姑娘娘，哥伦比亚大学藏	114
图 4-7	斑疹娘娘、痘儿姐姐、痘儿哥哥，哥伦比亚大学藏	117
图 5-1	中秋节儿童供月，京都大学藏华北交通数据库创建委员会提供	122
图 5-2	广寒宫（NYCP.GAC.0001.0138），哥伦比亚大学藏	126
图 5-3	广寒宫（NYCP.GAC.0001.0185），哥伦比亚大学藏	128
图 5-4	广寒宫（NYCP.GAC.0001.0186），哥伦比亚大学藏	128
图 5-5	广寒宫（NYCP.GAC.0001.0204），哥伦比亚大学藏	130
图 5-6	中秋月光，波兰华沙国家博物馆藏	131
图 5-7	太阴星君，哥伦比亚大学藏	133
图 5-8	竹林观音与捣药玉兔，波兰华沙国家博物馆藏	135
图 5-9	财神，波兰华沙国家博物馆藏	141

续表

序号	图片内容	页码
图 5-10	玉兔，波兰华沙国家博物馆藏	141
图 5-11	背经书的达摩和捣药的玉兔，波兰华沙国家博物馆藏	143
图 5-12	关圣大帝，哥伦比亚大学藏	144
图 5-13	中秋节（照片一），京都大学藏	152
图 5-14	中秋节（照片二），京都大学藏	152
图 6-1	三皇十代明医，法兰西学院图书馆藏	160
图 6-2	三皇十代明医，王树村藏	160
图 6-3	十代明医，法兰西学院图书馆藏	161
图 6-4	感应药王，法兰西学院图书馆藏	162
图 6-5	神农皇帝，法兰西学院图书馆藏	163
图 6-6	孙刘二祖，法兰西学院图书馆藏	163
图 6-7	感应药王，哥伦比亚大学藏	165
图 6-8	药王之神，哥伦比亚大学藏	165
图 6-9	感应药圣韦真人，法兰西学院图书馆藏	172
图 6-10	协力总圣执掌雷部纯阳孚佑帝君，法兰西学院图书馆藏	173
图 6-11	九天应元雷声普化天尊，哥伦比亚大学藏	173
图 6-12	五瘟圣众，法兰西学院图书馆藏	175
图 7-1	"专藏"中的"多神纸马"和"双神纸马"示例	181
图 7-2	戴佛道头冠的神像示例：《观音菩萨》（左）、《鲁公输子先师》（右）	183
图 7-3	《明宫冠服仪仗图》旒冕	186
图 7-4	威显关圣大帝，哥伦比亚大学藏	186
图 7-5	三官大帝，哥伦比亚大学藏	187
图 7-6	《明宫冠服仪仗图》通天冠	187
图 7-7	《御世仁风》唐太宗天子小冠形象；灵应河神	188

续表

序号	图片内容	页码
图 7-8	戴娘娘凤冠的单神纸马示例：王母娘娘（左）、天仙娘娘（中）、鱼蓝菩萨（右）	190
图 7-9	戴幞头的单神纸马示例：《三窑之神》（左）、《城隍之位》（右）	192
图 7-10	戴三山帽的神像示例：《二郎妙道真君》（左）、五代敦煌莫高窟第61窟壁画帝王图侍从（右）	194
图 7-11	戴凤翅冠的神像示例：护法韦驮尊神（左）、河北曲阳王处直墓出土浮雕（中）、《三才图会》头鍪（右）	195
图 7-12	紫金冠示例：《三界直符使者》（左）、《三才图会》束发冠（右）	197
图 7-13	戴将巾的神像示例：《聚宝招财》	198
图 7-14	戴钹笠帽的神像示例：《白马先逢》	199
图 7-15	戴东坡巾的神像示例：《土地正神》（左）、《给孤长者》（右）	202
图 7-16	网巾加幞头示例：《黄河金龙四大王》、《三才图会》网巾	202
图 7-17	无冠的单神纸马示例：释迦（上左）、园林树神（上右）、本命星君（下左）、痘儿姐姐（下右）	205
图 7-18	护图大仙，波兰华仙国家博物馆藏	211
图 7-19	上梁（照片），杜克大学藏	215
图 8-1	富平安在北京参观寺庙照片，杜克大学藏	227
图 8-2	安（富平安婚前名）乘坐来华"亚洲皇后"号来华照	234
图 8-3	安（富平安婚前名）拍摄的北京风情照片	237
图 8-4	富平安与富路特在北京举行婚礼	239
图 8-5	富路特手写中文演讲稿中的两页，哥伦比亚大学藏	240
图 8-6	1903 年富路特全家福	242
图 8-7	1981 年富平安与丈夫富路特回访中国内地	242
图 8-8	1919 年京师警察厅向"富善夫人"发出的公函，耶鲁大学藏	244
图 8-9	富平安捐赠给哥伦比亚大学的元代景教十字架	256
图 8-10	穿着满族服装的富平安	257

序号	表格内容	页码
表 3-1	《北京纸神》与《东岳庙》目录对照	78
表 3-2	《神祠存废标准》所示四类神祠	83
表 3-3	《神祠存废标准》先哲类、宗教类与哥大纸神对照表	84
表 3-4	《神祠存废标准》古神类与哥大藏纸神对照表	86
表 3-5	《神祠存废标准》淫祠类与哥大纸神对照表	87
表 6-1	1930 年代北京地区之药王崇拜	167
表 7-1	"专藏"中的"多神纸马"19 张 17 款	180
表 7-2	"专藏"中的"双神纸马"14 张 14 款	182
表 7-3	"单神纸马"上的佛道头冠等 10 张 10 款	184
表 7-4	"单神纸马"上的帝王头冠 14 张 13 款	185
表 7-5	"单神纸马"上的娘娘凤冠 18 张 14 款	190
表 7-6	"单神纸马"上的文官头冠 24 张 19 款	191
表 7-7	"单神纸马"上的武将头冠 27 张 23 款	194
表 7-8	"单神纸马"上的巾 5 张 5 款	200
表 7-9	"单神纸马"上的无冠神像 12 张 11 款	204
表 7-10	单神纸马神像头冠与神阶的社会等级对应关系	212

后　记

　　如果我们果真"看到"过去的话，很大程度上是因为，过去向我们提供了可看的图像。2017年的夏天，我第一次在纽约哥伦比亚大学史带东亚图书馆看到"中国纸神专藏"，至今已逾六年。

　　葛兆光教授在《宅兹中国》里说，"研究文史的文献资料不局限于传统的经典，也包括民间资料，不局限于文字文献，也包括图像与影像，不局限于中国的资料，也包括外国的资料，这是'拓宽文史研究视野'的必须"。近半个世纪以来，对"物质文化"和"日常生活"的研究在世界范围内有所拓展并渐成风潮，然而一如韩书瑞（Susan Naquin）教授在《泰山神明》（*God of Mount Tai*）开篇即指出的那样，"在中国，对物质文化和历史考量大多停留在艺术和考古领域；综合参考文献和确切年表很少，在精英和宫廷领域之外，我们几乎没有证据表明工匠通过口头和身体传承了技艺，也没有模型、图案、笔画或笔记。有关寺庙建筑和神像的研究被导入学科的巢穴，并被显见的素材所扭曲。这些限制阻断了新的方法。"以文史哲为基石的人文社科，闯入民间美术的"主场"，看似"跨境"，实则是祈望在另类的视角和理论框架下，激活原有学科传统里习焉不察的文化现象和文化符号，使其成为未定型的研究样本；保持某种方法论上的自觉，意味着不着意以新材料来完善旧有的框架，而要探索出可能的研究模式，重视学科间的潜在关联并生成较有冲击力的概念和观点——去重新深究似曾相识的"故事"。

"中国纸神专藏",近乎一个编排缜密的系统。是信仰者在二维平面上建构的无所不及的灵性圣殿,是民众拥有的一个如影随形、随时开合的小宇宙。作为弥漫于日常生活中的信俗实践,纸神既全面又具体,既神圣又实在;凭借着纸神,人们感知神明,与之沟通,并由此重获内心的平衡和生活的气力。对这一典型案例的研究,让我对中国民间信仰图像所达到的能量场和丰富度有了惊鸿一瞥。正如这套藏品所表现的,中国民俗版画深刻匠意的背后,有着相当强大、相当严密的思维想象、组织方法和现实逻辑。信仰者将命运"交"托于心中的"神"圣,在二维平面上,建构了无所不及的灵性圣殿。

记忆之有关现在绝不亚于它有关过去。了解过去就像了解繁星一样,都是关心过去发生而至今仍被关注的现象。今天看到的璀璨星空,其实跨越了亿万光年而来;而历史的图像所闪烁的,也依然直击当下生活的底层。六年研习神像,感受着富平安女士以基督徒的身份与中国民间信仰的神交,我也得以与富平安女士神交,与祖先神交,与万物生灵神交,并由此深刻理解着中国民众的精神源泉和中华文明的生命力量。

也许今后会回忆这平常又矜贵的六年,会记得那些低头看神像,抬头望星空的瞬间——我总感觉,那些久远岁月的星光,自始至终都照耀着我们的目光。

2023 年 11 月 1 日于上海华东师范大学丽娃河畔
2024 年 4 月 2 日修订于纽约哥伦比亚大学